« Les Vraies richesses »
Giono dans la mêlée

Cet ouvrage a été publié pour la première fois en 2010 dans la collection
La Revue des lettres modernes et dans la série « Jean Giono »
dirigée par Laurent Fourcaut.

LA REVUE
des lettres modernes

« *Les Vraies richesses* »
Giono dans la mêlée

Sous la direction de Laurent Fourcaut

PARIS
LETTRES MODERNES MINARD

Classiques Garnier
La Revue des lettres modernes
6 rue de la Sorbonne
75005 Paris
patmarot@orange.fr

Réimpression de l'édition de Paris, 2010.

ISBN 978-2-406-08269-9
ISSN 0035-2136

SIGLES, ABRÉVIATIONS

ŒUVRES DE GIONO

[Œ] *Œuvres romanesques complètes* (Paris, Gallimard, « Bibliothèque de la Pléiade »). Édition en six volumes établie par Robert RICATTE avec la collaboration de Pierre CITRON, Henri GODARD, Lucien et Janine MIALLET et Luce RICATTE.

I   Tome Ier, revu et augmenté (1982)

   I$_1$ Tome Ier (1971)

II   Tome II (1972)

III   Tome III (1974)

IV   Tome IV (1977)

V   Tome V (1980)

VI   Tome VI (1983)

VII   *Récits et essais* (Paris, Gallimard, « Bibliothèque de la Pléiade », 1989). Édition publiée sous la direction de Pierre CITRON avec la collaboration de Henri GODARD, Violaine DE MONTMOLLIN et Mireille SACOTTE.

VIII *Journal, poèmes, essais* (Paris, Gallimard, « Bibliothèque de la Pléiade », 1995). Édition publiée sous la direction de Pierre CITRON avec la collaboration de Laurent FOURCAUT, Henri GODARD, Violaine DE MONTMOLLIN, André-Alain MORELLO et Mireille SACOTTE.

Toute citation formellement textuelle (avec sa référence) se présente soit hors texte, en caractère romain compact, soit dans le corps du texte en *italique* entre guillemets, les soulignés du texte d'origine étant rendus par l'alternance romain / *italique* ; mais, dans les citations, seuls les mots en PETITES CAPITALES y sont soulignés par l'auteur de l'étude.

À l'intérieur d'un même paragraphe, les séries continues de références à une même source sont allégées du sigle commun initial et réduites à la seule numérotation ; par ailleurs les références consécutives identiques ne sont pas répétées à l'intérieur de ce paragraphe.

Le signe * devant une séquence atteste un écart typographique (*italiques* isolées du contexte non cité, PETITES CAPITALES propres au texte cité).

Les citations d'un texte non publié (dialogues de films, émissions radiophoniques, traductions personnelles, archives, collections privées, sites Internet) sont présentées en romain et entre guillemets.

Une séquence entre barres verticales *| | indique la restitution typographique d'un texte non avéré sous cette forme (rébus, calligrammes, montages, découpages).

Une séquence en police `Courier` donne une version typographique d'un état de manuscrit. Les *descriptions* linéaires des manuscrits se font en conformité avec le Code de Description génétique des Lettres Modernes ; les *transcriptions* topo-typographiques de manuscrits, présentées dans un cadre hors texte à l'intérieur des études, sont imprimées à partir de fichiers informatiques fournis par les auteurs sous leur seule responsabilité.

Album	*Album Giono.* Iconographie réunie et commentée par Henri GODARD (Paris, Gallimard, « Albums de la Pléiade », 1980).
Bull. 1	*Bulletin* de l'Association des Amis de Jean Giono. 1973–2006.
CG1	*Cahiers Giono 1 — Correspondance Jean Giono–Lucien Jacques (1922–1929).* Édition établie et annotée par Pierre CITRON (Paris, Gallimard, 1981).
CG3	*Cahiers Giono 3 — Correspondance Jean Giono–Lucien Jacques (1930–1961).* Édition établie et annotée par Pierre CITRON (Paris, Gallimard, 1983).
CG4	*Cahiers Giono 4 — De Homère à Machiavel.* Avant-propos de Henri GODARD (Paris, Gallimard, 1986).
JG1	*Jean Giono 1*, etc. (livraisons de la Série *Jean Giono* de la Collection « La Revue des lettres modernes »).
Rev. 1	*Revue Giono*, éditée et diffusée par l'Association des Amis de Jean Giono. 2007→.

*

Textes le plus fréquemment cités dans la présente livraison.
(L'emploi exceptionnel d'éditions autres est signalé en note.)

BM	*Batailles dans la montagne*	[in II]
C	*Colline*	[in I]
CM	*Le Chant du monde*	[in II]
DC	*Deux cavaliers de l'orage*	[in VI]
Enn.	*Ennemonde et autres caractères*	[in VI]
EV	*L'Eau vive*	[in III]
IS	*L'Iris de Suse*	[in VI]
J	*Journal*	[in VIII]
JB	*Jean le Bleu*	[in II]
Melv.	*Pour saluer Melville*	[in III]
NO	*Naissance de l'Odyssée*	[in I]
Noé	*Noé*	[in III]
PC	*Le Poids du ciel*	[in VII]
Q	*Que ma joie demeure*	[in II]
Roi	*Un Roi sans divertissement*	[in III]
SÉ	*Le Serpent d'étoiles*	[in VII]
SP	*Solitude de la pitié*	[in I]
UB	*Un de Baumugnes*	[in I]
VR	*Les Vraies richesses*	[in VII]

JEAN GIONO a achevé la rédaction de *Que ma joie demeure* — objet de la précédente livraison de cette Série — en janvier 1935, et le roman a paru chez Grasset au mois d'avril suivant. En juillet 1934, pendant qu'il travaillait à ce livre, il a écrit l'admirable texte intitulé «Je ne peux pas oublier» pour le numéro spécial *"1914–1918"* de la revue *Europe*. C'est son premier texte pacifiste; il en fera le premier volet de *Refus d'obéissance*, publié en 1937. En juillet 1935, à Lalley, en Trièves, où il passe ses vacances en famille, il commence à rédiger ce qui va devenir *Les Vraies richesses*. Au début de septembre, il prend la tête d'un groupe d'une cinquantaine de personnes qui quitte Manosque pour une randonnée dans la montagne de Lure : «*Des ajistes, des étudiants, des enseignants, souvent lecteurs passionnés de Giono et en particulier de* Que ma joie demeure.»[1]. La caravane s'arrête au hameau du Contadour, où elle s'installe. C'est le premier des neuf «Contadour», qui se tiendront jusqu'en 1939. Le Contadour devient un foyer d'anti-fascisme, de pacifisme et d'adhésion aux "vraies richesses". Giono reprend ensuite *Les Vraies richesses*, dont la rédaction du dernier chapitre est achevée le 21 décembre 1935. Du 7 au 13 janvier 1936, il écrit la très belle Préface. Le livre, dédié «*À ceux du Contadour*» (VR, 145), paraît en juin 1936 chez Grasset, et rencontre un vif succès.

C'est le premier des essais d'un Giono qui entre dans la mêlée, s'engageant de toutes ses forces, et pas seulement en poète, contre la guerre et l'état capitaliste dont elle est selon lui le sinistre produit. Cet essai, comme les suivants, n'a guère retenu jusqu'ici l'attention de la critique, laquelle semble éprouver un certain malaise vis-à-vis de livres où l'exceptionnel romancier ne serait pas vraiment lui-même. Le regard qu'on peut porter aujourd'hui sur lui montre que si. Cette livraison entend justement établir que *Les Vraies richesses* est un texte clé dans l'œuvre incomparable de Giono.

Michel Gramain présente une revue de « La Réception de l'œuvre » en 1936 et 1937, c'est-à-dire des deux premières éditions de *Les Vraies richesses*. Il observe que, parce qu'il s'agit d'un essai mais aussi en raison du contexte historique particulier, les comptes rendus sont sensiblement moins nombreux que pour les romans de Giono qui ont précédé. Ces recensions, Michel Gramain montre qu'elles sont à peu près toutes en décalage avec la réalité de l'œuvre. On assigne Giono à la littérature régionaliste, ou on loue le bel album d'images (à cause des nombreuses photos de Walter Gerüll-Kardas illustrant la première édition). Plus fâcheux : tel juge le propos réactionnaire et redoute le parti qui pourrait en être tiré dans l'Allemagne nazie ; tel autre croit pouvoir l'inscrire dans « une filiation idéologique germanique ». Ce qui fait dire à Michel Gramain que *Les Vraies richesses* marque un tournant dans la réception de l'œuvre de Giono : des articles parlent désormais d'une « *influence entre le monde germanique et les thèses défendues par Jean Giono* ». D'autres insistent sur la pauvreté de la pensée de l'auteur, ou bien la caricaturent. Les catholiques s'inquiètent de l'influence de *Les Vraies richesses* sur la jeunesse, que ce livre détournerait du message évangélique. D'autres encore présentent Giono non sans mépris comme un doux rêveur. Seuls les pacifistes l'encensent. Et, pour la première fois, sous la plume d'André Billy, dans *L'Œuvre*, « *un journal de gauche tourne en dérision un texte de Giono. Cela inaugure une longue série de textes, où la pensée de*

Giono sera caricaturée, où ses idées, ses arguments, ses exemples, seront présentés comme ineptes ». La presse communiste, quant à elle, s'alarme de voir Giono détourner les jeunes des vrais problèmes de société et de la lutte des classes. Il lui apparaîtra bientôt comme un ennemi de la classe ouvrière. Et Michel Gramain conclut à un surprenant hiatus entre cet accueil très réservé de la presse, tous bords confondus, et celui, enthousiaste, du public, en particulier de la jeunesse, pour qui *Les Vraies richesses* est un « livre-culte » avant la lettre.

Sophie Milcent-Lawson donne pour sa part à lire une réflexion intitulée « Vision politique et vision poétique. Grammaire du discours argumentatif dans *Les Vraies richesses* ». Les tensions qui animent les romans de Giono font défaut à l'essai, estime-t-elle, exposant son propos, qui entend pourtant être discours de vérité capable de prendre en compte la complexité du réel, à une fâcheuse univocité. Elle se propose donc « *d'examiner ce qui, dans les techniques d'argumentation mises en œuvre, fait naître des réserves* » et « *de montrer en quoi la riche imagination gionienne se refuse à se soumettre aux contraintes et aux exigences d'une démarche argumentative rigoureuse et parvient donc difficilement à peindre de manière convaincante le monde de la réalité* ». L'examen de la structure énonciative fait apparaître que l'enjeu argumentatif du texte est d'inciter le lecteur ami à l'action, et d'exhorter les autres, les citadins, à changer de vie : il s'agit « *d'insuffler un élan, de susciter un espoir* ». Cela passe par un fort engagement énonciatif de l'auteur, dont le discours mime une parole aussi proche que possible de ses destinataires et multiplie les procédés d'amplification pour « *forcer l'impression de conviction* ». Giono « *répugne à argumenter* » et, quand il le fait, il mêle fiction et réalité. Ce qui compte pour lui, « *c'est la vérité de l'idée, pas l'exactitude des faits invoqués* ». Il entreprend de débusquer les fausses valeurs en dénonçant le détournement de sens dont certains mots, comme *patrie*, ont fait l'objet. Les nombreuses oppositions antithétiques « *proposent de la réalité une radicalisation à caractère polémique* » et conduisent au manichéisme. Ainsi la faiblesse de l'essai tient, selon Sophie Milcent-Lawson, à ce que Giono confondrait « *la rhétorique argumentative* » avec « *l'usage poétique de ces mêmes figures* ». L'antithèse, qui disqualifie un des deux termes, détruit les tensions qui font vivre l'œuvre romanesque, de sorte que les textes à message de Giono « *orientent la lecture dans une direction unique et souffrent de ce didactisme* ». Heureusement, le romancier refait surface dans le recours à une « *poétique de l'analogie* » qui sauve *Les Vraies richesses*. « *L'analogie se met alors au service de l'argumentation, tout en faisant passer au premier plan la fonction esthétique.* » C'est en somme quand il *dit le monde* que Giono est le plus convaincant. L'épisode de la forêt en marche réactive avec bonheur « *un mythe apocalyptique* » que les fictions antérieures avaient élaboré et fait finalement basculer le texte sur un autre plan. Au total, conclut l'auteure, la « *vision du monde de Giono est avant tout une esthétique, même si elle est portée par une éthique. C'est pourquoi les œuvres romanesques sont paradoxalement de meilleurs avocats des idées de l'auteur que ces concessions faites au discours social, si louable soit l'intention qui les a fait naître* ».

« De la guerre à la terre. Les idées politiques de Giono au temps des *"Vraies richesses"* (1929–1939) » : tel est le titre de l'étude de Mireille Sacotte. Après avoir dressé la liste des textes engagés et pacifistes de l'écrivain au cours de cette période, elle s'attache à « *comprendre comment le pacifisme de Giono va le mener de la critique d'un système établi à l'invitation à sa destruction puis à l'élaboration d'un système tout à fait autre* ». Elle se livre d'abord à une synthèse de ses idées politiques, dont le point de départ est le refus total de toutes les guerres, inutiles et contre-nature. Ses nombreuses lectures de la théorie marxiste le conduisent à une critique du système capitaliste, qui spolie la paysannerie des richesses qu'elle produit. Pour Giono, la guerre est clairement un moyen pour le capitalisme de relancer ses profits, et rien d'autre. Les premières solutions qu'il envisage sont d'une part une moderne jacquerie débouchant sur la destruction de Paris, pour restaurer le règne de la nature ; d'autre part, à l'opposé, la libération individuelle par la fuite loin de la ville. Du reste Giono, explique Mireille Sacotte, se sépare des communistes par refus d'aliéner sa liberté et par méfiance vis-à-vis du militarisme soviétique. Il leur aura cependant emprunté la notion de système, mais un système où la paysannerie, capable de tout paralyser en affamant les villes, tiendrait le rôle central de la classe ouvrière. Dans un deuxième temps, l'auteure étudie minutieusement le lexique gionien. L'écrivain, montre-t-elle, sape certains mots-valeurs en leur déniant toute validité : *patrie*, et ceux qui lui sont liés, *guerre*, *sacrifice*, *héros*, etc. Il refuse l'esprit forcément partisan des *partis*, rejette l'*état*, bourgeois et capitaliste, nécessairement totalitaire, au service duquel sont les *gouvernements*. Lieu honni de l'anti-nature, la *ville* doit être détruite. Inversement, il exalte les mots de vie, à commencer par *paysan*, nom de celui dont la vie est accordée à celle du monde, mais aussi catégorie générale englobant celles des *bergers*, des *artisans* et encore des *artistes*, qui confèrent l'expression à la collectivité. *Élites intellectuelles* et *classe ouvrière* ont vocation à rejoindre la paysannerie dans la lutte contre la guerre. L'autre mot clé de la philosophie de Giono est *joie*, « *sentiment qui naît en l'individu lorsqu'il s'intègre harmonieusement à l'ordre du monde* », c'est-à-dire à la *nature*, qu'il éprouve euphoriquement le *mélange* avec le Tout ; elle s'exprime dans la *fête* villageoise. Giono s'attache enfin à réhabiliter d'autres mots en leur rendant un contenu conforme à sa mystique du mélange : *science*, *intelligence*, *civilisation*, et à inverser la valeur habituelle des couples d'opposés : *corps* et *esprit*, *richesse* et *pauvreté*. Et Mireille Sacotte de conclure, à propos de ces textes des années Trente, à un « *mélange paradoxal de lucidité et d'aveuglement, d'archaïsme et de modernité* ».

Notre propre travail s'intitule « *Les Vraies richesses* comme apax : de l'ogre capitaliste aux noces avec la terre ». Il s'attache à montrer en quoi le capitalisme, tel que dénoncé dans cet essai, décuple le mal dont selon Giono souffrent les sociétés modernes, à savoir la coupure entre le désir humain et le monde maternel auquel les hommes aspirent à se mélanger, ainsi qu'à décrire les solutions préconisées par l'auteur. Tout part d'un paradoxe : parce que c'est un livre de combat, *Les Vraies richesses* refoule la tentation de l'avarice et de la désertion qui est au fondement de l'œuvre tout entière. Mais celle-ci fait retour, imputée cette fois à la société de l'argent, qui détruit la joie (ce n'est donc plus la « lèpre », maladie du désir qui a causé l'échec de *Que ma joie demeure*). En avares, les profiteurs assouvissent leur désir (de perte) par victimes interposées de la machine capitaliste, guerre comprise. Giono pense donc la question politique en fonction de la dialectique perte/avarice qui nourrit tous ses livres. Après un rappel des principaux éléments de notre « grammaire de l'imaginaire gionien », l'étude entre dans le détail de l'anti-nature que constitue pour Giono la société de l'argent. L'écrivain a déplacé sur le « monstre » capitaliste le motif central de la bouche dévoratrice à quoi se ramènent d'ordinaire, pour ce déserteur qu'est l'homme, le monde et ses naturelles « batailles », ce qui rend du coup possible, exceptionnellement, le mélange désiré avec ce monde et la joie que lui seul procure. Reste cependant à combattre la misère, plus encore morale que matérielle, engendrée par cette société qui coupe ouvriers et citadins de leurs racines et qu'il faut donc détruire. Sa tare fondamentale, Giono la décèle dans l'argent : dans la jouissance avaricieuse qu'il procure à ses maîtres, et en tant que, à l'échelle sociale, il se substitue maladivement au contact direct avec la matière vivante. Ce passage du sensible à l'abstraction, de la réalité à sa représentation, condamne ceux qui le subissent à une irrémédiable solitude, aggravée par les leurres de la fausse intelligence et de la fausse science. Le transfert de la menace de dévoration sur la société capitaliste a cet effet remarquable d'inverser l'ordinaire désertion en un engagement dans les batailles, véritable apax dans l'œuvre, qui prend la forme d'un déferlement vengeur de la « *forêt en marche* » (VR, 237). Cette descente insurrectionnelle aboutit à restaurer l'ordre naturel, et la communion avec lui de la civilisation paysanne, communion qui présente les caractères heureux de la fusion mystique avec le monde : travail de la matière, obéissance et intégration dans la roue, mélange et ouverture, réalisation d'une communauté, avec, à la clé, une rédemption de l'écriture, instrument numéro un de l'avarice. Ainsi est refondée « *l'ère des noces sans péril de l'homme avec la terre mère* ». Mais l'Histoire va apporter un cruel démenti à cette utopie. Du moins Giono aura-t-il affirmé avec force que nulle organisation sociale et politique ne saurait réussir si elle ne prend effectivement en compte le *désir* des hommes, tel qu'il n'a cessé de le définir.

Comme dans les précédentes livraisons de la Série *Jean Giono*, le lecteur trouvera dans celle-ci une Bibliographie de la critique, sur *Les Vraies richesses* donc, ainsi qu'un Carnet critique offrant une recension des derniers travaux sur l'œuvre de Giono.

Laurent FOURCAUT

1. Pierre CITRON, *Giono 1895–1970* (Paris, Seuil, 1990), p. 242.

I

LES VRAIES RICHESSES

1

LES VRAIES RICHESSES

RÉCEPTION DE L'ŒUVRE

par Michel GRAMAIN
(Inspecteur d'Académie - Inspecteur pédagogique régional)

Nous nous proposons d'étudier la réception de l'œuvre lors de sa publication. Nous nous limitons donc aux années 1936-1937.

L'achevé d'imprimer de *Les Vraies richesses* est du 3 juin 1936, soit quatorze mois environ après *Que ma joie demeure*, publié le 15 avril 1935. Selon l'arrangement conclu entre les éditions Grasset et les éditions Gallimard[1], c'est à Grasset que reviennent les essais, et deux ouvrages successifs de Giono sont donc ainsi publiés chez le même éditeur.

Au format 23,5 × 17,5 cm, l'édition courante comporte 11 pages de préface, 97 pages de texte et 112 pages de photographies signées Kardas. Elle est vendue 38 F[2]. L'édition originale se compose en outre de 50 exemplaires sur Lafuma à 125 F, 20 exemplaires sur Arches à 150 F et 10 exemplaires sur Madagascar à 200 F.

Peu de temps après l'édition originale, paraît une édition à tirage limité à la Guilde du Livre, à Lausanne. L'achevé d'imprimer est du 3 août 1936. Le livre comporte 260 pages au format 22 × 16 cm. Les photographies de Kardas sont remplacées par 17 illustrations de Willy Eisenschitz ; de ce fait, le texte de la Préface est quelque peu modifié[3].

notes, p. 40

15

En décembre 1936, Grasset publie un second tirage de 2000 exemplaires à l'identique[4].

Auparavant, les prépublications en revue se sont succédé pendant le premier semestre 1936. L'hebdomadaire *Vendredi* publie le premier extrait le 17 janvier. Il s'agit du chapitre V dans son entier, intitulé « Les vraies richesses ». Puis, dans l'autre grand hebdomadaire de gauche, *Marianne*, paraît, le 29 janvier, le chapitre I dans son intégralité, sous le titre « Départ de Paris ». Quant à la revue *Europe*, le 15 février, elle présente la Préface et l'Appendice à la Préface[5]. Le chapitre II, « Dialogue de l'homme et de l'intelligence », paraît également en février, dans le n° 6 des *Cahiers du plateau*, que Christiane Loriot de la Salle dirige à Assy. Les chapitres III et IV sont publiés dans les n°s 271 et 272 de *La Nouvelle revue française*, en avril et en mai, sous le titre « Résurrection du pain ». Comme on peut le constater, c'est l'œuvre dans son entier qui a bénéficié d'une prépublication dans la presse et en revue[6].

On peut considérer que *Les Vraies richesses* marque, dans l'œuvre de Giono, une rupture. De fait, après deux grands succès romanesques, *Le Chant du monde* et *Que ma joie demeure*, l'écrivain choisit le genre de l'essai[7]. Tout se passe comme si Giono voulait s'adresser de façon plus directe à ses lecteurs. Au départ, le projet consistait à commenter les photographies de Provence de Kardas, mais très rapidement, il s'est transformé en réflexion sur « *les temps modernes* » (VR, 148) et les fausses valeurs qu'ils véhiculent.

Mais en même temps, l'auteur lui-même souligne le fait que *Les Vraies richesses* est un prolongement de *Que ma joie demeure*. La Préface et son Appendice marquent de façon très nette cette volonté de s'inscrire dans une continuité.

Préface et dédicace, enfin, font référence à l'expérience toute nouvelle du Contadour[8].

Giono a entrepris la rédaction de cette œuvre le 17 juillet 1935 et l'a achevée le 13 janvier 1936, si l'on se fie aux dates figurant sur le manuscrit. Cette période s'inscrit presque exactement entre les grandes manifestations du 14 juillet 1935, au cours desquelles les différentes composantes du Front populaire prêtent serment d'union, et la publication des revendications du Rassemblement populaire le 10 janvier 1936. Même si Manosque est loin de la capitale, *Les Vraies richesses* a été rédigé dans un climat politique et social agité, où se mêlent enthousiasme, ferveur et espoir.

Notre étude de la réception portera d'abord sur les articles parus entre mai et novembre 1936, ensuite sur ceux que suscitent le deuxième tirage puis la seconde édition Grasset de l'été 1937.

*

Ce qui surprend tout d'abord, c'est le nombre restreint de commentaires critiques parus en 1936, tant dans la presse quotidienne et hebdomadaire que dans les revues littéraires. Alors que pour les romans des années précédentes, *Le Chant du monde* et *Que ma joie demeure*, on relève à chaque fois une cinquantaine de comptes rendus environ, *Les Vraies richesses* ne suscite guère plus d'une dizaine d'articles en 1936, et quelques-uns en 1937[9]. Pour expliquer cette diminution apparemment surprenante, plusieurs explications peuvent être données. La première, d'ordre général, repose sur le constat que les romans bénéficient d'un accueil plus favorable que les autres genres littéraires, et, de fait, *Manosque-des-plateaux* (1930) ou *Le Serpent d'étoiles* (1933) ont été salués lors de leur publication par un nombre d'articles moindre que *Regain* (1930) ou *Un de Baumugnes* (1931). La deuxième explication renvoie à la situation politique, intérieure et extérieure de la France au moment de la parution de l'essai. La remilitarisation de la Rhénanie (7 mars), la victoire du Front populaire aux élections (3 mai) et les tensions politiques en Espagne (annonçant le déclenchement de la guerre civile le 18 juillet) font que les quotidiens, les hebdomadaires et les revues accordent moins de place aux événements littéraires et artistiques.

Enfin, la troisième raison est que Giono, en désaccord avec un Parti communiste qui a le vent en poupe, est rejeté par celui-ci. *L'Humanité*, qui avait présenté ses précédents romans, se tait sur *Les Vraies richesses* au moment où l'ouvrage sort des presses ; il en va de même des publications de la mouvance communiste (*Clarté*, *Commune*, *Monde*, *Regards*...), ce qui réduit de façon importante le nombre des comptes rendus.

La majorité des articles publiés le sont dans la presse de gauche non communiste, ce qui n'a rien de surprenant, depuis que Giono a pris ses distances avec Aragon et le P.C.F.. Le premier article, chronologiquement, est signé Georges Altman. Il paraît le 2 mai 1935, dans le quotidien *La Lumière*. Il ne rend pas compte intégralement de l'œuvre, qui n'est pas encore publiée à cette date, mais s'en tient aux chapitres III et IV, qui viennent de paraître dans *La Nouvelle revue française*. Le titre de l'article, « Les Paysans et nous », montre que le sujet abordé dépasse largement l'œuvre de Giono. Le critique s'interroge sur l'existence d'une véritable littérature paysanne en France et répond par la négative : « *Il semble qu'entre le geste auguste du semeur et la paysannerie de Zola, il n'y ait que pittoresque ou jardinage.* ». Pour lui, malgré Eugène Le Roy, Michelet et André Chamson, il n'existe rien en France de comparable aux grands textes de Tolstoï ou de Ladislas Reymont[10]. Aussi salue-t-il, dans ce qu'il prend pour « *le début d'un nouveau roman de Giono* », la capacité de l'écrivain à « *découvrir et exprimer cette dignité paysanne, trop longtemps ignorée [...] par le roman français* ». Outre le fait que Georges Altman se trompe sur le genre de l'œuvre, il laisse voir que sa lecture est pour le moins réductrice, dans la mesure où il perçoit Giono comme un écrivain régionaliste : « *Comme Chamson disait avec une chaude et pure simplicité la dignité de ses montagnards cévenols, Giono chante [...] sur le mode lyrique le travail créateur des paysans des Basses-Alpes.* ».

Le deuxième article à paraître dans la presse de gauche est signé René Lalou. Il est publié dans les colonnes de *Vendredi*, le 14 août 1936. Lalou présente l'ouvrage comme le fruit d'une collaboration de trois années entre Giono et Kardas, et insiste sur l'originalité du résultat. Les photographies qui illustrent le livre ont, écrit-il, un double statut : d'une part, elles constituent « *une magnifique collection d'images qui excitent à la rêverie* » ; d'autre part, « *chacune d'elles illustre très précisément quelque passage des œuvres de Giono* ». Si la première affirmation semble incontestable, la seconde apparaît plus téméraire. Certes, chaque photographie comporte en légende un court extrait de roman, de récit ou de nouvelle (depuis *Naissance de l'Odyssée* jusqu'à *Que ma joie demeure*), mais il est difficile d'y voir une illustration « précise » du texte, parfois réduit à un seul mot.

Pour présenter les premières pages de l'ouvrage, Lalou évoque un « *réquisitoire* » contre une civilisation qui en arrive à dénaturer aussi bien les hommes que le blé[11], une « *lucide révolte* » contre le machinisme, « *un mécanisme inhumain qui exclut la vie* ». Il rappelle également que l'auteur a dédié son œuvre aux paysans qui retournent « *à la vraie vie* » en commençant par faire leur pain eux-mêmes. Il salue les images gioniennes de l'armée paysanne en marche, telle la forêt de Macbeth, ou du blé effaçant les traces des « *palais barbares* » de Paris : elles sont celles d'un « *poète visionnaire* ». Bien qu'admettant que *Les Vraies richesses* répond aux questions suscitées par *Que ma joie demeure*, il subordonne presque le texte de Giono aux photographies de Kardas : « *Cette réponse que donne l'album de Kardas, Giono l'a développée dans un vaste prélude de prose orchestrale.* ». Pour Lalou, le propos essentiel de l'écrivain réside dans l'affirmation que le bonheur des hommes « *exige la destruction d'une société fondée sur le pouvoir de l'argent* ». Il conclut en observant que les richesses véritables célébrées dans l'ouvrage se reconnaissent « *à ce qu'elles réclament d'être inépuisablement partagées* ». Dans le compte rendu, ce qui frappe, c'est l'absence de prise de position de la part de l'auteur de l'article : ni célébration, ni condamnation, mais une présentation qui s'en tient strictement à la description de l'ouvrage.

Ainsi, les deux premières critiques parues dans la presse de gauche présentent *Les Vraies richesses* soit comme un « roman paysan » soit comme un « album d'images ». Ni Altman ni Lalou ne pressentent l'accueil que les jeunes générations de 1936 vont réserver à l'ouvrage.

Le premier numéro des *Cahiers du Contadour* contient un article de Henri Limousin consacré à la naissance de l'aventure contadourienne. Dans ce texte, l'auteur évoque la « *Préface aux Vraies richesses* », publiée dans la revue *Europe* en février. Bien que les *Cahiers du Contadour* soient rédigés par des gionistes fervents, le compte rendu ne révèle nullement une quelconque idolâtrie. Henri Limousin reconnaît l'authenticité des richesses que Giono lui fait redécouvrir, mais il reproche toutefois à l'auteur d'esquiver deux réalités, « *la femme quotidienne* [sic] » et « *la machine* ». Rien n'est dit de la première, mais en ce qui concerne la seconde, l'auteur de l'article explique clairement que la machine constitue un élément trop important de la civilisation moderne pour qu'« *on tente de la biffer* ». L'obligation de choix entre la machine et les vraies richesses lui paraît constituer une alternative condamnable : les deux peuvent coexister, l'avenir « *ne saurait être une négation mais un dépassement* ». La Préface de *Les Vraies richesses* est rapprochée de celle de *La Maison Thüringer*[12] de Panaït Istrati ; ce rapprochement est justifié par le fait que les deux auteurs font du monde contemporain une « *analyse lucide* » et qu'ils éprouvent le besoin de dénoncer les moyens utilisés par la société pour « *étouffer* [...] *tout individu qui se sent et se veut, davantage, vivre* ». Mais le point essentiel de la critique porte sur l'attitude conservatrice, voire réactionnaire de l'auteur. Henri Limousin s'interroge : « *Giono ne fait-il pas, malgré lui* [...] *retour en arrière ?* ». Il se demande si les propos de l'auteur n'apportent pas de l'eau au moulin des totalitarismes, et particulièrement du nazisme : « *Je pense avec angoisse que ses livres sont traduits en Allemagne nazie*[13]... *Quel parti en tire-t-on ? À quelle fin servent-ils ?* ». Cette interrogation marque le début d'une longue polémique.

Deux autres articles paraissent dans une revue syndicale d'enseignants de tendance « gauchiste » — dirait-on aujourd'hui —, L'École émancipée. Cette revue suit de très près l'actualité poli-

20

tique, sociale et culturelle, et se montre fortement attachée à Giono pour ses prises de position pacifistes. Ces deux articles sont très dissemblables.

Le premier, daté du 24 mai 1936, expédie en quelques lignes une critique du chapitre « Résurrection du pain » que *La Nouvelle revue française* avait publié en avril et en mai. Pour Marcel Fautrad, signataire de l'article, la première partie de ce « *récit* » suscite quelques réserves : Giono, selon lui, y « *dit des choses excellentes* », mais malheureusement, « *on sent trop le désir de* faire poète. *C'est dommage* ».

Le second, qui paraît presque six mois plus tard, le 15 novembre, est signé par l'écrivain et militant pacifiste Lucien Roth. Il s'agit, cette fois, d'un véritable compte rendu de l'œuvre. Roth lit *Les Vraies richesses* à la lumière du patrimoine littéraire germanique. Pour présenter la problématique de l'essai, il évoque d'abord le mythe de Faust, cet homme qui, « *accablé de science et de désespoir, veut rompre l'enchaînement maudit et renaître à la santé en se baignant dans la rosée des montagnes* ». Il cite également l'écrivain autrichien Peter Rosegger[14] qui, bien avant Giono, a appelé ses compatriotes à fuir les villes corrompues, la civilisation frelatée pour aller chercher « *la joie et l'apaisement* » au contact de la nature. Mais Roth tient à différencier l'entreprise de Faust, strictement individuelle, de la thèse de Rosegger qui voit dans le « *retour à la nature* » la solution de tous les problèmes sociaux, et des propos de Giono. Il rappelle que, pour ce dernier, la découverte des « *vraies richesses* » lui a pour l'instant apporté une joie « *égoïste* », mais que son objectif est de transformer celle-ci en joie universelle. L'article met en valeur l'authenticité de l'engagement de Giono : « [...] *il entend bien garder sa place sur le front du combat social et ne pas s'isoler au fond du sûr asile des bois et des monts. Le clerc ne veut pas trahir, il participe à la révolte unanime.* ». Le lecteur est ainsi mis en garde. Certes, Giono est un poète, un voyant, mais il ne faut pas, en lisant son ouvrage, en rester à la peinture exaltée de la nature, il s'agit d'aller chercher « *par-delà la fresque somptueuse la pensée dernière* » de l'écrivain, à savoir le projet d'une société nouvelle, qui, après avoir tourné la page d'une civilisation corrompue, car fondée sur le profit, se tournerait vers les valeurs naturelles ; ce projet, pour Lucien Roth, est, au sens propre, révolutionnaire. Trois passages de l'œuvre ont été retenus : le discours à l'ouvrier des villes (« *Je suis le compagnon en perpétuelle révolte contre ta captivité* [...]. » (VR, 168)), l'invocation à Déméter (« [...] *donne-nous la douce concorde, les vraies richesses et la santé.* » (235)), et l'adresse finale à « *l'homme des cités mortes*» (« *Cette société bâtie sur l'argent, il te faut la détruire* [...]. » (254)).

La fin de l'article est consacrée aux photographies de Kardas et à l'hommage rendu à la Haute Provence, mais il n'en demeure pas moins que, de l'ensemble, on retient essentiellement le fait que *Les Vraies richesses* véhicule un message révolutionnaire et que les idées de Giono — condamnation de la civilisation urbaine, retour aux valeurs fondamentales de la nature — se situent dans la droite ligne du *Faust* de Goethe et des thèses de Rosegger. Certes, Roth n'insiste pas particulièrement sur cet aspect, mais en inscrivant l'écrivain qu'il admire, et cela pour le valoriser, dans une filiation idéologique germanique, il ouvre la porte à de futurs procès en sorcellerie.

Ainsi, avec *Les Vraies richesses*, assiste-t-on à un tournant dans la réception de l'œuvre gionienne : pour la première fois, deux articles évoquent des liens de filiation ou, à tout le moins, une influence entre le monde germanique et les thèses défendues par Giono.

*

Dans les revues littéraires, les comptes rendus sont on ne peut plus contrastés.

Le *Bulletin des lettres* du 25 mai 1936 se montre très réservé ; il oppose les qualités de poète de Giono à la pauvreté de sa pensée : « *Tant qu'il ne sort pas du registre poétique, M. Giono est bon parmi les meilleurs. Dès qu'il vaticine,* [...] *il devient franchement mauvais.* ». Pour l'auteur de l'article, le pouvoir de suggestion des images fait le charme de l'écriture de Giono, mais lorsque les descriptions cessent, elles cèdent la place à un discours « *ennuyeux* ». Bref, *Les Vraies richesses* fait, dans son œuvre, l'effet d'une fausse note « *qui ne surprend pas trop parce qu'on la sentait venir* ». Seul l'épisode de la cuisson du pain au four banal trouve grâce aux yeux du critique.

La revue *Le Mois* publie en août un compte rendu anonyme encore plus négatif. L'ouvrage y est présenté comme tenant à la fois de l'essai et de la « *confession lyrique* ». Ce qui le caractérise, pour le critique, c'est sa « *confusion* » et son « *obscurité* ». Pris dans « *une sorte d'illuminisme voilé* », Giono passerait « *sans cesse* » et « *sans en avoir conscience* » de la morale à la sociologie, dont il n'a que les vues « *les plus sommaires* ». Les arguments qu'il développe sont jugés « *un peu rudimentaires* ». En somme, l'intérêt du livre est « *tout artistique* » : seules les photographies de Kardas sont dignes d'intérêt !

En revanche, le compte rendu que Jean-Germain Tricot propose dans la *Revue bibliographique et critique* tente de valoriser l'ouvrage. Mais la lecture qui en est faite apparaît quelque peu myope. Le livre est en effet présenté comme constitué de deux parties égales en valeur : d'une part, « *un grand texte de Giono* » où l'auteur définit ce que sont les vraies richesses, d'autre part, les photographies de Kardas, « *qu'on ne se lasse pas de contempler* ». Nous aboutissons donc à une vision très réductrice, sinon faussée de l'ensemble, perçu comme « *le plus beau livre qui soit à la gloire de la terre provençale* ». Une fois encore, l'iconographie prend la première place. Tricot insiste sur le fait que Giono a parcouru avec le photographe « *les routes et les sites de Provence qu'il connaît si bien* » et que les 112 photographies présentées « *sont autant de poèmes* ». L'aspect didactique et polémique de l'ouvrage est cependant évoqué, mais brièvement. Tricot rappelle que Giono veut réapprendre aux hommes « *la beauté d'un ciel, la gloire du soleil, la splendeur de la terre* » et leur montrer la vanité de la vie citadine et de l'argent. Le critique fait lui aussi l'éloge du début du chapitre III, qu'il baptise « *Poème du pain* ». Il y voit « *les plus belles pages qu'un écrivain ait composées »*. Enfin, le parallèle qu'il établit entre *Les Vraies richesses* et *Les Nouvelles nourritures* de Gide, paru en 1935, montre qu'il ne considère pas uniquement Giono comme un écrivain régionaliste. Le rapprochement entre les deux écrivains est justifié par le fait que les propos de Gide, affirmant ne pouvoir être heureux *« s'il ne fait pas partager aux autres hommes son bonheur »*, conviennent tout à fait au projet de Giono. Mais beaucoup d'éléments communs aux deux écrivains, comme l'éloge de l'instant ou la valorisation du désir, ne sont pas pris en compte. Bref, le seul article positif sur *Les Vraies richesses* publié par une revue littéraire en 1936 rend compte d'une lecture peu approfondie.

*

La presse de droite est représentée par *Le Figaro*, qui publie en octobre un article signé André Rousseaux. Ce critique, qui n'a jamais beaucoup apprécié l'œuvre de Giono[15], rend compte en même temps de *Les Vraies richesses* et de deux ouvrages de Ramuz, *Taille de l'homme* et *Questions*.

Rousseaux se comporte en héritier de Taine : si des rapprochements peuvent être faits entre le style des deux écrivains (*« un curieux langage qui, pour exprimer de plus près la nature, recherche de gauches artifices »*), cela tient essentiellement à des causes géographiques. Ils sont l'un et l'autre *« des écrivains de la campagne et de la montagne »*. Il existerait ainsi un *« style Ramuz-Giono »*, reflet de la langue modelée par *« l'ancienne bible protestante »* qu'utilisent les habitants des *« deux petits cantons rustiques »* des Alpes où vivent ces deux auteurs[16]... ! Puis, à l'intérieur de cette catégorie que l'on pourrait définir comme étant celle de *« l'écrivain alpin rustique »*, Rousseaux distingue deux types : le *« bucolique »* et le *« géorgique »*. Le Vaudois, qui vit dans un pays de vignobles et de cultures, ne peut pas percevoir le monde de la même façon que le Manosquin, entouré de bergers. Ainsi s'explique *« l'abîme »* qui sépare les *« philosophies divergentes »* des deux auteurs ! L'un fréquente *« des hommes qui pratiquent une belle et difficile culture »*, l'autre va chercher sur les plateaux *« l'ivresse métaphysique que peut procurer la vie pastorale »*. À la question de savoir comment réformer la conduite de l'homme moderne qui vit *« contre la nature »*, s'offrent donc deux réponses, l'une, positive, celle de Ramuz, le laboureur *« qui fait subir à la terre le règne de l'homme »*, l'autre, négative, celle de Giono, le berger qui se contente de *« contempler le règne des étoiles au-dessus des collines parfumées »*.

La condamnation des thèses développées dans *Les Vraies richesses* est sans appel : *« la philosophie de M. Giono résout le problème avec la simplicité du naturisme intégral »*, car *« elle a adopté sans réserves le postulat que la nature est moralement bonne et que la civilisation des hommes est mauvaise »*.

Même si Rousseaux reconnaît *« l'ardent humanitarisme »* qui anime l'écrivain, même s'il affirme que dans *Les Vraies richesses* les photographies sont *« beaucoup moins évocatrices que sa prose »*, il dévalorise la portée de l'œuvre en évoquant *« le camping de M. Giono »* (c'est l'expérience du Contadour qui est ainsi désignée), son *« nudisme moral »*, sa philosophie qui présenterait comme idéal *« la santé des poireaux et la vivacité des lapins de garenne »*. Pour lui, il s'agit d'une totale *« dévotion à la nature »*, qui conduit à un aveuglement complet devant *« la complexité des vraies valeurs humaines »*. Rousseaux en arrive à opposer radicalement Ramuz et Giono. Le premier, selon lui, peut seul être légitimement considéré comme un *« penseur »*, parce qu'il s'efforce de comprendre en quoi la nature *« exerce salutairement les forces morales de l'homme »* en soumettant celles-ci à la pression *« de nécessités aveugles et constantes »*. Quant à Giono, il *« élude la question »*, et refuse de reconnaître la grandeur de la conscience humaine. Le regard qu'André Rousseaux porte sur l'essai de Giono et sur l'expérience du Contadour est on ne peut plus négatif : *« On ne saurait résoudre de telles questions* [celles que se pose Ramuz] *en allant se baigner tout nu dans les ruisseaux de la montagne, avec M. Jean Giono et ses amis. »*.

On voit donc bien que Rousseaux caricature la pensée de

Giono ; la lecture qu'il fait, passablement satirique, ignore délibérément ce qui assurera le succès de l'ouvrage : la condamnation des fausses valeurs sur lesquelles repose la société, l'apologie du désir, l'exaltation des richesses secrètes de l'homme et de la nature.

Le nombre restreint de comptes rendus dans la presse de 1936 ne doit pas masquer l'enthousiasme de l'accueil du public. Citons comme exemple le fait qu'Edmond Charlot[17] ouvre le 3 novembre 1936 à Alger, 2*bis* rue Charras, à côté des Facultés, la librairie *Les Vraies richesses*, en hommage à Giono et avec son accord. La maison d'édition qu'il fonde publie cette même année un texte de Giono, *Rondeur des jours*[18].

*

Début 1937, paraît dans la revue de la Compagnie de Jésus *Études*, une longue analyse de l'œuvre de Giono par François Varillon. Elle comporte deux volets : le premier, dans le numéro du 5 février, est intitulé « Jean Giono, de Paris au Contadour », le second, le 20 février, « Jean Giono : Les Vraies richesses ? ». Cet article embrasse la totalité des ouvrages de Giono, mais, né de la lecture de l'essai récemment publié, il s'y réfère souvent.

En novembre 1936, le père Varillon, après avoir lu *Les Vraies richesses*, écrivait à Giono pour lui faire part de son enthousiasme, et aussi de ses réserves[19]. Il informait l'auteur de son désir profond de faire connaître cette œuvre aux catholiques. L'article rédigé en 1937 développe certains éléments de cette lettre. Nous retenons de cet article ce qui concerne *Les Vraies richesses*.

Dans le premier volet, en date du 5 février, François Varillon commence par justifier le moment choisi pour faire le point sur l'œuvre de Giono. Se fondant sur les propos de l'écrivain, il constate que l'« *apprentissage panique* » (VR, 150), qui s'échelonne sur dix ouvrages publiés en huit ans, est à présent achevé ; le poète a fini par conquérir « sa *joie* », ainsi qu'il l'expose dans les *Cahiers du Contadour*. Il est donc temps d'établir un bilan. Mais

26

cette explication n'apparaît pas très convaincante. La véritable justification de l'article se lit en filigrane : Giono fait œuvre « *d'apôtre* » et la jeunesse se montre particulièrement réceptive à ses ouvrages et à ses idées. Nous sentons le père Varillon quelque peu choqué d'entendre de jeunes catholiques parler d'œuvres comme *Le Chant du monde* ou *Le Serpent d'étoiles* « *avec une flamme dans le regard* ». C'est que, pour lui, l'œuvre de Giono tout entière, et *Les Vraies richesses* en particulier, recèlent un grave danger moral : il s'agit de cette propension à « *résorber l'amour dans l'instinct et le sentiment religieux dans une ivresse cosmique trop sensuelle pour s'achever en adoration* ». En d'autres termes, Giono est clairement accusé de détourner la jeunesse du message évangélique.

Les qualités poétiques de l'auteur ne sont pas niées, bien au contraire. Par sa remarquable capacité à percevoir le monde par tous les sens, et à organiser cette perception par un tissu de correspondances, Giono ne semble pas très éloigné d'un Baudelaire. Certes, en tant que poète, poursuit François Varillon, il se situe « *aux antipodes* » de l'esthétique classique, puisque « *au labor improbus de Virgile, il oppose la valeur irremplaçable de l'élémentaire et de l'immédiat* ». Son « *intensité sensuelle* » est particulièrement dangereuse : en ne cherchant pas à purifier ce qu'il décrit, Giono donne libre cours à la violence des sentiments. Son exaltation continuelle lui interdit de fait toute possibilité de recueillement. Il est un poète « *cosmique* », tout comme Walt Whitman et Anna de Noailles, mais, à la différence d'un Claudel, il ne sait pas résister « *aux délices trop passives de la sensation* ». Au lieu de céder à l'ivresse cosmique, il faudrait qu'il s'efforce à une « *ascèse de l'âme et du style* ». En effet, il cherche trop à étonner le lecteur, il laisse encore dans sa prose trop de rhétorique, et ferait bien, en suivant les conseils de Verlaine, de "tordre le cou à l'éloquence". Toutefois, Varillon se montre très lucide quant à la qualité de l'œuvre : « *On a pu à son sujet évoquer sans sourire la figure du vieil Homère ; même si l'exagération est manifeste, il y a là une indication sur la place qu'occupera un jour M. Giono dans les lettres françaises.* ».

Après ce jugement sur l'aspect esthétique de l'œuvre de Giono, le père Varillon étudie les thèses défendues par l'auteur, principalement dans *Les Vraies richesses*. Il apparaît particulièrement sensible à la dénonciation d'un monde prétendument « *civilisé* » qui n'a su engendrer que l'ennui. Il comprend la révolte de Giono, et précise bien qu'il s'agit d'une révolte de poète, « *non d'économiste ou de théoricien politique* ». Il affirme que ces critiques sont loin d'être dénuées d'intérêt, et il cherche à minimiser la « *charge violente* » de l'auteur contre l'intelligence, qui peut être mal comprise. Le réquisitoire que Giono dresse contre ce que nous nommons la civilisation est tout sauf une « *rêverie de visionnaire* ». L'écrivain a raison, conclut-il, de souligner « *l'insuffisance des systèmes qui n'aboutissent pas à* changer la vie ».

Dans le deuxième volet de l'article, le 20 février, le père Varillon se propose d'analyser ce que sont les *"vraies richesses"* révélées par l'auteur. Il lit bien dans le discours de Giono la volonté de rééduquer l'homme. Mais, pour un théologien catholique, cette rééducation passe obligatoirement par deux points : l'humilité et l'obéissance à la loi divine ; or ces points ne sont pas précisément ceux que développe Giono dans son ouvrage. De ce fait, l'auteur se comporte en « *tentateur d'hommes affamés* ». Et Varillon tient à ce que le lecteur ne confonde pas « *espérance* » et « *chimère* ». La lecture qu'il fait de l'ouvrage de Giono est lucide : il sait que l'écrivain ne veut pas réellement voir Paris détruit par les flammes, de même qu'il ne veut pas conduire « *tous ses frères* » au Contadour. C'est un cri « *de protestation et d'alarme* » qu'il lance dans *Les Vraies richesses*, et ce cri mérite d'être entendu ; car son effort pour libérer les hommes d'une vie « *artificielle et frelatée* » est noble.

Cependant, Varillon en vient à la question centrale : ces *"vraies richesses"* sont-elles *les vraies richesses*, c'est-à-dire les richesses chrétiennes ? La réponse est, bien sûr, négative. Il constate que Giono est un « *grand animateur de jeunesse* », et que beaucoup de jeunes « *sont tentés de boire cette eau qu'il présente à leur soif* ». Mais cette eau n'est-elle pas « *plus nocive que le mal qu'elle prétend guérir* » ? Certes, l'œuvre de Giono n'est pas achevée, et l'auteur en corrigera peut-être la trajectoire, mais pour l'instant, force est de constater qu'elle « *charrie un dangereux limon* ».

Deux reproches essentiels sont faits à Giono.

Tout d'abord, en replongeant l'homme dans le sein de la nature, en le situant entre l'arbre et l'animal, il nie sa dimension fondamentale, cette « *hantise du divin* » qui fait sa grandeur. Donc, Giono « *qui se défend d'être communiste* »[20] rejoint cette idéologie puisqu'il n'imagine le paradis que sous sa forme terrestre.

D'autre part, « *l'obéissance aveugle* » au désir sexuel qu'il professe « *conduit à une impasse* ». Certes, il chante la beauté des choses et des êtres, mais pas la « *beauté de Dieu* ».

François Varillon prend soin cependant de ne pas fermer la porte. Tout au long des deux volets de son article, il explique ce qui fait la valeur du message de Giono, mais il attend l'ultime démarche : que l'auteur accepte de reconnaître la seule "*vraie richesse*". Le monde catholique se rend compte et s'inquiète de l'influence grandissante de Giono en tant que maître spirituel d'une partie de la jeunesse. Il s'agit donc d'essayer de le rallier au dogme. Ce qui peut surprendre, dans cet article, c'est l'absence de toute référence au pacifisme, valeur commune aux deux hommes. Cette omission est volontaire : Varillon écarte prudemment ce sujet qui déchire l'Église.

La revue *Corymbe*, qui est également d'obédience catholique, publie, en mai-juin 1937, un numéro spécial consacré à Giono. Parmi la douzaine d'articles contenus dans la revue, celui de Jean Desthieux comporte quelques lignes sur l'essai de Giono[21]. On y lit que, dans *Les Vraies richesses*, « *Giono nous sermonne d'une voix qui doit être toute semblable à celle des premiers apôtres* » et que le lecteur ne peut se soustraire à cette « *voix rédemptrice* ». Les propos de Jean Desthieux montrent que les inquiétudes formulées par François Varillon sont tout à fait fondées. En effet, le critique n'hésite pas à écrire : « *Allons-nous refuser d'écouter un apôtre qui vous tient un langage analogue à celui des premiers chrétiens ?* ». On voit pour une fois — c'est le seul article à le montrer — la dimension évangélique que peut prendre *Les Vraies richesses* aux yeux de certains lecteurs : pour l'auteur de l'article, l'essai de Giono doit être en effet considéré comme le « *livre de sagesse de notre époque* »[22].

Ces articles[23] montrent bien, après les propos d'Aragon dans *L'Humanité*[24] en 1934 ou de Nizan en 1935, que les systèmes idéologiques, socio-philosophiques ou religieux tentent de se rallier la pensée de Giono, sans se rendre compte que ce qui séduit dans son œuvre, c'est précisément son individualisme irréductible. De toute manière, comment le panthéisme qui parcourt toute l'œuvre de l'écrivain serait-il conciliable avec le dogme catholique, comment serait-il compatible avec le marxisme ?

*

À l'été 1937, devant le succès de l'ouvrage, Grasset publie une nouvelle édition, non illustrée : 220 pages au format 19 × 12 cm, au prix de 18 F (avec, en outre, 16 exemplaires sur Japon, 21 sur Vélin d'Arches, 40 sur vélin Lafuma-Navarre et 190 sur alfa Navarre). Cette édition vise un public moins fortuné ; le coût de la vie a considérablement augmenté entre 1936 et 1937, et la stratégie commerciale de l'éditeur s'adapte aux circonstances économiques. La suppression des photographies de Kardas entraîne une nouvelle modification de la Préface : une trentaine de lignes disparaissent[25].

Par ailleurs, à cette même période, un extrait de l'ouvrage[26], intitulé pour la circonstance « Jean Giono nous rappelle », paraît dans la revue hebdomadaire *La Pensée nouvelle*[27].

Cette nouvelle édition suscite quelques comptes rendus. Nous en avons relevé cinq, un dans une revue littéraire, et quatre dans la presse de gauche ou d'extrême gauche. Tous paraissent dans la période juillet-août 1937 et sont le fait de publications qui avaient ignoré l'édition précédente.

Gonzague Truc, dans *La Grande Revue*, signe un article intitulé « De la rue du Dragon au plateau de Grémone ». Il est indiqué à la fin de cet article que celui-ci a été inspiré «*par un petit livre de M. Jean Giono, publié récemment aux éditions Grasset :* Les Vraies richesses». Le propos du critique met en perspective le contenu de l'ouvrage et l'expérience du Contadour. Sur un ton désinvolte et ironique, le critique accumule les à-peu-près et les contrevérités. On peut facilement en juger par les phrases suivantes :

> M. Jean Giono ne s'est pas contenté d'être le chantre d'un paganisme lyrique par quoi une note vraiment nouvelle a été apportée à notre littérature. Il a prêché d'exemple. Il vit dans les Basses-Alpes à la manière de ces bergers ou de ces paysans dont il a fait ses compagnons. Il a présidé sur le plateau de Grémone, à un phalanstère où le retour à une vie primitive éblouissait une petite compagnie d'hommes de bon vouloir, il préconise, ce qui est plus discutable ou tout au moins plus malaisé, une existence que sa pureté consacrerait à la joie et d'où ne serait pas exclue la joie des corps.

Si, à juste titre, Gonzague Truc présente le message de *Les Vraies richesses* comme représentatif de l'idéal de vie du Contadour (dont il ne cite pas le nom), il le considère comme dérisoire et le présente avec mépris. Il informe le lecteur que celui qui se rend sur «*le plateau de Grémone*»[28] [*sic*] n'y va pas pour «*jouer aux cartes*» ou «*lire* Paris-Sport»; il lui faut faire la moisson ou la vendange, «*chercher des champignons ou de la salade sauvage*», et c'est ainsi qu'il deviendra «*digne d'entrer dans le troupeau que veut reconstituer un Prophète de nos jours si éloignés de la prophétie*». Bref, Gonzague Truc présente *Les Vraies richesses* et le Contadour comme nés du cerveau d'un doux rêveur qu'on ne saurait prendre au sérieux. Mais il faut cependant, affirme-t-il, prendre garde à ce discours : «[...] *il serait à craindre que la propagande de M. Jean Giono, en s'étendant, ne se vulgarisât.*».

À l'opposé, Louis Loréal, dans la revue pacifiste *La Patrie humaine*, fait un compte rendu très élogieux de l'ouvrage de Giono. Il est à noter cependant son caractère tardif (treize mois après la première édition). En effet, *Refus d'obéissance*, paru le 15 janvier 1937, a bénéficié, dès le 24 janvier, d'un long commentaire de Marcel Béalu dans cette même revue.

Pour Louis Loréal[29], *Les Vraies richesses* constitue un ouvrage porteur «*d'une magnifique leçon de sereine philosophie*». Il salue le courage des prises de position de l'auteur. Giono n'a pas hésité à dénoncer «*le servage de l'argent*», à montrer comment la recherche du profit a accru les inégalités, perverti les hommes, les a rendus esclaves, et en accule un grand nombre à la famine. Il a su également montrer clairement l'opposition radicale qui sépare la vie factice des villes contemporaines et la vie authentique des paysans qui ont choisi de ne plus vendre leur blé, mais de cuire eux-mêmes leur pain. L'appel de Giono est perçu comme une invite à reconquérir la joie par le retour à une vie «*simple*».

Dans une autre revue, qui appartient elle aussi à la mouvance de l'extrême gauche pacifiste, *Syndicats*, quelques lignes non signées affirment que chaque nouveau livre de Giono constitue une «*vraie richesse*». Prétextant ensuite qu'«*on ne peut pas parler de Giono*», mais qu'il faut «*le laisser parler par lui-même*», l'auteur de l'entrefilet reconnaît que de très longs extraits seraient nécessaires, aussi conclut-il rapidement : «*Lisez ce petit livre, vous ne serez pas volés.*».

*

Dans les quotidiens de gauche, deux articles évoquent l'œuvre de Giono ; ils paraissent dans *La Lumière* et dans *L'Œuvre*.

La Lumière n'avait pas rendu compte de la publication de *Les Vraies richesses* en 1936 ; en revanche, Léon Pierre-Quint[30] avait fait paraître dans le quotidien un article élogieux sur *Refus d'obéissance* en mars 1937. En août, c'est Émile Bouvier[31] qui consacre quelques lignes à Giono dans un bilan de l'année littéraire écoulée. Les propos du critique montrent une incompréhension notoire de l'œuvre gionienne, qu'il perçoit comme vouée à l'exaltation d'un terroir, d'une province. Pour lui, Giono était le plus grand de la génération des années 1925–1930 en ce qui concerne la poésie «*terrienne*», à côté de Charles-Ferdinand

Ramuz, Joseph de Pesquidoux, Maurice Genevoix et Charles Silvestre. Bien qu'il ne l'écrive pas de façon explicite, Émile Bouvier constate une solution de continuité entre *Que ma joie demeure* et *Les Vraies richesses* ; il se montre déçu de l'évolution de l'écrivain, qui lui semble s'acheminer « *vers une forme de prédication morale* ».

Dans *L'Œuvre*, qui était également restée muette sur *Les Vraies richesses* en 1936, paraît le même mois un intéressant article d'André Billy[32] qui se fonde sur l'essai de Giono et sur un ouvrage de Henri Pollès, intitulé *L'Opéra politique*[33]. Cet article, « Naturisme et "fascisme" de Giono », évoque les prises de position de l'écrivain dans *Les Vraies richesses*, qui, pour André Billy, semblent constituer un véritable « *apostolat* », quoique pas toujours guidé par le bon sens. Il rappelle que l'œuvre de Giono a subi de nombreuses attaques : on ne lui a pas reproché son lyrisme, mais on l'a beaucoup attaqué pour son « *pathos* » et son « *faux moralisme* ». Quant au naturisme inconditionnel, il conduit « *fatalement à souhaiter une catastrophe cosmique où s'engloutirait tout entière la civilisation de la machine et de la monnaie* ». On ne saurait donc pas en faire grief à l'auteur. Le critique affirme de façon amusée : « *Je vous le dis, ce n'est pas demain que nous verrons Giono jouer à l'apôtre de la nature, pieds nus, cheveux longs, et vêtu de lin candide dans les rues de Paris.* ».

Mais André Billy s'interroge surtout sur les critiques formulées à l'encontre de Giono dans l'essai de Henri Pollès, *L'Opéra politique*. Ce dernier y affirme en effet, sur un ton mi-amusé, mi-sérieux, que la tendance au primitivisme, le naturisme, l'amour du grand air, le scoutisme sont fascistes. On peut lire dans le texte de Pollès que « *le tarzanisme ou mystique de l'éducation physique dans la forêt vierge, [...] le ruralisme allemand, celui de Giono et de Ramuz, [...] la lutte contre le bonheur que procure l'argent, [...] tout cela appartient à la pensée bourgeoise, mais fournit des éléments essentiels au fascisme* ». C'est la deuxième fois, après les interrogations de Henri Limousin sur l'usage qui était fait de l'œuvre de Giono dans l'Allemagne de Hitler, qu'un tel rapprochement est fait. Même si les propos de Henri Pollès sont à prendre *cum grano salis* (Pollès est un ami de Giono ; le caractère ironique de ses propos ne saurait échapper au lecteur), ils reflètent des jugements formulés sur Giono, qui deviendront vite de plus en plus fréquents et de plus en plus virulents. Pour André Billy, qui affirme très clairement son antifascisme, cela ne fait aucun doute, de telles affirmations n'ont aucun sens. Giono ne célèbre pas la vie pastorale uniquement pour détourner le lecteur des horreurs de l'exploitation capitaliste de l'homme par l'homme ; il ne cherche pas à montrer que le fascisme peut lutter « *contre les pires méfaits du capitalisme* ». À ce titre, ajoute André Billy, on pourrait affirmer que Jean-Jacques Rousseau, en prêchant « *l'allaitement maternel, les voyages à pied et la petite maison à contrevents verts* », était un bourgeois et un fasciste avant l'heure. Le critique pense au contraire que Giono n'est ni « *mal intentionné* » ni « *pervers* » dans sa condamnation de la civilisation urbaine et dans son éloge d'une vie en harmonie avec la nature. Le seul « *crime* » de Giono, selon lui, consiste « *à ne pas voir beaucoup plus loin que le bout de son nez* ». C'est l'occasion de multiplier les piques à l'égard de l'écrivain. Celui-ci est ainsi égratigné sur son orthographe approximative et sur sa méconnaissance de la mythologie[34]. André Billy se moque de son style « *homérique ou virgilien* »[35]. Il dénonce sur le mode plaisant ce qu'il appelle sa « *croisade naturiste* ». Il considère surtout que le programme proposé pour ramener les hommes à l'âge d'or est à la fois « *vague* » et « *contradictoire* » et qu'il « *n'engage visiblement pas à grand-chose* ». De plus, l'écrivain est accusé de se fonder sur des données erronées, voire d'écrire des absurdités : si un tiers de l'humanité mourait de faim chaque année, la terre « *serait dépeuplée depuis longtemps* ». Bref, le naturisme de Giono « *n'est qu'une aimable fantaisie de poète en vacances* ». Ainsi, le choix d'André Billy est clair : il s'agit de dédouaner Giono de toute accusation de « *fascisme* » en prouvant que le « *naturisme* » de *Les Vraies richesses* est au mieux une aimable fantaisie, au pire un délire inconséquent. C'est la première fois qu'un journal de gauche tourne en dérision un texte de Giono. Cela inaugure une longue série de textes, où la pensée de Giono sera caricaturée, où ses idées, ses arguments, ses exemples, seront présentés comme ineptes.

*

Cela commence en décembre 1937, où, dans *L'Humanité*, un article de Georges Friedmann, intitulé « L'Univers de Jean Giono »[36] rend compte de *Les Vraies richesses* en même temps que de *Refus d'obéissance* et de *Batailles dans la montagne*. Pour Friedmann, le constat est clair, les hommes et leurs problèmes réels sont « *absents* » de toute l'œuvre de Giono, y compris de ses essais. *Les Vraies richesses* est, à ses yeux « *une nouvelle forme de l'*Anathème au progrès ». En effet, le « *parti pris cosmique* » de l'univers gionien n'est plus d'actualité. L'écrivain montre « *l'homme seul aux prises avec la nature* », alors que « *le milieu réel des hommes [...] est chaque jour pénétré davantage par la technique* ». Le retour à la nature ne peut absolument pas être présenté comme un dépassement, c'est au contraire une « *fuite* », une « *impuissance* ». Le Parti communiste s'inquiète, tout comme l'Église catholique, de l'impact de *Les Vraies richesses* sur la jeunesse, dix-huit mois après la publication de l'ouvrage. Il estime que l'influence de l'écrivain sur les « *jeunes pèlerins de Manosque* » est on ne peut plus dangereuse. Friedmann cite à l'appui les propos de l'un d'entre eux :

Jean Giono m'a dit qu'il préparait à l'intention des techniciens ou plutôt des technocrates une série de messages où il ferait le procès de la technique. Nous attendons ces messages avec intérêt, car nous aimerions être tout à fait certains de l'avenir qu'il nous prépare. Serait-il possible et juste de renoncer à toute technique, sinon dans quelle mesure peut-on empêcher la science d'aller de l'avant ? N'est-il pas mieux de penser à humaniser le progrès ?[37]

Friedmann juge scandaleux qu'un écrivain empêche les plus jeunes de voir le monde actuel tel qu'il est, « *avec ses luttes de classe* », avec « *ses conflits économiques et sociaux* ». Son commentaire est sans appel : « *C'est pitié de voir se répandre dans la jeunesse pareille confusion.* ». Et Friedmann ne manque pas de rappeler que si des jeunes ont la possibilité de se rendre à Manosque, ils ne le peuvent que « *grâce aux quarante heures et aux congés payés* ». Pour lui, les propos de Giono dans *Les Vraies richesses*, de même que l'expérience du Contadour, corrompent la jeunesse : le verbe de Giono, qui lui apparaît « *de plus en plus voué à un certain romantisme* », et l'« *inaptitude* » de l'auteur « *à manier des idées* » lui semblent se conjuguer dans ses essais « *pour semer une étrange confusion en des domaines où plus qu'ailleurs la clarté est nécessaire* ». Si Giono veut vivre en poète « *dans un univers mythique* » où « *l'homme est seul avec les éléments* », libre à lui, mais il lui faut savoir que ce ne sera jamais « *l'univers réel de l'homme et de ses batailles* ». La conclusion est on ne peut plus directe : « [...] *qu'il renonce* [...] *à donner des conseils et à indiquer des chemins.* ».

Le bilan de cette année 1937 est donc clair. Deux articles, celui de Gonzague Truc et celui d'André Billy, présentent l'ouvrage comme inconséquent. Que le premier se moque de l'appel de *Les Vraies richesses* n'a rien de surprenant. Gonzague Truc, comme Robert Brasillach, Louis Gillet et Robert Kemp, appartient à cette droite qui a dénoncé depuis longtemps l'idéologie « rousseauiste » de Giono. Mais jusqu'à présent, la presse de gauche avait toujours salué la parution de ses ouvrages. Les chroniqueurs émettaient certes parfois des réserves, mais reconnaissaient toujours qu'ils étaient l'œuvre d'un grand écrivain. Même Aragon ou Nizan, qui reprochaient clairement à l'auteur de ne pas présenter dans ses romans une image du monde paysan conforme à l'orthodoxie communiste, n'usaient pas d'un ton méprisant ou désinvolte à son égard. André Billy semble donc être le premier critique de gauche à adopter l'angle d'attaque des critiques de droite. Cet article préfigure tous les déchaînements ultérieurs de la presse contre le « piètre penseur ». De même, l'article de *La Lumière* traduit le désarroi de son auteur face à une évolution de l'œuvre de Giono qu'il ne comprend pas. *Syndicats* se montre fort concis ; seule *La Patrie humaine*, acquise à l'idéal pacifiste de Giono, montre une adhésion totale aux idées de l'écrivain.

36

Ainsi, la presse de 1937 ne reflète absolument pas l'enthousiasme des lecteurs, toujours aussi vif, un an après la parution de la première édition de *Les Vraies richesses*.

*

Nous avons vu que le nombre restreint d'articles et de comptes rendus sur *Les Vraies richesses* ne s'expliquait pas par une réticence des critiques vis-à-vis de l'ouvrage, mais résultait d'abord du fait que, en règle générale, dans la période d'avant-guerre, les essais bénéficient d'une couverture médiatique moindre que les romans, et ensuite du contexte historique : les événements politiques, à l'intérieur comme à l'extérieur, se succèdent à une telle cadence que la critique littéraire se voit souvent reléguée à la portion congrue dans la presse quotidienne et les périodiques.

C'est principalement la presse de gauche qui commente l'œuvre de Giono et qui publie ses textes dans les quotidiens et les revues[38]. Mais il faut différencier la presse socialiste ou « gauchiste », qui lui ouvre largement ses colonnes, de la presse communiste qui ignore longtemps *Les Vraies richesses* avant de condamner l'ouvrage. Il est vrai qu'elle n'a jamais beaucoup apprécié Giono, et ce, pour trois raisons principales : d'abord, idéologiquement, son panthéisme est absolument incompatible avec une vision du monde athée ; ensuite, il a refusé de devenir le « *Cholokhov français* », comme le lui suggérait fortement Aragon[39] ; enfin, son vœu d'aller « *au-delà du communisme* »[40] semble devoir se réduire, aux yeux de certains dirigeants, « *à un combat* contre *le communisme* »[41].

Deux images de Giono, nées au cours des années précédentes, commencent à s'estomper.

La première est celle du poète lyrique. Une partie de la critique commence à admettre que le conteur est aussi un idéologue, voire un polémiste. Comme Giono délaisse le roman pour l'essai, l'analyse des idées est privilégiée dans les comptes rendus. Cependant, dans *Les Vraies richesses*, les passages lyriques sont loin d'être absents au point que le chapitre « Résurrection du pain » a pu être perçu comme un fragment de roman, par un critique qui reproche précisément à Giono d'avoir trop le désir de « faire poète ». Mais des termes comme *poète* et *lyrisme* apparaissent bien moins fréquemment que dans les comptes rendus de *Que ma joie demeure*.

La seconde est celle de l'écrivain régionaliste, qui résiste davantage. Nous avons vu que les photographies de Kardas qui illustrent *Les Vraies richesses* conduisent certains critiques à voir dans l'ouvrage un hymne à la Haute Provence.

En même temps, deux nouvelles images de l'écrivain sont en train de naître.

C'est d'abord celle de l'ennemi de la classe ouvrière. Elle se lit en creux dans le long silence de la presse communiste au moment de la publication de *Les Vraies richesses*, alors qu'elle avait rendu compte peu après leur parution des précédents romans, *Le Chant du monde* et *Que ma joie demeure*. L'image négative du monde ouvrier et du prolétariat urbain que donne l'essai, de même que la condamnation de la machine ne peuvent que heurter l'idéologie communiste[42].

La seconde fait de Giono l'héritier d'une conception de la régénération de l'être humain par le contact avec la nature, d'origine germanique. Il est vrai que cette conception, qui remonte au tout premier Romantisme allemand, connaît un regain de vigueur avant-guerre dans la littérature germanophone. Nous avons vu aussi que, dans les *Cahiers du Contadour*, on s'inquiétait de l'usage qui était fait des œuvres de Giono dans l'Allemagne nazie. Même si aucun commentaire n'établit de parallèle explicite, nous sentons naître une inquiétude du constat que le discours idéologique de *Les Vraies richesses* offre quelques ressemblances avec certains aspects des théories national-socialistes, en particulier la présentation positive du monde rural incarnant les valeurs traditionnelles face au monde urbain, lieu de l'asservissement et de la dégénérescence de l'homme[43].

La réception de *Les Vraies richesses* au moment de sa parution pose ainsi véritablement un cas d'école. Alors même que l'ouvrage suscite l'enthousiasme du public, et devient rapidement ce qu'on appellerait aujourd'hui un « livre-culte », en particulier auprès de la jeunesse[44], l'accueil de la presse apparaît dans son ensemble, et indépendamment des tendances politiques, particulièrement réservé.

ANNEXE

PRINCIPAUX ARTICLES CONSULTÉS
(choix de commentaires critiques parus en 1936-1937)

Articles anonymes (classement alphabétique des périodiques)

Bulletin des lettres
***, « Livres nouveaux : Jean Giono, *Les Vraies richesses* », 25 mai 1936, pp. 182-183.

Le Mois
***, « Chronique littéraire. *Les Vraies richesses* », août 1936, pp. 165-6.

Syndicats
***, « Jean Giono : *Les Vraies richesses* » [Entrefilet], 26 août 1937, p. 4.

Articles signés (classement alphabétique des auteurs)

ALTMAN, Georges, « Les Paysans et nous » [compte rendu des chapitres III et IV, parus, sous le titre « Résurrection du pain », dans *La Nouvelle revue française* les 1er avril et 1er mai 1936], *La Lumière*, 2 mai 1936, p. 6.

BILLY, André, « Les Livres de la semaine. Naturisme et "fascisme" de Giono », *L'Œuvre*, 29 août 1937, p. 6.

BOUVIER, Émile, « L'Année littéraire : Situation du roman français (III) » [partiellement consacré à *Les Vraies richesses*], *La Lumière*, 6 août 1937, p. 6.

DESTHIEUX, Jean, « Sur Jean Giono » [partiellement consacré à *Les Vraies richesses*], *Corymbe*, mai-juin 1937, pp. 239-40.

FAUTRAD, Marcel, « Revue des revues. La Résurrection du pain » [entrefilet sur les chapitres III et IV], *L'École émancipée*, 24 mai 1936, p. 570.

FRIEDMANN, Georges, « L'Univers de Jean Giono » [partiellement consacré à *Les Vraies richesses*], *L'Humanité*, 4 décembre 1937, p. 8.

Giron, Roger, « Un de Manosque : Jean Giono » [partiellement consacré à *Les Vraies richesses*], *Toute l'Édition*, 4 septembre 1937, p. 7.

Lalou, René, « Témoignage des œuvres : *Les Vraies richesses* », *Vendredi*, 14 août 1936, p. 5.

Limousin, Henri, « Notes d'avant le départ », *Cahiers du Contadour*, n° 1, pp. 59–64.

Loréal, Louis, « Les Livres. Jean Giono, *Les Vraies richesses* », *La Patrie humaine*, 9 juillet 1937, p. 3.

Roth, Lucien, « *Les Vraies richesses* », *L'École émancipée*, 15 novembre 1936, pp. 156-7.

Rousseaux, André, « La Vie littéraire. C.-F. Ramuz : *Taille de l'homme*, *Questions* ; Jean Giono : *Les Vraies richesses* », *Le Figaro*, 10 octobre 1936, p. 6.

Tricot, Jean-Germain, « Giono (Jean) *Les Vraies richesses* », *Revue bibliographique et critique*, 30 juin 1936, Fiche n° 1010.

Truc, Gonzague, « À travers la quinzaine. De la rue du Dragon au plateau de Grémone », *La Grande Revue*, juillet 1937, pp. 405–7.

Varillon, François, « Jean Giono (I) : De Paris au Contadour » [partiellement consacré à *Les Vraies richesses*], *Études*, 5 février 1937, pp. 337–51.

Varillon, François, « Jean Giono (II) : Les vraies richesses ? » [deuxième partie de l'article], *Études*, 20 février 1937, pp. 469–83.

1. Pour le « double contrat », voir : Pierre Citron, *Jean Giono 1895–1970* (Paris, Seuil, 1995), pp. 167–74.

2. *Que ma joie demeure* valait 18 F.

3. La modification est minime. Dans l'avant-dernier paragraphe, la phrase liminaire : « *C'est pourquoi on trouvera dans ce livre une centaine de photographies* [...]. » voit sa fin remplacée par « *une vingtaine d'illustrations* ».

4. Édition courante sur vélin Prioux.

5. La Préface se trouve également dans l'édition russe de la revue soviétique *La Littérature internationale* en avril et dans le *Bulletin de la Guilde du livre*, de Lausanne, en juin. On en trouve également un extrait dans le premier numéro des *Cahiers du Contadour*, ainsi que dans *L'École libératrice* du 14 mars 1936. Les chapitres II et III paraissent également dans la revue *Mesures*, dirigée par Jean Paulhan.

6. Voir le détail dans la Notice (VII, 997) de Mireille Sacotte.

7. Certes, il existe déjà dans l'œuvre de Giono des textes qui ne ressortissent pas au genre romanesque, ainsi *Manosque-des-plateaux* et *Le Serpent d'étoiles*, mais ce sont des récits et non des essais.

8. Le premier Contadour a eu lieu en septembre 1935, le deuxième à Pâques 1936.

9. Nous renvoyons à notre ouvrage *La Réception de l'œuvre de Jean Giono de 1934 à 1944* (Villeneuve d'Ascq, Presses Universitaires du Septentrion, « Thèse à la carte », 2001). Pour tout renseignement complémentaire (en particulier autres comptes rendus parus dans la presse régionale et étrangère), on consultera : Michel GRAMAIN, *Jean Giono 1. Critique 1924–1944* (Paris, Lettres Modernes Minard, « Les Carnets bibliographiques », 2002).

10. Écrivain polonais, Ladislas Reymont (1867–1925), dont *Les Paysans* constitue l'œuvre centrale, a obtenu le Prix Nobel de littérature en 1924.

11. Allusion à une pratique du gouvernement de l'époque face à la surproduction de blé, pratique que Giono dénonce à plusieurs reprises.

12. *La Maison Thüringer* de Panaït Istrati est paru en 1933 aux éditions Rieder. Les récits de Panaït Istrati (1884–1935) sont pour la plupart autobiographiques. Le monde dépeint est celui des paysans roumains, opprimés par divers tyrans, souvent contraints à la lâcheté, mais cependant fiers de leurs traditions et de leurs *haïdoucs*, ces héros redresseurs de torts. La constante condamnation de l'égoïsme qui rend l'homme insensible à la détresse de son prochain et l'humanisme foncier de son œuvre le rapprochent de Giono.

13. La traduction allemande de *Les Vraies richesses*, *Vom Wahren Reichtum*, paraîtra en 1937 (Zürich-Leipzig, Margarten Verlag).

14. Poète et romancier autrichien, Peter Rosegger (1843–1918) a surtout dépeint la vie et les mœurs paysannes. Un prix Peter-Rosegger est décerné par le land de Styrie depuis 1951, d'abord annuellement, puis à une fréquence trisannuelle depuis 1985.

15. Voir par exemple, parmi ses comptes rendus précédents, ceux de *Que ma joie demeure* (*Le Figaro*, 20 avril 1935, p. 5), *Le Chant du monde* (*Noir et blanc*, 24 juin 1934, p. 10, et *La Revue universelle*, juillet 1934, p. 626).

16. André Rousseaux a déjà tenu des propos identiques dans *Âmes et Visages du xxe siècle* (Paris, Grasset, 1932). Avant lui, Maurice Fombeure avait déjà tenté d'expliquer le style des deux auteurs par l'influence de la Bible protestante (*La Nouvelle revue française*, décembre 1931, pp. 952–4).

17. Edmond Charlot (1915–2004), libraire et éditeur engagé, fit découvrir, entre autres, Albert Camus, Max-Pol Fouchet, Emmanuel Roblès, Jules Roy. Voir Michel PUCHE, *Edmond Charlot, éditeur*, préface de Jules ROY (Pézenas, Domens, 1995).

18. Jean GIONO, *Rondeur des jours, suivi d'un texte* (Alger, Éditions les Vraies richesses, 1936), in-16 (20,5 cm), 36 p. .

19. « [...] *depuis ma rencontre avec Claudel dont je suis nourri jusqu'aux moelles, la rencontre de votre œuvre a été ma plus grande joie littéraire. J'ai tort de dire : littéraire ; si ce n'était que littéraire, ce ne serait que peu de chose. Disons : joie vitale profonde.* ». Cette lettre figure dans VIII, 152–4.

20. Giono avait écrit à Varillon : « *Non, je ne suis pas communiste. Je ne l'ai jamais été et je m'en éloigne de plus en plus. Ils n'ont créé qu'un ordre bourgeois et ils vont le soutenir avec la guerre comme il est logique pour l'ordre bourgeois.* ». Cette lettre a été publiée dans les *Cahiers du Contadour*, nos 3-4 ; elle figure dans VIII, 154-5.

21. Jean DESTHIEUX, « Sur Jean Giono », *Corymbe*, mai-juin 1937, pp. 239-40.

22. Notons cependant que seul l'article de Jean Desthieux donne une lecture chrétienne de *Les Vraies richesses*. La livraison s'intitule *"Jean Giono et la Provence"*, et l'on n'évite pas, même dans l'article cité, les rapprochements avec Frédéric Mistral ou Paul Arène !

23. *Esprit*, dans son numéro de mai 1937, publie un bref compte rendu de l'étude de François Varillon, en s'attachant essentiellement aux problèmes posés par « *le travail moderne* » (p. 297).

24. Louis ARAGON, « Les Livres. *Le Chant du monde* », *L'Humanité*, 2 juillet 1934, p. 5.

25. De « *Et cette joie dont je vous parle* [...]. » (*VR*, 156) à « [...] *avant de partir sur les chemins.* » (157).

26. Passage final d'une quarantaine de lignes, à partir de : « *Ce dont on te prive, c'est de vents* [...]. » (*VR*, 255).

27. « Jean Giono nous rappelle », *La Pensée nouvelle*, 3ᵉ an., nᵒ 21, juillet 1937.

28. Il est vrai que, dans la Préface de son essai, Giono affirme avoir eu le projet de vivre « *la vie du plateau Grémone* » (*VR*, 147) avec la quarantaine de personnes qui partait de Manosque vers la montagne de Lure ; mais il précise trois lignes plus loin que la « *troisième étape* [*les*] *amena sur le plateau du Contadour* ».

29. Louis Loréal (1894–1956), militant anarchiste. Pacifiste engagé, rédacteur de *La Patrie humaine*, il donnera des articles favorables à la collaboration dans *L'Atelier* et *Germinal*.

30. Directeur des éditions du Sagittaire à partir des années Trente, l'engagement de Léon Pierre-Quint contre toutes les formes de totalitarismes sera particulièrement marqué à partir de l'accession au pouvoir d'Hitler.

31. Émile Bouvier, chroniqueur littéraire de *La Lumière*, où il a déjà publié plusieurs articles sur Giono, en particulier sur *Le Chant du monde*.

32. André Billy est un familier de l'œuvre de Giono. Il a rédigé, entre autres, dans le même quotidien, des articles sur *Un de Baumugnes*, *Le Chant du monde* et *Que ma joie demeure*.

33. Henri POLLÈS, *L'Opéra politique* (Paris, Gallimard, 1937. 2ᵉ éd.). Cet essai ne consacre que quelques lignes à l'œuvre de Giono.

34. Citant la phrase de la Préface de *Les Vraies richesses* où Giono compare la montagne de Lure à « *"l'échine monstrueuse du taureau de Dyonisos"* [*sic*] », il commente : « *C'est le droit de Giono d'intervertir l'ordre de l'y et de l'i dans Dionysos, car l'étymologie du mot est fort douteuse, mais la liberté qu'il prend d'attribuer un taureau au dieu du vin me paraît plus contestable.* » (Voir *VR*, 149, où l'orthographe du nom du dieu est corrigée.).

35. Une expression comme « *je n'ai pas d'autre ambition que d'être votre cheval* » lui semble révéler « *mégalomanie et fausse modestie mêlées* ».

36. Georges FRIEDMANN, « L'Univers de Jean Giono », *L'Humanité*, 4 décembre 1937, p. 8.

37. Ces lignes sont extraites d'un article, signé Joos, paru dans la « page des jeunes » de *L'Œuvre*, le 9 novembre 1937 : « La jeunesse à l'œuvre. À Manosque avec Jean Giono, maître de la jeunesse. » (p. 8).

38. Il faut citer au premier plan *Vendredi*, l'hebdomadaire fondé par Jean Guéhenno, Andrée Viollis et André Chamson, qui publie, et ce, dès le premier numéro, un grand nombre de textes de l'écrivain ou d'articles le concernant, lui

ou son œuvre (17 janvier, 13 mars, 1ᵉʳ mai, 22 mai, 17 juillet, 24 juillet, 14 août 1936).

39. Louis ARAGON, *L'Humanité*, 2 juillet 1934, p. 5.

40. Lettre à Henry Poulaille, publiée dans *La Révolution prolétarienne*, 19 août 1935 (citée dans VIII, n. 3 de la p. 56, p. 1197).

41. Lettre d'Aragon à Giono, vers le 20–25 septembre 1935, reproduite dans le *Journal* (*J*, 57).

42. Et un article comme « Jacquou le croquant vous parle » (Pierre SCIZE, *Le Merle blanc*, 19 décembre 1936, pp. 1 et 2), qui rapporte des propos de Giono évoquant l'insurrection paysanne dont il rêve, renforce l'antagonisme entre le monde rural et le monde ouvrier.

43. Lorsque Walther Darré, le responsable de la paysannerie au sein du parti national-socialiste, affirme dans les années Trente que le paysan, attaché à son sol natal, en contact permanent avec la terre, est le seul élément sain de la nation, qu'il possède la « noblesse du sang », qu'il est le dépositaire de la pureté de la race et des mœurs, et qu'il s'oppose à l'ouvrier prisonnier de la ville amorale et corruptrice, il tient des propos qui ne sont pas très éloignés de ceux que l'on trouve dans certaines pages de *Les Vraies richesses*. Voir Walther DARRÉ, *Das Bauertum als Lebensquelle der nordischen Rasse* (*La Paysannerie source de vie de la race nordique*), 1933.

44. Ce succès revêt une dimension internationale. Jean Grenier rapporte qu'ayant occupé en 1940 la chambre d'hôtel de la rue du Dragon que Giono évoque dans les premières pages de son essai, il apprit que « *beaucoup d'Américaines* » étaient allées visiter cet hôtel « *l'année de l'Exposition* », c'est-à-dire en 1937 (Jean GRENIER, *Sous l'Occupation* [Paris, éditions Claire Paulhan, 1997], p. 20).

2

VISION POLITIQUE ET VISION POÉTIQUE

GRAMMAIRE DU DISCOURS ARGUMENTATIF

DANS *LES VRAIES RICHESSES*

par Sᴏᴘʜɪᴇ MILCENT-LAWSON

(Université Paul Verlaine - Metz)

> « *Nos pieds veulent marcher dans l'herbe fraîche, nos jambes veulent courir après les cerfs, et serrer le ventre des chevaux, battre l'eau derrière nous pendant que nous écarterons le courant avec nos bras. Par tout notre corps, nous avons faim d'un monde véritable.* »   (EV, 204)

L'ATTRAIT de l'univers romanesque de Giono tient en grande partie à la tension qui dynamise ses intrigues et structure sa vision des rapports entre l'homme et le monde naturel. La nature y apparaît tantôt amicale, tantôt hostile, et sous des dehors naïfs, les personnages sont hantés par l'ennui et la tentation du mal. Les interrogations existentielles équilibrent ainsi les pages d'ivresse et de communion avec la nature et cette charge de contradiction fait la force des évocations des mondes naturel et humain. L'œuvre de fiction, si elle s'apparente souvent à une utopie située en dehors de l'époque moderne, présente donc une ambivalence constitutive, nourrie par une écriture lyrique et poétique qui privilégie le détour par le langage figuré et induit une forme de complexité sémantique. Les œuvres romanesques échappent dès lors à l'univocité au profit d'une polysémie qui fait leur richesse.

Le roman *Que ma joie demeure* ne fait pas exception à cette règle, et malgré ses élans d'utopie, il ne se laisse pas réduire à un contenu idéologique : l'échec qui hante sa fin mystérieuse explique pourquoi l'auteur a été si « *farouchement interrogé* » (VR, 147). *Les Vraies richesses* est l'occasion pour Giono de « *répondre* » (148). Tout en s'appuyant sur les ressources de la fiction et sur les talents du romancier, le texte prétend à une valeur de témoignage et à être un discours de vérité. Désireux de clarifier son message et de délivrer une leçon, Giono n'y sollicite plus seulement une adhésion esthétique mais requiert aussi l'assentiment aux idées exposées. Or, malgré la sympathie suscitée par les positions qui y sont défendues — que l'on peut globalement qualifier d'écologistes et d'anticapitalistes —, cette œuvre touffue, hybride, laisse chez un certain nombre de lecteurs un sentiment de gêne dont il convient d'élucider les causes.

Par-delà les thèses soutenues, nous proposons donc d'examiner ce qui, dans les techniques d'argumentation mises en œuvre, fait naître des réserves. Nous tenterons de montrer en quoi la riche imagination gionienne se refuse à se soumettre aux contraintes et aux exigences d'une démarche argumentative rigoureuse et parvient donc difficilement à peindre de manière convaincante le monde de la réalité. Nous analyserons d'abord comment les marques d'engagement énonciatif et de renforcement assertif ne parviennent pas à compenser les faiblesses de l'argumentation. L'étude de la figure de l'antithèse permettra ensuite de mesurer comment le systématisme des oppositions radicales dessert l'efficacité pragmatique du texte. Pour conclure, nous rappellerons que là où Giono excelle, c'est lorsqu'il donne à voir un monde imaginaire transformé par les mots, en particulier par les figures d'analogie. Dès lors, la réussite du livre consiste non pas à se poser en guide, mais bien à éveiller le désir, par le langage, de partager les joies procurées au poète par les "*vraies richesses*".

énonciateur et destinataires

Dans *Les Vraies richesses*, Giono parle en son nom propre, à la première personne, et en tant qu'écrivain. C'est même plus précisément l'auteur de *Que ma joie demeure*[1] qui s'exprime ici, dans une sorte de prolongement et de commentaire de son roman. Le texte se présente en effet comme une réponse : « *Après* Que ma joie demeure, *j'ai été farouchement interrogé. Ce projet d'établissement de la joie a ému des hommes et des femmes très éloignés de moi et qui m'ont écrit.* » (VR, 147). L'expérience du Contadour, cette petite communauté d'admirateurs et d'amis réunis autour de lui au sein de la « Société des vraies richesses », a été l'occasion d'une première forme de réponse à ces interrogations pressantes sur le sens de son livre et la leçon de vie qui était censée y être délivrée. Giono en retrace rapidement la genèse dans la Préface de l'essai : « *Avant de vous donner ma vraie réponse, je voulais vous faire comprendre que les hommes ne peuvent se passer d'habitations magiques.* » (148). Ainsi, lorsqu'il affirme « *Ce livre ici est la réponse.* », c'est surtout son parcours personnel qu'il propose en modèle, retraçant ce qu'il appelle son « *apprentissage panique* » (150), c'est-à-dire sa découverte que seul le contact avec le monde naturel est apte à offrir la *joie*, terme clé du livre comme le prouve le nombre très élevé d'occurrences : pas moins de quatre-vingts.

Giono s'adresse directement à un « *vous* » (VR, 156) qui désigne « *ceux qui ont vécu avec moi, ceux que j'appelle "du Contadour"* », avec lesquels il se solidarise le plus souvent dans un *nous* qui marque leur complicité et leur accord. Il sait qu'il prêche des convaincus : « *Je ne risque pas d'être contredit [...].* » (148), reconnaît-il, ou encore : « *Pour ceux qui m'ont accompagné dans la montagne de Lure, [...] ça n'est pas difficile de le leur rappeler. Je n'ai qu'à mettre ma main sur leur épaule, à leur dire : "Venez, marchons." Je sais qu'ils sont prêts.* » (156). Mais l'écrivain précise dans la Préface qu'il souhaite élargir le cercle de ses destinataires aux « *autres ; pour les préparer* ». En dehors des compagnons du Contadour, que Giono interpelle par deux fois sous le terme de « *camarades* » (148 et 155), les apostrophes qui jalonnent le texte suggèrent qu'il considère également ces lecteurs inconnus comme des « *amis* » (249 et 250). Par ailleurs, il les envisage essentiellement comme appartenant à la classe paysanne : « *Nous autres, hommes et femmes d'ici — et moi qui vous ressemble — nous ne sommes que des paysans* [...]. » (212).

Dès lors, l'enjeu argumentatif du texte n'est pas tant de convaincre un auditoire ou un lectorat gagné d'avance à ses idées, que de l'inciter à l'action, de le pousser à la révolte et d'exhorter les autres, en particulier les citadins, à ouvrir les yeux et à changer de vie. Il s'agit à la fois de mobiliser les énergies et d'opérer la prise de conscience de l'urgence[2] de la résistance aux fausses valeurs prônées par la société moderne : « *Vous avez droit aux récoltes, droit à la joie, droit au monde véritable, droit aux vraies richesses ici-bas,* TOUT DE SUITE, MAINTENANT, *pour cette vie. Vous ne devez plus obéir à la folie de l'argent.* » (VR, 155). Dans les passages les plus véhéments, l'exhortation transforme le *vous* collectif en un destinataire individuel directement apostrophé par un *tu* : « *Je suis le compagnon en perpétuelle révolte contre ta captivité, qui que tu sois, et si tu n'es pas révolté en toi-même, soit que le travail ait tué toutes tes facultés de révolte, soit que tu aies pris goût à tes vices, je suis révolté pour toi malgré tout pour t'obliger à l'être.* » (168).

La structure énonciative est donc déterminante pour bien saisir les enjeux de la rhétorique du texte. Loin d'user de procédés argumentatifs rigoureux sur le plan logique et discursif, *Les Vraies richesses* se caractérise par de constantes dérives narratives et des envolées lyriques et épiques hors du réel dont la fonction n'est pas de contribuer à une démonstration précise mais, s'adressant pour l'essentiel à des partisans, de leur insuffler un élan, de susciter un espoir, ce que Giono appelle « *donner appétit* » (VR, 250) : « *C'est pourquoi j'ai décrit les printemps, les étés, les automnes et les hivers, puis encore les saisons, et encore les saisons, et toujours, comme elles reviennent elles-mêmes en vérité* dans le monde, ne cessant pas de répéter : *"Prends, prends, prends, c'est à toi"* [...]. » (249).

l'engagement énonciatif

La première stratégie argumentative à l'œuvre dans *Les Vraies richesses* consiste donc à voir dans son destinataire non un adversaire à combattre, mais un allié à séduire en lui communiquant l'enthousiasme de sa propre conviction. Cela se traduit linguistiquement par un fort engagement énonciatif. Les marques grammaticales de première personne sont omniprésentes (à l'exception bien sûr des passages narratifs enchâssés dans le discours cadre) et les traces de subjectivité sont non seulement apparentes, mais exhibées : « J'AI REMARQUÉ [...]. » (*VR*, 164), « [...] CE QUI ME FRAPPE, ME SAISIT [...]. » (165), « JE N'AI PAS L'IMPRESSION QU'*un seul de ces êtres humains s'occupe à des travaux manuels.* JE SENS *tout ce à quoi la ville les oblige.*», « JE CROIS QUE *votre genre de vie est le seul raisonnable ;* JE SUIS SÛR QU'*il peut sauver du désespoir tous ces hommes d'à présent, jeunes ou vieux, noircis de n'être rien, certains de n'être jamais rien* [...], OUI, JE SUIS SÛR QUE *vous pouvez les sauver.* » (249). Notons d'emblée que la légitimité du locuteur repose sur la mise en avant de son témoignage. D'où la façon dont Giono se met personnellement en scène. Des confidences révèlent au lecteur le cadre anecdotique de l'énonciation (« *Je pense à tout ça en descendant la rue de Belleville.* » (179) et « *Je pense à toutes ces choses en m'en allant à travers les prés par ce soir de glorieux automne.* » (206)), et l'invitent à partager des moments d'intimité avec l'auteur. La forme narrative n'est donc pas tant une dérive hors de l'argumentatif qu'une forme de démonstration par l'exemple : « [...] *la réponse, c'est moi-même.* » (149). Le ton général est celui de la conversation familière, destiné là aussi à souligner l'absence de distance entre le locuteur et les destinataires du discours. L'accord qui doit s'établir entre l'énonciateur et les énonciataires passe d'abord par un partage linguistique. Cela est manifeste dans des phrases du type : « [...] *ceux que vous et moi appelons les "gros intelligents"* [...]. » (250). Le discours, rédigé au présent d'énonciation, est animé par des adresses directes au lecteur qui prennent la forme d'apostrophes (« *camarades* » (148 et 155), « *amis* » (249), « *mes amis* » (250)), de questions rhétoriques (« *Qui, dans la société moderne, peut avoir assez de liberté pour connaître le monde ?* » (152)) mais aussi de fragments de dialogue entre l'auteur et les destinataires (« *Vous vous demandez : "Qui est-ce ?"* » (170), « *Et vous me direz* [...]. » (216)). Les marques du discours oral sont nombreuses. La syntaxe est à la fois expressive et relâchée : répétitions (« [...] *puis après encore une fois vite et vite parler de vous, toujours et toujours* [...]. » (250)), phrases nominales, énoncés tronqués, exclamatives (« *Mais quelle joie !* » (226), « *Ah ! Ces choses-là exaltent !* » (228), « *Il y en a qui n'ont plus senti de terre sous leurs pieds depuis qui sait combien !* » (165)). Des incises créent des ruptures de rythme qui contribuent à créer l'illusion d'une parole spontanée : « *Et qui n'était pas de leur côté, ah ! non, bien sûr, mais du nôtre.* » (198). On trouve des tournures et un vocabulaire très familiers : « *Mme Bertrand habite en dessous de nous.* » (192), « *Césarine retourne en courant* [...]. », « *tout ça* » (202), « *C'est obligé* [...]. » (209), « *[...] nous le savons qu'ils se foutent de tout* [...]. » (203). Le ton est marqué par une certaine désinvolture : « *C'est là qu'il est bon d'être un peu lourdaud et moins flambant sur la question d'intelligence.* » (198). Outre cette bonhomie générale, qui témoigne du souci de ne pas se prendre trop au sérieux en tant qu'orateur (« *[...] et ici je fais une petite parenthèse* [...]. » (201), volonté de ne pas « *"phraser"* » (193)), Giono ne cherche aucunement à assumer une parole d'autorité et met au contraire tout en œuvre pour donner le sentiment qu'il s'adresse à ses égaux : « *Nous autres, hommes et femmes d'ici — et moi qui vous ressemble — nous ne sommes que des paysans, nous ne brillons pas par l'intelligence ni vous, ni moi* [...]. » (212). Des contrepoints empreints de dérision désamorcent les envolées lyriques voire les dérives prophétiques qui envahissent le texte. C'est notamment le cas à la fin du chapitre I : « *Et je prépare lentement dans mes épaules de grandes ailes pour vous emporter sournoisement au-delà du monde le jour où vous*

50

aurez confiance en moi. [§] *Pour le moment, mangeons nos hari-cots à la tomate et notre côtelette de mouton.* » (171).

amplification et force de conviction

L'engagement énonciatif du locuteur transparaît aussi au travers des procédés d'amplification et de grossissement destinés à emporter l'adhésion en forçant l'impression de conviction. Des adverbes d'intensité renforcent quasi systématiquement les assertions : « [...] *j'ai été* FAROUCHEMENT *interrogé.* » (VR, 147), « [...] *ému* PROFONDÉMENT *moi-même* [...]. », « *J'ai* PERPÉTUELLEMENT *besoin de sincérité totale.* » (156), « *Ils semblent* ENTIÈREMENT *privés de densité.* » (167), « *Je me suis* VÉRITABLEMENT *senti sans frontières.* » (151) ; ou soulignent l'adéquation des qualificatifs choisis : « *Les spéculations* PUREMENT *intellectuelles* [...]. » (148). Des adjectifs intensifs et évaluatifs remplissent le même rôle au sein des groupes nominaux : « *Cette absence* TOTALE *de pureté* » (170), « EFFROYABLE *amas de matière vivante* » (150), « *une loi* IMPLACABLE *de machine* » (180), « *la* CRUELLE *matière* » (165). Le lexique est volontiers paroxystique : « *nos délices et nos terreurs ; notre implacable férocité* » (238), « *une avilissante solitude* » (165), « *Leur matière est agonisante.* » (166), « *la densité effroyable des choses mortes* » (164).

L'expression du haut degré se retrouve dans l'usage récurrent des comparatifs de supériorité, réalisant le plus souvent l'alliance abstrait-concret (« *Vous avez vu comment vivre dans un monde véritable donne une simple sagesse plus délicieuse que les fruits et l'eau fraîche des sources.* » (VR, 149), « *Mais la vérité est que certaines de ces joies plus tendres que les brumes du matin te sont réservées à toi, en plus des autres.* » (253)), éventuellement renforcés par des compléments de détermination qui soulignent leur portée universalisante : « *Les échos retentissaient d'un silence plus violent que tous les bruits* DE LA TERRE. » (150). Il en va de même pour les superlatifs, également fort fréquents : « *Une forêt plus belle et plus saine que celle qui emplit les vallons des plus secrètes montagnes* [...]. » (244), « *la plus grande réussite* DU MONDE » (253), « *Ce sont les êtres les plus perméables* DU MONDE. » (245). L'universalité du propos est ainsi soulignée : « *Il n'y a pas un millimètre du monde qui ne soit savoureux.* » (199). Cette technique du renforcement assertif s'appuie également sur les pluriels augmentatifs, qui multiplient rhétoriquement des objets référentiellement uniques (cathédrale de Paris, Louvre...) : « *Tes Louvres éclatent, tes cathédrales s'effondrent, tes clochers chavirent comme les mâts de navires crevés.* » (244), procédé repris par deux fois à la dernière page du livre (à propos du soleil) : « *Ce dont on te prive, c'est de vents, de pluies, de neiges, de soleils, de montagnes, de fleuves, et de forêts : les vraies richesses de l'homme !* » (255). L'argumentation se fait vision. Du reste, la plupart des quantifications sont non pas réalistes mais hyperboliques : « *J'aime cette rue du Dragon* PLUS QUE CENT MILLE *rues de Paris* [...]. » (164). Ces quantifications symboliques figurent l'intensité de la conviction du locuteur plus que la réalité qu'il est censé décrire. Elles peuvent tout aussi bien être au service de la critique du monde moderne : le *topos* des grands nombres et l'impression pléthorique peignent alors un monde dépourvu de pureté où la multiplication prive choses et humains d'identité propre : « TOUT *a été fatigué, utilisé, tripoté, par des* MILLIONS DE BRAS, DE MAINS, DE JAMBES, DE CUISSES, DE FESSES, DE POUMONS, DE BOUCHES. » (170). D'une manière générale, l'alliance de ces procédés imprime au texte souffle et élan : « *Et les manuscrits arriveraient là après avoir contourné* CENT *champs de blé et passé sous l'ombre de* CENT *chênes.* » (209), « [...] *toute la forêt paysanne s'étend* SUR DES MILLIERS ET DES MILLIERS DE KILOMÈTRES *et s'avance à la fois toute de front* [...]. » (238) ; « [...] *des* MILLIARDS *de colombes couvrent notre feuillage comme l'écume couvre la mer.* » (239). Cette vision de l'abondance construit l'image d'un monde généreux en beauté, riche de promesses de bonheur et de joies. Les totalisations rhétoriques contribuent ainsi à une idéalisation, la totalité représentant une des formes possibles de la perfection : « *Tous les champs que j'ai aimés, toutes les montagnes et les collines qui sont ma chair, tous les ruisseaux et les fleuves qui m'irriguent plus violemment que mes artères et mes veines.* » (156), ou encore : « *Et je suis partout chez moi avec vous, où que ce soit, dans l'entrelacement de tous les fleuves, de toutes les rivières et de tous les ruisseaux du monde* [...]. » (208). La quantification totalisante peut enfin équivaloir à l'ubiquité si bien que, par leur irréalisme, ces notations participent activement à la dérive prophétique de certains passages où le locuteur semble investi d'une mission quasi messianique : « *Ce soir, j'entre dans toutes les auberges à la fois et je m'assois à toutes les tables de tous ceux qui parlent dans ce grand pays* [...]. » (207) ou encore : « [...] *je suis partout à la fois, et toutes les odeurs je les sens, et toutes les formes je les touche.* ».

Quelques constructions syntaxiques effacent au contraire la source individuelle et personnelle des propos assertés afin d'élargir la base de leur assentiment supposé. Le mode infinitif, dépourvu de marques temporelles et personnelles, suffit ainsi à donner une forme de vérité intemporelle et universelle à un énoncé : « *Vivre n'exige pas la possession de tant de choses.* » (VR, 247). De même, le présent de vérité générale confère aux assertions une forme aphoristique qui tient lieu de démonstration : « *Il ne faut renoncer à rien.* » (150), « *Nul ne peut vivre séparé de son milieu.* » (183), « *Le social ne doit être que le naturel.* » (201). Tous ces procédés tirent parti du pouvoir d'argumentation « dans la langue », puisque la véracité de l'énoncé se trouve non pas établie par une série d'arguments et d'enchaînements logiques mais bien présupposée par sa forme linguistique. Giono a fréquemment recours à des tournures qui permettent d'asséner des propositions non démontrées. La tautologie en est une illustration : « *Les morts sont morts.* [...] *Ils ne sont jamais utiles à la patrie* [...]. » (255). L'anaphore sert le même dessein. La réitération, avec ou sans variation, est censée emporter la conviction par la seule force de la répétition : « *La société construite sur l'argent détruit les récoltes, détruit les bêtes, détruit les hommes, détruit la joie, détruit le monde véritable, détruit la paix, détruit les vraies richesses.* » (155). L'énumération remplit une fonction analogue quand elle décline un même et unique argument :

Personne ne peut m'entendre car les hommes et les femmes qui habitent cette ville sont devenus le corps même de cette ville et ils n'ont plus de corps animal et divin. Ils sont devenus LES BOULONS, LES RIVETS, LES TÔLES, LES BIELLES, LES ROUAGES, LES COUSSINETS, LES VOLANTS, LES COURROIES, LES FREINS, LES AXES, LES PISTONS, LES CYLINDRES de cette vaine machine qui tourne à vide sous Sirius, Aldébaran, Bételgeuse et Cassiopée.

(*VR*, 180)

Du reste, comme le montre cet exemple, les métaphores argumentatives présupposent la validité de l'analogie qui les motive. Il est en effet manifeste que Giono répugne à argumenter. La forte présence de l'isotopie de l'évidence, avec des expressions adverbiales comme « *de toute évidence* » (*VR*, 252), « *Évidemment* » (242), « *c'est tout simplement parce qu*[*e*] » (205), « *ces choses si assurément bonnes et franches* » (195), induit que ce qui est affirmé relève du bon sens, plaçant par là même le contenu asserté hors de portée de toute critique. Les adverbes « *naturellement* » (204) ou encore « *instinctivement* » (196, 212) et leurs dérivés dévoilent la source de cette légitimité et accréditent l'idée que les thèses exprimées dans l'essai sont un pur retour aux valeurs ancestrales, universelles, c'est-à-dire relevant des lois de la nature. Il ne s'agit somme toute que de « *Vi*[*vre*] *naturellement* » (255), autrement dit d'« *obéir instinctivement aux ordres du monde* » (196).

Lorsqu'il consent à faire appel à des « preuves » argumentatives, Giono mêle constamment fiction et réalité. Comme l'a souligné Mireille Sacotte (VII, 980-1), les personnes et les lieux évoqués dans l'essai sont pour la plupart inventés ou du moins transformés par l'imagination romanesque de l'auteur. Les témoins donnés en modèle sont fictifs : « *Il est beau de savoir que le forgeron est un agrégé des lettres ; il a un magnifique poème dans son atelier.* » (*VR*, 254) ou : « *Il est beau de savoir que le laboureur a des grades très élevés en mathématiques, la loi des nombres est dans les montagnes, dans les forêts, le ciel de jour et le ciel de nuit.* ». Il en va de même avec l'étudiant en philosophie qui travaille dans une mine : « *On ne pouvait rien lui souhaiter. Il avait une poitrine de héros ; une force joyeuse le portait avec élégance. [...] Il s'en allait au bord du torrent avec Platon, Hésiode ou un petit Virgile.* ». Autant d'exemples touchants, s'ils étaient authentiques... On sait aussi que dans le chapitre consacré à la « *résurrection du pain* » (VII, 982), Giono présente comme un mouvement significatif ce qui n'était en réalité qu'un fait marginal : Giono écrit dans son *Journal,* que « *presque tout le monde fait son pain* » (981) quand les témoignages nous apprennent que « Mme BERNARD, *à Lalley,* FAISAIT PARFOIS *son pain* ».

On ne trouve ainsi, dans *Les Vraies richesses*, ni raisonnements rigoureux, ni preuves sérieuses. Même les statistiques citées sur une bonne demi-page (VR, 154) sont fantaisistes. C'est là tout à fait révélateur de la façon dont Giono conçoit l'argumentation : ce qui compte, c'est la vérité de l'idée, pas l'exactitude des faits invoqués. Giono qui prétend : « *J'ai perpétuellement besoin de sincérité totale.* » (156) distingue donc soigneusement sincérité et vérité, ou plus exactement vérité (comme valeur) et véracité (comme correspondance rigoureuse avec le réel). Cette liberté prise avec les données de la réalité, si elle est acceptable chez un romancier, devient gênante chez l'essayiste parce qu'elle est incompatible avec la prétention à un discours de vérité.

La technique de persuasion qui consiste à présupposer la véracité des contenus discursifs plutôt qu'à la démontrer au moyen d'arguments, découle largement de la structure énonciative de l'essai. Bien plus que de convaincre des destinataires qui sont avant tout des sympathisants, il s'agit d'affirmer une conviction déjà existante et de mobiliser en vue d'une action collective. Pour ce faire, il importe de dévoiler au grand jour la tromperie sur laquelle repose l'organisation de la société moderne et qui consiste à placer l'argent au sommet de la hiérarchie des valeurs qui la régissent. La dénonciation de cette imposture passe par le dévoilement du détournement à la fois sémantique et politique de la notion même de richesse. Le débat est engagé dès le titre : *Les* VRAIES *richesses.*

Tout au long du livre, Giono s'assigne pour tâche de révéler un certain nombre de détournements linguistiques dans le but de mieux démasquer les fausses valeurs que ces dévoiements sémantiques dissimulent. Ce souci de dénoncer une spoliation du vocabulaire et de se réapproprier les mots est une constante dans les écrits de combat, comme l'a montré Marc Angenot dans son essai consacré à la parole pamphlétaire[3]. Giono se livre ainsi à une redéfinition polémique de la notion de patrie : « *Ce dont on te prive, c'est de vents, de pluies, de neiges, de soleils, de montagnes, de fleuves et de forêts, les vraies richesses, ta patrie.* » (VR, 255). Le pacifiste accepte le sens étymologique de *terre des pères*, de territoire auquel on appartient, mais refuse celui de nation à laquelle il faut rendre des devoirs : « *On t'a donné à la place une patrie économique, un monstre qui exige périodiquement le sacrifice de jeunes hommes.* », idée confirmée dans : « *La patrie qu'on t'a inventée a plus d'appétit encore.* ». Les expressions *On t'a donné à la place* et *La patrie qu'on t'a inventée* dénoncent ce que Giono considère comme une confiscation idéologique. Mais il ne s'agit là que d'une remarque en passant car l'enjeu de ce texte n'est pas le pacifisme comme ce sera le cas dans d'autres essais. Pour Giono, c'est le déclin de la société moderne qui se lit dans l'évidement sémantique subi par des termes qui renvoient à des notions transhistoriques. Aussi dénonce-t-il le sens affadi de mots comme *homme*, ou *vivre* : « *Sur ces quarante-trois — je ne sais pas comment dire, disons : hommes, quand même — sur ces quarante-trois hommes, il n'y a plus rien de vrai [...].* » (155), affirme-t-il de façon polémique à propos des citadins. De même, il demande : « *[...] combien seraient capables de recommencer les gestes essentiels de la vie s'ils se trouvaient demain à l'aube dans un monde nu ? [§] [...] Qui saurait vivre ? [§] Ah ! c'est maintenant que le mot désigne enfin la chose !* » (173). Certains mots, miraculeusement préservés, semblent au contraire avoir conservé toute la force et toute l'authenticité de leur capacité à désigner le réel. Ainsi, « *Le mot "blé" a tout de suite un sens,*

56

comme : *melon, raisin, pêche, abricot, un fruit, un fruit nouveau.* » (193). D'autres se dépouillent des connotations négatives dont ils s'étaient chargés au contact d'un contexte qui les dénaturait, comme c'est le cas de *solitude.* L'homme qui se promène seul dans la nature s'ouvre au monde alors même que la promiscuité de la foule urbaine lui faisait endurer « *une avilissante solitude* » (165) : « *Solitude était devenu un mot terrible, il imaginait les frontières de tout et voilà que tu te sens déjà mélangé au ciel qui s'éclaire, à l'oiseau qui vole, à la nuit qui se retire en entraînant ses renards.* » (183). Mais il convient de s'arrêter plus longuement sur l'expression *les vraies richesses.* Le très grand nombre de ses occurrences ainsi que sa mise en exergue dans le titre de l'essai lui confèrent un statut à part dans ce débat dont les enjeux ne sont pas uniquement ceux d'une redéfinition sémantique.

Au sein du syntagme nominal *les vraies richesses,* l'adjectif intensif *vrai,* mis en valeur par son antéposition, formule un jugement de valeur. Il revendique que le sens donné par le locuteur au substantif qui suit l'adjectif est le seul recevable, le seul qui corresponde pleinement à sa définition. L'adjectif *vrai* est donc l'instrument d'une restauration sémantique. Plus, sa valeur oppositionnelle (*vrai vs faux*) manifeste une contestation, dénonce une imposture et une spoliation à la fois lexicale et idéologique. Du reste, il se rencontre à de nombreuses reprises associé à d'autres mots-valeurs : « *la vraie nourriture* » (VR, 149), « *la vraie joie* » (155), « *La vraie intelligence* » (205), « *la vraie stature, la vraie grandeur, la vraie hauteur de l'homme* » (214). Cette récurrence insistante témoigne du souci qui anime l'auteur d'œuvrer en faveur d'une refondation idéologique et d'un rétablissement des vraies valeurs. L'alternance avec l'évaluatif *véritable* semble principalement due à des raisons rythmiques et euphoniques, sans impliquer de réelle nuance de sens : « *La société construite sur l'argent [...] détruit le monde* VÉRITABLE, *détruit la paix, détruit les vraies richesses.* » (155), « *dans un monde* VÉRITABLE » (149), « *Les plus libres même dédaignent la* VÉRITABLE *science et passent leur vie à jouer avec des spéculations métaphysiques.* »

(152), « *Vous êtes instruits des* VÉRITABLES *raisons de la joie* [...]. »
(209), « *Alors, si tu veux un conseil, cherche-toi vite un travail*
VÉRITABLE. » (219). Ces parasynonymes forment un couple polarisé
avec leur antonyme commun : *faux/fausses.* Le groupe nominal
fausses richesses, qui renvoie polémiquement au sens devenu
dominant dans la définition de ce vocable — fortune, argent,
possessions — connaît presque autant d'occurrences, le plus
souvent au sein d'antithèses : « *Et par deux fois, voilà que je me
sers des mêmes mots pour désigner des choses différentes ; c'est
tout simplement parce qu'il y a les vraies et les fausses. La vraie
intelligence, la fausse intelligence, les fausses richesses et les
vraies richesses.* » (205). Giono dénonce en fait une escroquerie,
comme le confirme cette accusation adressée à Paris : « *Tu trompais la jeunesse des enfants avec de fausses mystiques, tu faisais
travailler les hommes pour de fausses richesses* [...]. » (244).
L'expression en vient à incarner une représentation symbolique du mal, qu'il convient de détruire : « [...] *pendant que la
forêt continue sa lourde marche, sa bataille, sa dévastation des
fausses richesses.* » (242), « [...] *partout où s'organise le défon-
cement, le bouleversement des fausses richesses* [...] *comme on
défonce la jachère, on arrache le chiendent* [...]. » (208). L'envahissement des contrefaçons est général, général le détournement des choses authentiques, si bien que le qualificatif *fausses*
s'applique à toutes sortes de réalités : « *Des lois de désespoir font
tournoyer autour de nous de fausses tempêtes, de fausses saisons,
de fausses nuits* [...]. » (241). L'antithèse ne se borne pas à un pur
constat : la mise en relation des termes opposés prend valeur
d'argument et permet de remettre en cause, non des valeurs ponc-
tuelles mais tout un système d'anti-valeurs.

un discours manichéen

Les oppositions antithétiques proposent de la réalité une radicalisation d'essence polémique. Elles condensent et exacerbent les
tensions, et les schématisent dans un système binaire d'antino-
mies. La fréquence des indéfinis de la totalité et de la quantité

nulle (*tout / rien*) emblématise linguistiquement cette vision tranchée. L'anaphore renforce fréquemment l'antithèse, comme dans cette évocation d'un restaurant parisien à l'heure de midi : « RIEN *ne se repose.* TOUT *s'utilise à l'extrême, même l'emplacement des gestes.* RIEN *n'est vierge.* RIEN *n'arrive neuf jusqu'à vous.* TOUT *a été fatigué, utilisé, tripoté* [...]. » (VR, 170). De telles formules, qui bannissent toute nuance, obéissent à une logique didactique : il s'agit de forcer le trait afin de mieux faire apparaître ce que le discours entend dénoncer. L'emploi systématique de l'antithèse, généralement soulignée par des connecteurs adversatifs (*mais, alors que...*), est donc marqué par un didactisme insistant. Ainsi, les lumières nocturnes de Paris pourraient sembler séduisantes au premier abord : « *Des flammes blanches ou rouges flambent d'en bas comme d'une vallée nocturne où s'est arrêtée la caravane des nomades.* [...] *Mais les flammes sont* FAUSSES *et froides comme celles de l'enfer.* » (174). L'opposition entre le bien et le mal, les vraies valeurs et les fausses, se loge jusque dans des détails. Giono se prête notamment à l'exercice de l'éloge de la pipe face à la « *cigarette toute faite* » (169), mais les quantifications polémiques et les images fortement connotées soulignent le parti pris plus qu'elles ne contribuent à convaincre : « LE MINUSCULE MILLIGRAMME DE RÊVE *qui est dans la cigarette les trouble, les sépare de la ville, les fait pendant une seconde libres et déjà leur pas ivre frotte et colle le trottoir.* ». Alors que « *la* SAUVAGE *pipe noire, forte comme une cartouche de dynamite* » offre « *un rêve plein de cavales au galop, de nuages en fuite sous le vent, de routes, de voiles, de pas et de la roue divine des champs qui tournent autour de l'homme en marche* ». Sans doute l'excès fait-il partie de l'arsenal du polémiste. Voici par exemple ce que dit Giono des objets manufacturés qui ne sont pas issus de l'artisanat : « AUCUN *ne fait jouir mes mains.* » (166), et il ajoute : « *Ces pauvres choses me proposent timidement d'intervenir dans mon confortable. Elles ne peuvent* RIEN *me donner.* ». Mais son caractère binaire fait de l'antithèse un procédé mécanique qui trahit un certain schématisme de l'argumentation. Toutefois, on voit bien au travers de tous ces exemples qu'il ne s'agit plus seulement d'une querelle de mots, mais de la dénonciation d'une imposture généralisée : «*Je fais avec toi* LA MAUVAISE MENUISERIE *et je rabote* LE PAUVRE BOIS BLANC *qui colle au rabot et, avec toi, je le peins* AUX FAUSSES COULEURS *du bois de chêne. Souvenons-nous ensemble, toi et moi, des* BELLES PLANCHES *de chêne et de la scierie installée dans un vallon de la montagne.* L'ARÔME PUISSANT *des troncs débités en planches par la roue que fait tourner le torrent.* » (167).

L'antithèse et l'hyperbole sont des armes efficaces mais qui poussent à la caricature, qu'elle soit laudative («*Joie magnifique des travaux naturels où* JAMAIS RIEN *n'est esclavage* [...]. » (VR, 213)) ou critique : «*Le travail ici n'est plus à la mesure de l'homme, ni de sa joie, ni de son cœur.* [...] RIEN *de ce qu'il crée n'a de qualité.* » (166). La force impressive des thèses ainsi énoncées cache mal l'absence d'arguments. Giono se contente de qualifier de *logique* ce qui va dans son sens («*Une sorte de désir logique, plus fort que la faim ordinaire, donnait faim.* » (227)), tandis qu'il taxe d'illogisme tous les arguments contraires, comme les «*illogiques désirs*» (249) suscités par la société moderne.

rhétorique poétique et rhétorique argumentative

Le schématisme de l'antithèse induit certes une efficacité pragmatique, mais sa capacité à dramatiser les conflits ne saurait suffire à saisir une réalité économique et politique complexe. On a vu comment, en matière d'argumentation, elle pouvait conduire au manichéisme en outrant les positions des uns et des autres. Nous voudrions montrer pour finir que la rhétorique argumentative ne saurait se confondre avec l'usage poétique de ces mêmes figures et que les faiblesses de *Les Vraies richesses* en tant qu'essai tiennent en partie au refus de Giono de distinguer les buts et les moyens de ces deux univers de discours.

Analysons la phrase suivante, dans laquelle Giono s'adresse aux paysans, tout entière construite sur un jeu de figures : «*Le manteau de votre pauvreté couvre les richesses du vrai paradis terrestre.* » (VR, 249). Si l'on s'en tient à des critères esthétiques, nous avons là une phrase rythmée, bâtie sur une métaphore filée réalisant l'alliance de l'abstrait et du concret (« *le manteau* »/ « *couvre* ») et sur une série d'antithèses (*pauvreté*/*richesses*, *pauvreté*/*paradis*) mises en valeur par un jeu délicat de sonorités : modulations vocaliques (*mant*EAU/*v*Otre/*p*AU*vreté*), allitérations (*pau*VR*eté*, *cou*VR*e*, VR*ai*). La formule est donc poétiquement réussie, mais rend-elle pour autant la thèse convaincante ? Malgré sa réussite formelle, la phrase sonne faux : comment croire que la pauvreté des paysans soit le *"vrai paradis terrestre"* ? L'adjectif *vrai*, que nous retrouvons ici, porte à faux. Ce modalisateur de discours signale et dénonce tout à la fois l'hyperbole contenue dans l'expression *paradis terrestre* et ce faisant, exhibe la manipulation langagière au moment même où le texte prétend au discours de vérité. La formule serait merveilleuse si son contenu était convaincant. Mais Giono poète se laisse emporter par les mots. L'hyperbole et l'image, procédés récurrents sous sa plume et qui exaltent le rêve dans le roman, désamorcent une argumentation censée décrire le réel. En effet, Giono cherche ici non seulement à donner en exemple au reste des hommes le mode de vie des paysans, mais à les convaincre eux-mêmes que ces bonheurs simples qui sont les leurs sont la vraie joie à laquelle doit aspirer l'humanité, loin des chimères du confort matériel que fait miroiter la société de consommation. Soit. Mais l'univers romanesque a pourtant en mainte occasion montré une réalité paysanne moins idéale. Et lorsque l'auteur en vient à vanter « *l'admirable pauvreté* » (249) afin de mieux promouvoir les *vraies richesses*, qui sont indépendantes de ce qui peut s'acheter, l'alliance oxymorique du nom et de l'adjectif ne séduit plus comme un beau paradoxe. Le monde que Giono semble proposer en modèle apparaît bien comme une fiction. Idéalisé, il n'a pas même les traits d'une utopie, si bien que situé dans un écrit qui se veut engagé et en prise avec le réel, il engendre chez le lecteur un sentiment de gêne. L'excès lyrique dessert les thèses défendues.

Cette phrase apparaît ainsi emblématique des reproches que l'on peut adresser à ce texte. Giono écrivain séduit par les réussites esthétiques de son écriture mais ne parvient pas à convaincre. Les procédés d'écriture sont inadaptés : il reste avant tout poète et romancier tout en prétendant décrire le monde complexe de la réalité, dont les enjeux politiques et idéologiques lui échappent en partie.

La dualité est pourtant un schème essentiel chez Giono et, comme l'affirme Henri Godard, « *cette œuvre repose sur des contradictions et des tensions qui sont pour elle un principe de vie* »[4]. Or, parce qu'elle ne rapproche les contraires que pour disqualifier l'un des deux, l'antithèse annihile cette précieuse tension au profit d'une polarité prévisible qui caricature le réel à des fins idéologiques. Elle met en scène des conflits figés et ne permet pas au raisonnement de progresser, ni à l'analyse de s'approfondir. Elle échoue donc à emporter notre conviction mais elle explique aussi, en partie, la moindre réussite esthétique de ces écrits de combats : là où l'œuvre romanesque trouve sa force dans l'équilibre toujours instable entre des forces antagonistes, les textes à messages orientent la lecture dans une direction unique et souffrent de ce didactisme.

Les Vraies richesses est toutefois sauvé par le "*chant du monde*" qui trouve l'occasion de s'y développer, car Giono conserve intact son talent de peintre de la nature. L'argumentation se réconcilie alors avec le talent romanesque lorsque l'auteur entreprend, seconde stratégie persuasive majeure, de « *donner appétit* » (*VR*, 250).

poétique de l'analogie

Pour atteindre cet objectif pragmatique, l'écrivain met en œuvre toutes ses ressources de romancier. C'est qu'il ne s'agit pas vraiment de décrire le monde tel qu'il est, mais plutôt, dans une logique utopiste, de proposer un "*contre monde*", une vision du monde tel qu'il devrait être. Car pour Giono, c'est le désir suscité par la beauté de l'évocation de ce monde idéalisé qui, emplissant les hommes d'espoir, ouvrira les yeux de ceux qui ont oublié les vraies sources de la joie, et nourrira dans leur cœur la soif de révolte : « *Mais je veux également avoir tout en commun avec les autres ; pour les préparer, pour les gonfler de cette force du coureur qui a enfoncé la pointe de ses pieds dans le sable de la piste, touche la terre du bout des doigts, avance l'épaule, darde la tête, regarde le but. Équilibre d'une seconde. Il va s'élancer devant eux.* » (VR, 156).

Cette belle métaphore du coureur est à l'image du pouvoir suggestif des analogies dans l'essai. Qu'elles s'incarnent dans une métaphore, une comparaison (« *Nous, le vent du monde sonne les fanfares de chasse à travers les couloirs de notre corps de forêt ; des milliards de colombes couvrent notre feuillage comme l'écume couvre la mer. Nous emportons avec nous des villages dorés comme des navires de rois.* » (VR, 239)), ou prennent la forme d'un comparatif introduisant un comparant concret, elles participent pleinement à la puissance de séduction du texte :

Vous avez vu comment vivre dans un monde véritable donne une simple sagesse plus délicieuse que les fruits et l'eau fraîche des sources.

(VR, 149)

Et cette joie dont je vous parle est plus riche d'espoir que la naissance d'un enfant. (VR, 156)

Mais la vérité est que certaines de ces joies plus tendres que les brumes du matin te sont réservées à toi, en plus des autres. (VR, 253)

L'hétérogénéité isotopique des comparants génère en effet une percée dans l'imaginaire. L'énoncé quitte le plan de l'argumentation logique pour s'adresser à la sensibilité et à l'imagination. La pensée est ainsi rendue concrète par des images qui donnent une représentation sensible de l'idée. L'analogie se met alors au service de l'argumentation, tout en faisant passer au premier plan la fonction esthétique. Giono réussit de la sorte à allier un certain didactisme avec une puissance suggestive qui transfigure maladresses et naïvetés volontaires : « *Pour vivre, il faut que je sois tout poilu de racines : comme une sorte de fleur de mer, mais qui flotterait au milieu de la chair durcie des montagnes et des hommes.* » (163). L'écrivain peut même se permettre de ne pas sacrifier au bon goût, conscient que la force d'une image transcende son étrangeté : « *Tant qu'à la fin de nouveaux yeux germeront sous mon front, brutaux et gluants comme des bourgeons de châtaigniers.* » (191). De plus, l'équilibre mouvant de la phrase et la narrativisation du raisonnement rachètent des métaphores parfois banales ; c'est le cas avec celle du désert comme expression du monde moderne oublieux des corps :

> Le monde portait les hommes quand il était revêtu de son inextricable forêt. Alors, générateurs de sources et d'ombres, ses halliers encombraient les chemins ; la paix et la joie marchaient à notre pas ; l'esprit a fait du monde ce désert nu, couvert de dunes de sable penchées de même pente l'une sur l'autre, jusque par-delà les quatre horizons. (*VR*, 148)

« Donner appétit » : l'hymne à la nature

> « *Des hommes existent qui ne savent pas ce qu'est un arbre, une feuille, une herbe, le vent de printemps, le galop d'un cheval, le pas des bœufs, l'illumination du ciel.* »
>
> (*VR*, 152)

Là où Giono se montre incontestablement le plus convaincant, c'est lorsque délaissant tout souci d'argumenter, il se contente de remplir ce que lui-même définissait comme la mission du poète, à savoir *dire le monde*. C'est bien ce qu'il affirmait dans un court essai publié en 1933, intitulé d'abord « Le Chant du monde » et repris ensuite dans le volume *L'Eau vive* sous le titre « Aux Sources mêmes de l'espérance » :

> Le poète doit être un professeur d'espérance. À cette seule condition, il a sa place à côté des hommes qui travaillent, et il a droit au pain et au vin. Car il ne travaille pas, lui, ce qu'il fait, il est obligé de le faire. Il est une sorte de monstre dont les sens ont une forte personnalité ; lui, le poète, il est là au milieu de ses bras, de ses mains, de ses yeux, de ses oreilles, de sa peau, comme un petit enfant emporté par des géants. Il est obligé de voir plus loin, il est obligé de pressentir. Il est là-haut sur de formidables épaules et, l'horizon s'étant abaissé, son regard vole jusqu'au bout de l'horizon des poètes, et le parfum des étoiles tombe sur lui. SON TRAVAIL À LUI, C'EST DE DIRE. Il a été désigné pour ça. Les autres font. Alors, en

toute justice, pour qu'il ait permission et droit de vivre, il doit être un professeur d'espérance. (*EV*, 203)

Que l'auteur se mette en scène, alors qu'il se promène seul dans la campagne, ou qu'il évoque ces instants précieux de façon plus anonyme, le lecteur retrouve la qualité de vision et la force d'évocation de la prose du romancier : « *Le soleil vif est brisé en mille morceaux de toutes les couleurs dès qu'il touche la terre et les arbres glacés. Le pays étincelle. Je suis seul sur la route et j'emporte à chaque pas des débris d'arc-en-ciel attachés à mes jambes.* » (*VR*, 248). Le monde apparaît magnifié, pacifié, harmonieux :

Le cortège des bêtes splendides marche à travers les vergers couverts de fleurs ; les champs de graminées caressent doucement le ventre des bœufs.
(*VR*, 153-4)

Les terres que nous cultivons sont encerclées de forêts et portent dans l'ondulation rousse des labours des bosquets de pins et de bouleaux comme des îles. (*VR*, 237)

Grâce à l'énumération, la simple mention de détails emblématiques permet à chacun de laisser libre cours à sa propre rêverie : « *Ainsi, tous les matins, tu entendras le renard qui s'éloigne dans le retrait de la nuit, le souple envolement du faucon, le cri de l'alouette, les chevaux qui tapent du pied dans l'écurie.* » (182). Loin de tout didactisme, le lecteur recouvre son entière liberté dans l'exercice de son imagination. Giono a le talent de communiquer impressions et sensations au moyen d'analogies qui ont souvent la force d'une évidence : « *Au bout du chemin, entre les murs de buis, je vois le ciel lessivé qui sèche au bon soleil d'après-midi — et ça fera déteindre la couleur, et nous aurons demain un ciel tout gris, et peut-être de la bise* [...]. » (198). Métaphores et comparaisons, mariées dans un même mouvement, animisent la nature et en font un jeu de miroirs plein de subtiles correspondances entre les règnes :

Avec le chaud qui vient de la mer, le froid qui vient des montagnes, le harcèlement continu des rayons de soleil, le ciel galope, volte et hennit au-dessus de la terre comme un cheval. Il emporte les pigeons dans le vent sous son ventre comme des pâquerettes arrachées à la prairie.   (*VR*, 246)

Le spectacle le plus ordinaire s'en trouve transfiguré :

Je pense à toutes ces choses en m'en allant à travers les prés par ce soir de glorieux automne. Voilà enfin le soleil. Il s'est abaissé plus bas que le plafond de brumes. Il glisse maintenant entre le mont Archat où se reposent les troupeaux et les rochers de la Tazelle. Il est acide et rouge. Il souffle du vent en même temps que de la lumière. Il vole rasant la terre comme un oiseau de marais soulevant du battement de ses ailes rouges l'odeur des sous-bois pourrissants. Ce morceau de monde que je vois autour de moi a pris comme un relief magique. La lumière est à hauteur d'homme. La plus petite flexion du pré se remplit d'ombre, la vague d'herbe la plus ronde pétille de soleil.   (*VR*, 206)

Dans les fragments descriptifs consacrés à la nature, s'opère donc la réconciliation de l'écriture poétique et des enjeux argumentatifs. En effet, c'est paradoxalement lorsque le souci de convaincre passe à l'arrière-plan et cède la place au simple plaisir de dire, que le texte atteint finalement le mieux son objectif idéologique. Car par-delà la réussite esthétique de ces passages à la tonalité lyrique, ces évocations du riche contact entre le corps et le monde naturel donnent à réfléchir sur les modes de vie modernes et urbains. En nourrissant notre rêve d'utopie, ces fragments consacrés aux bonheurs simples parviennent à toucher et invitent à un réexamen de nos choix de vie.

vers l'écriture du mythe

«*À cette heure même où Paris existe — et il n'y a pas de quoi en être fier — des hommes existent aussi qui ne connaissent rien de l'horrible médiocrité dans laquelle la civilisation, les philosophes, les discuteurs et les bavards ont abaissé la vie humaine. Des hommes sains, propres, forts (durs, purs et sûrs comme dit l'autre). Ils vivent leur vie d'aventures. Ils connaissent seuls la joie du monde, et sa tristesse. Et c'est justice. Les autres ne méritent ni les*

66

joies de la mort ni les tristesses de l'amour. Ils ne savent pas ce qu'ils perdent. Ils ne pensent qu'à rapetasser leur confortable sans prévoir qu'un jour les hommes véritables monteront de la mer, du fleuve et de la montagne plus implacables et plus amers que les herbes de l'Apocalypse. »
(II, 1283)

À la fin du chapitre IV, quatre pages marquent durablement l'imagination du lecteur : c'est l'épisode de la forêt en marche. Bien que les analogies entre humains et arbres soient nombreuses dans l'œuvre, cette histoire est plus directement inspirée de la prophétie de *Macbeth*, auquel il est prédit qu'il ne sera vaincu que le jour où la forêt de Birnam marchera contre lui. Macbeth prend au pied de la lettre ledit avertissement, rejetant comme fantaisiste cette menace impossible. Mais l'on se souvient qu'au dernier Acte, Shakespeare fait s'avancer les soldats de l'armée adverse camouflés derrière des branchages coupés sur les arbres de la fameuse forêt : ruse trompeuse mais qui est l'instrument de la justice et rétablit le bien contre le mal. Giono, comme c'est fréquemment le cas dans son œuvre romanesque, relittéralise la prophétie qui était ici cryptée par une métonymie. Dans *Les Vraies richesses*, la forêt en marche n'est plus une ruse linguistique. Elle allégorise l'armée paysanne descendant des montagnes dans les vallées pour assaillir les villes. Toutefois, le rapport métaphorisant-métaphorisé est fluctuant et ambivalent. Le récit semble dire que ce sont bien des arbres (et non des humains) qui regagnent le terrain conquis par les hommes. Comme dans *Colline, Regain*, ou *Batailles dans la montagne* — roman dont la rédaction succède immédiatement à celle de l'essai —, la nature chasse l'homme et reprend ses droits sur les terres cultivées, les villages et les villes. La forêt dans *Les Vraies richesses* a donc un symbolisme complexe : elle incarne l'homme naturel, faisant du paysan une sorte d'homme « premier », mais elle métonymise aussi la nature sous les espèces d'une végétation conquérante. Le récit au ton légendaire s'apparente ainsi à un mythe apocalyptique, cher à Giono : celui d'une planète reconquise par la nature sauvage. En effet, l'épisode de la forêt en marche reprend et développe un texte antérieur de quelques années intitulé « Destruction de Paris » et dont voici les dernières lignes :

Viens, venez tous ; il n'y aura de bonheur pour vous que le jour où les grands arbres crèveront les rues, où le poids des lianes fera crouler l'obélisque et courber la tour Eiffel ; où devant les guichets du Louvre on n'entendra plus que le léger bruit des cosses mûres qui s'ouvrent et des graines sauvages qui tombent ; le jour où, des cavernes du métro, des sangliers éblouis sortiront en tremblant de la queue.   (*SP*, 526)

L'idée d'une reconquête de l'espace par une nature sauvage est donc ancienne chez Giono, et il est essentiel de souligner qu'elle apparaît d'abord dans des textes de fiction. Autrement dit, sa force est avant tout poétique et esthétique, comme en témoigne sa présence dans des œuvres qui ne sont pas destinées à véhiculer un message idéologique. La puissance poétique de ces visions tient en effet à la tension des contrastes qu'elles recèlent, opposant les formes de la nature la plus sauvage, « *lianes* », « *sangliers* », aux marques les plus raffinées de la présence humaine : « *obélisque* », « *Louvre* ». La violence de cette reconquête, sensible dans le choix des verbes (« *crèveront* », « *fera crouler* »), laisse pourtant l'impression dominante d'une harmonie retrouvée, d'une sorte de restauration de l'ordre naturel des choses.

Dans *Les Vraies richesses*, cette rêverie apocalyptique se trouve investie d'une portée idéologique. L'établissement d'un monde meilleur requiert la destruction de celui-ci, symbolisé par la ville, et en particulier Paris. Il n'en demeure pas moins que sa réussite littéraire n'est pas liée à son efficacité argumentative. Le livre monte vers cette fin prophétique dans un mouvement qui opère un détachement du monde réel. Avec cette légende qui semble venue de la nuit des temps, le texte bascule sur un autre plan, renonçant définitivement à la démonstration logique, la fiction et les talents propres au romancier reprenant leurs droits dans une dérive cette fois totalement assumée.

La force du passage[5] est liée d'une part à son énonciation à la première personne du pluriel, ce *nous* qui associe le lecteur à l'élan de révolte qui soulève la forêt dans une marche victorieuse

68

sur les villes : «*Nous sommes une immense forêt en marche.*» (*VR*, 238), «*À mesure que nous avançons, nous trouvons* [...].», «*Nous emportons* [...].» (239), «*Nous approchons* [...].» (243), «*Nous les rejoignons. Nous les touchons. Nous les embrassons.*». D'autre part, la narration au présent dynamise le récit en créant l'illusion que l'action se déroule au moment où elle est proférée. Cette valeur du présent est accentuée par l'emploi d'une multitude de verbes d'action et de mouvement («*se précipitent - s'enfoncent - pénètrent*» (242), «*éclatent - jaillissent - galope - éclate - poussent - s'élancent - pénètrent - gonfle*» (243), «*descend - emplit - jaillit - éclatent - s'effondrent - chavirent - soulève - écarte*» (244)...). Le second atout stylistique de l'épisode tient à sa veine apocalyptique. Dans une langue simple et efficace, Giono développe une vision de destruction dépourvue de réelle violence, tout en présentant les traits de l'inévitable et de l'irréparable. Le combat est magnifié, et la métaphore de la forêt en marche permet de donner à la révolte paysanne l'apparence d'une simple invasion de la nature reprenant ses droits sur les territoires urbains. Les armes sont «pures» : «*ramures*» (245), «*racines*», «*sève*». Les forces qui s'affrontent sont assimilées à des éléments naturels, qui légitimisent le combat : comparaisons «*comme l'écume dans les cuves les plus farouches de l'océan*», «*comme parcouru d'une foudre souterraine*», «*comme des ruisseaux de lave*», et métaphores : «*L'orage de la sève*», «*Des ruisseaux de jonquilles*». Malgré la présence de termes appartenant au champ lexical de la destruction («*Le sol tremble*», «*ébranle*», «*écroulements*»), on a l'impression d'assister à un spectacle, non à une catastrophe. La destruction totale de la ville se dit d'ailleurs au moyen d'un euphémisme : «[...] *nous continuons à* EFFACER *peu à peu la rugosité de la ville.*». L'invasion végétale suggère davantage une luxuriance joyeuse qu'un envahissement hostile. L'usage de la première personne du pluriel («*entrons*», «*écorchons*», «*charruons*», «*couvrons*», «*pesons*», «*écrasons*», «*renversons*», «*bouillonnons*») contribue à forger cette image positive de la forêt vengeresse. Du reste, la victoire s'obtient sans résistance : un combat et une victoire idéalisés d'où, malgré la violence du vocabulaire, l'idée même de mort est étonnamment absente (la seule mention du sang évoque le sang de la naissance : « *Leurs feuillages sont encore sanglants du gros effort qu'ils ont fait pour naître* [...]. ») et où les deux camps fraternisent (« *à notre rencontre* », « *avec eux* »), si bien que la victoire est en fin de compte celle de tous, dans une réconciliation qui a tout d'une conversion : « *Un bouillonnement de sève soulève tes murs et les écarte. Des frondaisons jaillissent de cette foule que tu tenais prisonnière.* [...] *Les plus soumis, les plus faibles, les plus maigres,* [...] *avaient gardé dans le secret de leur cœur la graine naturelle qui maintenant s'épanouit.* » (244). Aucune image de désolation après l'issue du combat mais une immédiate fertilité (oiseaux, fleurs) ; à peine est-il fait mention d'une poussière qui se dissipe : « [...] *ici, déjà, sur les ruines piétinées par les racines naissent des champs de prime- vères et commence à gémir l'appel tendre des biches.* » (239).

Cette reconquête végétale n'a donc rien d'une guerre, ni d'une jacquerie. Les acteurs humains en sont totalement absents. Seuls les bâtiments incarnent la ville : « *avenues - maisons - rues - toits - poutres - charpentes - murs - sol - fondations - poussière des écroulements* » (VR, 245). Le combat, totalement déréalisé dans ses buts, dans ses moyens et dans son issue idéale est une pure projection imaginaire. Ainsi se réconcilient les aspirations révo- lutionnaires et les convictions pacifistes de l'auteur.

le monde et le langage

> « *Les grands champs immobiles ne peuvent pas exprimer tout seuls leurs intentions profondes : ils soufflent silen- cieusement une écume de végétaux.* [...] *L'extraordinaire est notre puissance de mélange, cette partie divine de nous- mêmes, toujours insoumise, et qui fait de nous l'expression du monde.* »   (VR, 236)

C'est la force du langage qui met au jour la beauté du monde. En effet, la joie procurée par la nature a besoin de se dire pour être vécue pleinement et c'est en se transformant en langage qu'elle est d'abord partagée. Or, Giono souligne à de multiples reprises la nécessité du partage : « *Mais la joie panique, il est impossible de la garder pour soi-même. Elle nous est donnée par toute l'épaisseur de la vie. Celui qui l'a, s'il ne la partage pas, ne fait que la toucher et la perdre.* » (VR, 152)[6]. Au-delà du spectacle de la nuit étoilée, qui s'offre à tous, c'est le don de poésie d'un Antonio ou d'un Bobi qui révèle aux hommes de Maudru ou au paysan Jourdan la beauté du monde *via* la beauté d'une métaphore.

Dans la Préface, Giono rappelle comment, au Contadour, c'est sa parole de conteur qui réunit autour de lui, et telle est d'ailleurs la forme spontanée de sa réponse d'écrivain aux interrogations de ses lecteurs : « *On m'avait tout de suite interrogé mais j'avais refusé de répondre et* JE RACONTAIS DES HISTOIRES *sur les étoiles, sur les grandes légendes, sur le mélange de l'homme et du monde.* » (VR, 148). De même, ce qui séduit les Parisiens que Giono rencontre lors de son séjour dans la capitale, ce n'est pas la campagne et la vie rustique, mais le monde naturel tel que Giono le leur donne à voir avec ses mots et son regard de poète : « [...] *tous ceux-là ont soif d'un lyrisme et d'une mystique.* [...] JE LEUR DIS COMMENT, *derrière les peupliers, le ciel est toujours vert, et que c'est une particularité du feuillage de cet arbre de transmettre le reflet de sa couleur aux lointains horizons.* » (175). Nous partageons donc sans réserve l'analyse de Henri Godard lorsqu'il écrit :

Quoi qu'aient pu en penser les premiers lecteurs, l'ultime leçon de *Que ma joie demeure* n'est pas une leçon de vie. La réussite du roman tient à la poésie, non au sens bucolique du mot — même si le monde naturel y est constamment évoqué —, mais parce que Giono y fait la preuve qu'en littérature le plaisir que peut nous donner ce monde est un plaisir de langage. La belle métaphore que le nouveau venu profère la nuit où il apparaît sur le plateau, en identifiant dans le ciel d'hiver parfaitement pur une constellation à une ombelle — Orion « fleur de carotte » revient à plusieurs reprises au fil du récit, comme une sorte de mot de passe. Giono nous prouve ainsi que toute sensation ne devient pleinement elle-même qu'en se doublant d'une autre, par la vertu des mots.[7]

Les œuvres de fiction de Giono inventent un monde, et offrent ainsi au lecteur l'occasion d'un rêve, le dépaysement d'un ailleurs. Si *Les Vraies richesses* ne parvient pas à gagner notre entière adhésion, c'est que le livre propose comme modèle pour la réalité une société et un monde naturel imaginaires. Comme le rappelle Pierre Citron, Giono est « *un homme dont l'imagination domine toutes les autres facultés* » (VII, XVII). Or, les moyens du romanesque, la rhétorique de séduction verbale de l'écrivain-poète ne sont pas des outils adaptés à la démonstration censée convaincre d'une action possible sur le réel. La lecture de ce texte nous montre de façon exemplaire que les mêmes moyens langagiers et poétiques, utilisés à des fins différentes, ne sont plus perçus à réception de la même manière. Ce qui séduit dans les fictions gêne dans les textes engagés : les hyperboles idéalisantes — qui font basculer dans le mythe et l'épique — sont ici perçues comme les excès d'une pensée utopique et naïve ; les métaphores argumentatives, soumises aux nécessités de l'efficacité didactique, perdent originalité et richesse polysémique ; les antithèses figent les oppositions dans des conflits manichéens, là où les tropes entretiennent dans le roman la tension nécessaire au dynamisme de la pensée et de l'écriture.

La vision du monde de Giono est avant tout une esthétique, même si elle est portée par une éthique. C'est pourquoi les œuvres romanesques sont paradoxalement de meilleurs avocats des idées de l'auteur que ces concessions faites au discours social, si louable soit l'intention qui les a fait naître.

---

1. Voir « *Parce que dans ces jours-là je suis en train d'écrire* Que ma joie demeure [...]. » (*VR*, 193) et « *Ainsi, du temps que j'écrivais* Que ma joie demeure [...]. » (209).

2. Voir également : « *Il faut vite encore une fois que je parle de vous* [...]. » (*VR*, 250) et « *Le temps presse si nous voulons être utiles pendant ce moment où nous sommes vivants.* ».

3. Voir Marc ANGENOT, *La Parole pamphlétaire. Typologie des discours modernes* (Paris, Payot, 1982).

4. Henri GODARD, *D'un Giono l'autre* (Paris, Gallimard, 1995), p. 75.

5. Nous étudierons le passage qui s'étend de la page 238 (« *Maintenant, les champs se lèvent pour le combat du peuple de la vie* [...]. ») à la page 245 : « *Sur nos feuillages descendent les oiseaux, puis le silence, puis la splendeur.* ».

6. Voir aussi : « *Mes délices demeureront quand ils seront communs.* » (*VR*, 153) et « *Je donne ce que j'aime à ceux que j'aime.* » (157).

7. Henri GODARD, *Giono. Le roman, un divertissement de roi* (Paris, Gallimard, « Découvertes », 2004), p. 39.

3

DE LA GUERRE À LA TERRE

LES IDÉES POLITIQUES DE GIONO
AU TEMPS DES "*VRAIES RICHESSES*"
(1929–1939)

par Mireille SACOTTE

(Université Paris III - Sorbonne Nouvelle)

L ES années Trente sont pour Giono une période de grande effervescence. Créatrice d'abord. Quatre livres majeurs dont trois romans : *Le Grand troupeau* (1931), *Le Chant du monde* (1934), *Que ma joie demeure* (1935), et entre les deux premiers, une autobiographie, *Jean le Bleu* (1932). Elles sont marquées aussi par un très grand intérêt pour les questions politiques et idéologiques, dû au mouvement de l'Histoire elle-même avec la montée des nationalismes, les politiques expansionnistes, l'arrivée au pouvoir de dictatures approuvées par les peuples.

Giono qui pressent le retour de la guerre cède alors à l'urgence, écrit des textes violents, polémiques[1], engagés qui ressemblent à des tracts, souvent courts, des lettres ouvertes, des déclarations contre la guerre et sur la nécessité de la paix. C'est le moment où il flirte avec le communisme, lui qui est tout sauf militant, mais qui partage avec les communistes, au début des années Trente, à la fois un antifascisme viscéral et un pacifisme dû à son expérience de la guerre de 14. À l'époque, ceux-ci pensent que la guerre de 14 et les guerres de façon générale sont le résultat de la faillite du capitalisme et des gouvernements bourgeois qui le soutiennent. En réalité, comme l'écrit François Furet, « *l'anti-capitalisme et l'antimilitarisme étaient des passions communes à tous les combattants contre la guerre* »[2]. Parmi ces écrits de Giono figure sa lettre d'adhésion à l'A.É.A.R. (Association des Écrivains et Artistes Révolutionnaires, regroupant une majorité de communistes), envoyée à Aragon et publiée dans *Commune* (organe communiste) en 1934 (VII, 1044-6) ; il y parle de la guerre et de la nécessité de l'action collective. Une autre sera publiée la même année dans le numéro d'*Europe*, revue de même tendance, intitulé "*1914–1934*" et elle commence par « *Je ne peux pas oublier la guerre.* » (261). Il écrira encore, dans *Monde*, une lettre ouverte pour la défense de Thaelmann, secrétaire général du parti communiste allemand qui vient d'être arrêté, mais un autre texte, en 1935, intitulé « Certitude » (626-7), montre bien que Giono a déjà pris ses distances. Il faut dire que le pacte franco-soviétique de mai 1935 a été suivi de l'approbation par Staline de la politique de défense nationale de la France. Si antifasciste signifiait jusque-là pacifiste et réciproquement, tout va changer parce que face à Hitler, l'antifascisme va, pour les communistes, prendre le pas sur tout le reste. Ce qui amènera par réaction un certain nombre d'intellectuels pacifistes à radicaliser leur position. Des affrontements vont avoir lieu au sein du « Comité de vigilance des intellectuels antifascistes » dont Giono fait partie de même que toutes sortes d'intellectuels (André Breton, Jean Guéhenno, Ramon Fernandez, Marcel Bataillon) aux côtés de socialistes, de radicaux et aussi d'une forte minorité communiste où figurent initialement Aragon, Paul Nizan et Romain Rolland. Les pacifistes radicaux, en dépit du réel, continuent à croire que la révision du Traité de Versailles et la négociation sur de nouvelles bases avec Hitler sont la solution qui évitera la guerre. Les textes suivants de Giono sont désormais de plus en plus fortement pacifistes. En 1936, il écrit un « Message au Congrès mondial de la jeunesse pour la paix » (VII, 1047), et en 1937 une « Réponse au Père Varillon, jésuite » (1049-50), publiée dans les *Cahiers du*

Contadour, ainsi qu'un « Message à l'occasion de l'inauguration d'une auberge de la jeunesse » (627-8) ; en 1938, une *Lettre aux paysans sur la pauvreté et la paix* qui sera publiée chez Grasset, de même que, l'année suivante, un autre texte pacifiste intitulé *Précisions* ; et, en 1939 aussi, un message intitulé *Recherche de la pureté*. Mais certains de ces écrits engagés sont beaucoup plus longs et se présentent comme de véritables essais, ainsi *Les Vraies richesses*, écrit entre juillet 1935 et janvier 1936 et publié chez le même éditeur en 1937, ou encore *Refus d'obéissance*, publié la même année, mais chez Gallimard, et qui regroupe « Je ne peux pas oublier » et quatre chapitres inédits qui, non publiés en 1931 dans *Le Grand troupeau*, lui paraissent en 1937 servir ses idées de la façon la plus spectaculaire. À quoi il faudrait ajouter, pour que le corpus des idées de Giono soit complet, outre un regard sur son *Journal* pour ces années particulières, les essais, apparemment autonomes, intitulés *Le Serpent d'étoiles* (Grasset, 1933) et *Le Poids du ciel* (Grasset, 1938). C'est à partir de cet ensemble, à vrai dire assez disparate, d'œuvres et d'écrits qui correspondent à des préoccupations idéologiques et pédagogiques, que l'on tentera de comprendre comment le pacifisme de Giono va le mener de la critique d'un système établi à l'invitation à sa destruction puis à l'élaboration d'un système tout à fait autre. L'exposé et l'analyse de ses idées se feront sous deux formes complémentaires, d'abord une synthèse insistant sur la logique de son raisonnement, puis l'étude de certains termes spécifiques de son lexique idéologique dans ces années Trente.

I. GIONO ET LA THÉORIE POLITIQUE.

la guerre, point de départ de la théorie de Giono

Moins de quinze ans après Verdun donc, l'écrivain, qui est resté avec « *la grande plaie dont tous les hommes de* [*s*]*on âge sont malades* » (*JB*, 178), qui a occulté ces « *pages* [...] *taché*[*es*] *de pus et d'ombre* », comme il l'écrit dans *Jean le Bleu*, n'a plus le choix. Longtemps il s'est tu. Mais il n'a rien oublié de la condition des soldats au front, au ras du sol et même plus bas, peur, pluie, boue, froid, excréments, sang et spectacle continuel des autres autour, qui meurent ou sont blessés. Pour Giono, la guerre est le Mal absolu. Elle n'a pas d'équivalent, elle est contre nature. Elle ne sert à rien. « *Qu'elles soient défensives, offensives, civiles, pour la paix, pour le droit, pour la liberté,* — écrit-il — *toutes les guerres sont inutiles.* » (*Lettre aux paysans*; VII, 585). Pourquoi ? Parce que, il en est le témoin vivant, « [*t*]*outes les guerres sont des guerres de cent ans, de mille ans, de dix mille ans* ». Il n'y a pas de "der des der". Il n'y en aura jamais. En 14–18 Giono, qui était affecté aux transmissions et ne portait pas de fusil mais apportait des messages dans les tranchées, a perdu son ami Louis David et bien d'autres qui l'entouraient. Il a vu les amputations et les gueules cassées. Quelles que soient ses sympathies, fugitives, pour des partis ou des théories politiques, il ne lâchera rien sur ce point. Le 19 mars 1936, on lit dans son *Journal* : « [...] *guerre de droite ou guerre de gauche ou de n'importe quel côté. Je refuse.* » (*J*, 110). Et encore, le 21 : « *Je déserte de l'Armée rouge comme je déserte de l'armée française.* ». Ce refus viscéral de la guerre sera permanent jusqu'à la guerre et même un peu après. C'est la grande constante de tous ses écrits, de toute son attitude. Son début et sa fin. La parole têtue du conscrit de vingt ans qui a survécu à la guerre de 14–18 et ne s'en est jamais remis. Dans *Recherche de la pureté*, en 1939, malgré le contexte radicalement différent, on relève encore le même genre de formules catégoriques : « *Toutes les guerres ont été faites pour rien.* » (VII, 651). Mais il ne s'agit plus seulement de protester, il faut agir au plus vite, ce qui signifie d'abord réfléchir et proposer des remèdes.

l'imprégnation marxiste

Il se tourne alors vers l'analyse du système qui mène infailliblement à cette *"ratière"*[3], en se posant la question la plus logique : à qui profite le crime ? Giono pense à tout cela dans son coin, à Manosque où il est bien seul. Il pense parallèlement aux Surréalistes qui, pour un bon nombre, ont connu aussi la Première Guerre, Breton, Aragon... Pour ceux-là, comme pour lui, une première voie, dans l'air du temps, s'offre d'elle-même, le communisme qui apparaît comme le gage d'un monde meilleur pour tous, à travers l'expérience d'un collectivisme fraternel. Giono vit loin de Paris, mais il lit. Et beaucoup. Il a toute une bibliothèque d'ouvrages politiques, dont ceux d'Engels et Marx (*Le Capital*), bien sûr, qu'il a lus et annotés, plusieurs volumes des *Œuvres complètes* de Lénine parues aux Éditions sociales internationales à partir de 1929, et aussi deux livres de Trotski, *Histoire de la révolution russe* en quatre volumes (éditions Rieder, 1933), d'une part, et de l'autre : *La Révolution trahie* (Grasset, 1936), traduit du russe par Victor Serge, abondamment souligné et couvert de signes divers qui montrent un intérêt particulièrement vif. À quoi il faudrait ajouter encore de Georges Sorel, théoricien du syndicalisme révolutionnaire, *Réflexions sur la violence* et *Les Illusions du progrès*, l'un et l'autre de 1908, et *Matériaux pour une théorie du prolétariat* de 1919 ; le *Staline* de Souvarine (1935) ; ou ce livre de Nicolas Berdiaeff intitulé *Destin de l'homme dans le monde actuel (pour comprendre notre temps)* paru en 1934 chez IMCA Press et dont il possède un exemplaire paru chez Stock en 1936, pour une bonne part souligné, lui aussi, au crayon rouge très appuyé.

Ainsi muni d'une connaissance non négligeable des théoriciens du communisme, il va, en utilisant ouvertement certains mots et concepts du marxisme, mais toujours à sa façon, procéder d'abord à une mise à plat du système économique actuel dans les pays d'Europe, puisque, selon la théorie marxiste enrichie de ses propres observations, l'économie est l'infrastructure sur quoi repose tout le reste de l'activité humaine.

Pour commencer, il y a les richesses produites par la terre et par l'action des hommes, paysans qui la travaillent, artisans qui manufacturent les objets nécessaires à la vie quotidienne et à ce travail. Ce qui permet à chacun de vivre décemment. Or certains, voyant le profit que l'on pourrait tirer en regroupant toutes ces richesses produites jusque-là à l'échelle d'une famille, ont inventé tout un système économique, fondé sur une production industrielle qui nécessite l'intervention d'intermédiaires entre les producteurs et les clients (on dit à présent consommateurs) et tout un système bancaire géré par des technocrates (terme encore plus anachronique), dont le mot d'ordre serait : produire toujours plus, augmenter les rendements, mécaniser de plus en plus la production. Si bien que les paysans ou les éleveurs, qui auparavant vendaient leur surplus directement, doivent nécessairement passer par des instances parasites, se voient confisquer leurs bénéfices au profit des intermédiaires, courtiers, coopératives, sur lesquels ils n'ont pas de prise. Car ils ont commis l'erreur de se laisser séduire par les belles promesses de fortune rapide ; ils se sont laissés persuader que la monoculture, les machines, les engrais industriels augmenteraient leur rendement, donc leur fortune à venir. Or les machines, les engrais, ce sont ces beaux parleurs qui les vendent, après en avoir créé le besoin. Or le prix du blé ou de la viande, c'est la Bourse qui le décide. Or la monoculture se fait au détriment de la pluralité de la production qui permet une autonomie et un rattrapage en cas de pénurie occasionnelle d'un produit. Bref, dans le système de production moderne, les paysans n'ont plus le moindre droit de regard sur les mécanismes économiques. Contrairement à ce qu'ils attendaient, au lieu de s'enrichir, ils s'appauvrissent car leurs produits sont systématiquement dévalués tandis que croissent les bénéfices monétaires artificiellement créés à partir des richesses réelles et naturelles qu'ils avaient su créer et dont ils s'aperçoivent qu'elles sont confisquées par ceux que Giono appelle dans *Les Vraies richesses* les « *"boyus"* » (*VR*, 215), mot-caricature pour désigner ceux qu'avec les communistes, il appelle aussi les « *capitaliste[s]* » (*Refus d'obéissance* ; VII, 265), eux qui tiennent les moyens de production et de commercialisation. L'intérêt des capitalistes est de pousser à une productivité toujours plus élevée pour vendre en masse leurs produits (engrais industriels, insecticides) et machines qui empoisonnent la terre et pour rendre les producteurs financièrement de plus en plus dépendants d'eux et de leurs intermédiaires. En même temps aussi, la Bourse voit ses cours fluctuer en fonction de la rareté des produits. Ce qui donne cette aberration : plus le blé est beau et belle la récolte, plus les cours du marché s'effondrent et donc moins gagnent les producteurs. Les intermédiaires, eux, ont intérêt à trouver le moyen d'organiser la pénurie, soit en détruisant les récoltes, soit en les stockant dans des silos, ce qui permet d'attendre que les cours remontent selon la loi naturelle : tout ce qui est rare est cher. Tel est le principe des crises économiques organisées de toutes pièces par l'oligarchie boursière, aidée de ses auxiliaires, qui a assuré son monopole grâce à la connivence des gouvernements qui sont eux-mêmes composés de personnes qui trouvent leur compte dans cette organisation inique de la production.

lien entre capitalisme et guerre

Or les politiques, qui font partie de la même classe que les capitalistes ou du moins soutiennent leurs intérêts car ils y trouvent le leur, connaissent un autre moyen, imparable, de développer leur richesse et d'optimiser le système, c'est la guerre. « *La guerre* — écrit Giono dans sa lettre à Aragon de 1934 — *est un moyen de la politique.* » (VII, 1046), ce qui fait qu'« *on ne peut pas séparer la guerre de l'état bourgeois* ». Elle offre en effet de multiples avantages lorsque les profits diminuent : elle fait marcher les usines à une cadence très accélérée par rapport au temps de paix. Bien sûr, il ne s'agit plus de machines-outils agricoles mais d'armements de toutes sortes. Peu importe, puisque les propriétaires des usines sont les mêmes. Elle s'accompagne de besoins supplémentaires en infrastructures, en particulier pour leur transport, ce qui assure le développement d'entreprises qui sont généralement entre leurs mains aussi. Elle est également un moyen de mater les jeunes générations qu'on envoie au front, ce qui leur évite de penser à d'autres systèmes possibles, à des solutions pour lutter contre les injustices. Car, on le sait, les révolutionnaires se recrutent surtout parmi les jeunes. Les uns sont au front, les paysans, les autres dans les usines pour la guerre, les ouvriers. Les restrictions s'imposent au peuple dans tous les domaines qui ne sont pas la guerre. Les affaires marchent. C'est pourquoi Giono peut écrire : « *La guerre n'est pas une catastrophe, c'est un moyen de gouvernement.* » (*Refus d'obéissance* ; VII, 267) ; elle est en effet un grand projet de remaniement du pays, de son économie, de la vie de ses habitants et de ses habitants eux-mêmes, privés de tout pouvoir de décision, corps livrés aux machines et esprits aliénés par un travail abêtissant et une course folle à la consommation de biens de masse. Cela en tout cynisme, avec l'aide de poètes officiels, « *écrivains [qui] portent [...] le clairon en sautoir* » (*Lettre aux paysans* ; VII, 594). Celui qui fut Jean le Bleu se souvient qu'en 1914 « *sur tous les jeunes hommes, on faisait souffler un vent qui sentait la voile de mer et le pirate* » (*JB*, 186). Escroquerie géante. On leur a fait croire qu'ils allaient se battre pour la défense de leur pays, mensonge, ils vont mourir pour des mines, pour des phosphates, pour des matières premières utiles au développement industriel qui profitera à quelques-uns, toujours les mêmes. Quand les profits sont maximum, les pertes en hommes aussi et quand tout n'est que ruines, la guerre peut s'arrêter ; la reconstruction sera elle aussi propice aux affaires et l'économie se remettra à fonctionner dans tous les domaines. Jusqu'à ce que, le pays reconstruit, la prospérité revenue, les capitalistes et l'état bourgeois qui les sert décident qu'une nouvelle guerre serait utile à leurs affaires.

Ainsi l'analyse de Giono est claire, logique et détaillée. À travers tous ses textes des années Trente, il montre, de façon dispersée mais cohérente, que les véritables raisons des épisodes cycliques et spectaculaires que sont les guerres sont purement économiques et il met à jour, point après point, la logique folle du capitalisme dont le principe fondamental consiste à dépouiller ceux qui produisent pour faire passer leurs richesses bien réelles dans une sphère artificielle, immatérielle, à substituer à l'économie réelle une économie virtuelle (mot anachronique) appuyée sur les mécanismes boursiers. Cette logique économique aboutit à considérer l'ensemble de ce qui existe et de ce qui est vivant uniquement comme matière à profit. En ce sens, la vie d'un arbre, d'un animal ou d'un homme n'a pas d'intérêt en elle-même mais seulement une valeur marchande. C'est exactement ce que Marx appelle la réification.

Le système une fois compris et expliqué, il reste à s'y opposer, puis à trouver des solutions alternatives.

premières solutions

la jacquerie

L'imaginaire de Giono choisit alors l'image scolaire qui a fait comprendre la Révolution à des générations d'enfants. Le Tiers État y est représenté par un serf accablé sous le poids de deux personnages gras, la noblesse et le (haut) clergé, assis à cheval sur son dos courbé, car tout le bénéfice de son travail leur revient. À la satisfaction des collégiens, il finira par se rebeller. Il ira, on le sait, au plus près, en s'en prenant aux châteaux des seigneurs les plus proches, dans le phénomène spontané des jacqueries, révoltes violentes et souvent sanglantes des faibles contre les puissants dont Pierre Citron a bien montré toute l'importance dans les projets d'œuvres confiées par Giono à ses carnets de l'époque, ce projet toujours annoncé et toujours différé des « Fêtes de la Mort »[4]. L'équivalent moderne de la jacquerie est alors le massacre de l'oligarchie d'argent, les « *industriels froids* » (VR, 243), et des décideurs politiques, la noblesse des XIXe et XXe siècles. Elle passe par la destruction des lieux où se concentrent leur pouvoir et les symboles de l'aliénation des masses, les édifices démesurés, les silos, les usines, et pour finir la capitale de l'État centralisé, Paris, haut lieu de l'intelligence et de la culture d'où est née cette civilisation mortifère. Paris qui abrite tant de palais, d'églises, de prisons que Giono désigne par le raccourci symbolique de «*Louvres*» (244). L'imagerie de l'absolutisme monarchique incarné par Louis XIV reste liée au nom de ce château, avec à sa suite les émeutes de la misère et pour finir la Révolution française (on ne trouve jamais dans ces textes d'allusion à la révolution russe de 1917). Suit un rêve de destruction de Paris conforme, lui, au schéma mythique de destruction des villes en tant que créations infernales d'hommes trop orgueilleux. Ainsi, table rase étant faite du passé et de Paris, la nature reprendra possession du terrain, une nature sans souvenir historique mais rendue à ses propres lois et à son caractère cyclique en accord avec le mouvement des astres («*la lente ronde d'Aldébaran, Sirius, Bételgeuse*» (181)) et des saisons. Arbres, bêtes (on note la présence de «*milliards de colombes*» (242)), hommes se retrouveront enfin chez eux.

la fuite

L'autre solution est au contraire pacifique et discrète, c'est la fuite. Si la première se présentait comme une libération accompagnée du mouvement crescendo «*d'un choral de Bach*» (VR, 247), celle-ci prend pour modèle un tableau de l'époque médiévale du moine Giovanni di Paolo qui s'intitule *«Saint Jean-Baptiste s'en va dans le désert*» (176). *Les Vraies richesses*, après avoir décrit dès le début du chapitre I l'enfer parisien, propose à ses interlocuteurs imaginaires, les esclaves hâves et morfondus de la société industrielle de production de masse, la voie d'une libération individuelle. Dans ce tableau qui ne connaît pas la perspective, Giono interprète chaque élément de sa composition, en donnant des sortes de titres : «*Au bas, à gauche du tableau, Saint Jean est représenté sortant de la ville.*» (176) ; «*[...] la jambe droite [...] prend appui sur les orteils qui repoussent le sol de la ville.*». Jean ainsi interprété fuit la ville. Il obéit à cette décision prise par son corps que tout homme moderne asservi peut prendre, tourner le dos à la ville et s'en aller. À lui de savoir éviter ensuite ces environs que le saint traverse au-delà des remparts et où il pourrait s'arrêter et se perdre à nouveau en devenant pourvoyeur de l'ordre urbain et de son armée d'ombres, producteur gras et riche de nourritures insipides en très grosses quantités. Mais saint Jean, comme Jean (Giono), continue sa route toujours plus loin, toujours plus haut, à travers campagnes, montagnes, éboulis et rochers et réapparaît en haut à droite du tableau où, après toute sa démarche d'ascèse — les lieux représentés sont escarpés et désertiques — s'offre à ses yeux un paysage lointain, « *les pays d'au-delà* » (178), « *désert de bitume, d'outre-mer et d'or* » (179). La mer dans le soleil couchant, qui symboliserait un pays plus spirituel que matériel, celui des vraies richesses. Pour le saint assurément elles appartiennent à l'ordre de la sainteté, contemplation du royaume de Dieu. Pour Jean (Giono), ce paysage chaotique et désert ne marque que l'éloignement le plus radical, physiquement comme moralement par rapport à la ville. Et l'accès à cet autre monde décrit partout ailleurs dans le livre, où règne l'ordre paysan qui est le même que l'ordre du monde, et qui reste, lui, puissamment matériel, mais d'une matérialité purement naturelle qui, au-delà du corps, réjouit l'âme.

le système de Giono

Ainsi, on le voit, la critique du système économique capitaliste lié à « *l'état bourgeois* » (*Refus d'obéissance* ; VII, 263) telle que la mène Giono avec ses mots à lui, mais quelquefois aussi avec ceux des théoriciens marxistes, reste proche de celle des communistes. Mais sa façon d'expliquer les mécanismes boursiers, sa critique de l'économie virtuelle nous paraissent étonnamment modernes pour l'époque où il écrit, comme sa critique du pillage des richesses naturelles et du non-respect de l'environnement qui préoccupent tant nos sociétés actuelles. Et c'est pourquoi l'emploi de mots d'aujourd'hui se justifie pour exposer ses idées des années Trente. Quant à sa solution pour changer un ordre mauvais, elle lui est dictée par son expérience vécue : il parle de là où il vit et pour les gens qu'il côtoie, en majorité agriculteurs, éleveurs, bergers, artisans, à petite échelle, venant de petits villages et ignorant les grands mots et les raisonnements abstraits. Il n'est pas un théoricien abstrait. C'est pour cela que *Les Vraies richesses* décrit la révolte d'un village contre l'installation d'un courtier qui vient faire le parasite parmi des gens actifs. C'est pour cela qu'il s'attarde, par exemple, à décrire la dénaturation du blé avec le bleu de méthylène, pour tout paysan un sacrilège. Giono dans tous ses textes écrit et explique pour eux. D'où aussi ses piques contre Sartre ou contre « *"les gros intelligents"* » (250), tournure méridionale pour désigner les théoriciens de l'économie, savants mais urbains, coupés du monde où l'on cache ses économies entre deux draps dans l'armoire de chêne, et de façon plus générale les intellectuels adorateurs d'une intelligence désincarnée qui les conduit à négliger le réel pour satisfaire un rêve de toute-puissance.

C'est aussi la raison pour laquelle il ne pouvait pas devenir lui-même un vrai communiste. Giono a pour lui la vieille méfiance des campagnes. Le collectivisme ne lui paraît pas forcément une bonne chose. Ou plutôt si, les coopératives ont du bon, mais à condition qu'il n'y ait pas de chef. La solidarité entre égaux est une chose, l'obéissance à des directives extérieures, venues d'en haut, en est une autre où finissent par disparaître liberté et solidarité. Et quant à la guerre, l'Union Soviétique, modèle de la vie rêvée pour plus tard, est dotée d'une des plus grandes et des plus puissantes armées qui soient. Giono n'a donc fait qu'un petit bout de chemin aux côtés des communistes. Si communistes et pacifistes ont formé la majorité du premier groupe des Contadouriens en 1935, c'est que l'époque rendait cette cohabitation encore possible. En fait, c'était un malentendu. Les communistes ne reviendront pas aux rencontres suivantes et les nouveaux venus seront pour la plupart des sympathisants pacifistes.

En revanche, ce que Giono a appris auprès des théoriciens marxistes, c'est la notion de système. Tous les essais le montrent à la recherche d'un système économique et politique fondé sur le réel et assez puissant pour enrayer les lois du système capitaliste tout en refusant le modèle communiste où, avec beaucoup de lucidité, il ne voit qu'aliénation pour l'individu. Il crut l'avoir trouvé, en accord avec ses options pacifistes, en choisissant comme pilier et pivot de son modèle de civilisation la paysannerie, et non, comme Marx et Engels, la classe ouvrière. Plus besoin alors de lutte des classes, forcément sanglante, elle aussi. Une simple décision individuelle à prendre par chaque paysan, convaincu par sa démonstration logique, et le système tout entier s'arrêterait de fonctionner. Ce que les capitalistes ont oublié est en effet l'essentiel : le paysan est celui qui produit la nourriture dont tout le monde a besoin. Il suffirait donc que chaque paysan se lance dans une sorte de grève ou de résistance passive, en ne cultivant plus que le strict nécessaire pour lui et sa famille. Les villes seraient alors du jour au lendemain sans ravitaillement et rien ne fonctionnerait plus. Le système révélerait ainsi sa faiblesse réelle. Et chacun de ses esclaves prendrait conscience à la fois de sa longue et féroce aliénation et de sa soudaine liberté. Il ne lui resterait plus alors qu'à suivre son instinct, cette partie de lui qu'il en était venu à ignorer mais qui persistait, sa part divine, liée au monde qui le conduirait nécessairement et logiquement à une reconversion aux vraies richesses.

II. Lexique et idéologie.

Cette proposition d'une autre conception du monde qui évite les erreurs des systèmes idéologiques précédents, s'est accompagnée de tout un travail critique sur le lexique utilisé par les bourgeois capitalistes en place pour leurrer ceux qu'il s'agit d'exploiter. Giono veut supprimer certains mots utiles pour duper les esprits simples mais en fait privés de sens et en réhabiliter d'autres qui ont été abandonnés ou dévoyés par les chantres du régime actuel. L'étude détaillée de ce lexique[5] permet de développer certains aspects du système général.

L'expression est de Giono. Elle se trouve dans le « Message de paix »[6] où il attaque les bellicistes. Elle peut être lue de deux façons. Les mots qui, depuis longtemps, depuis toujours peut-être, ont servi à mener les peuples à l'abattoir ; les mots trompeurs à supprimer.

PATRIE

Peut-être le pire. « [...] *une sorte de fantôme vêtu de drapeaux.* » (VII, 1056). Les oriflammes, les hymnes nationaux accompagnent ce mot de leurs couleurs, de leurs fanfares et de leurs paroles grandiloquentes et trompeuses. « *Je ne me connais aucune patrie, ni la France ni la Russie* [...]. » (1053), écrit encore Giono dans le même texte initialement destiné à une publication dans *Europe* en novembre 1934, et finalement conservé dans son *Journal*. Les patriotes sont des barbares prêts à tuer ; la Marseillaise est un hymne sanglant, la France est un découpage territorial arbitraire. Vocable bourgeois reflétant l'esprit bourgeois, et menant vers une mystique collective à effets secondaires agressifs (tous ceux qui ne la partagent pas sont des ennemis potentiels), il est à bannir quelle que soit la sphère dont il est question avec lui. La « *patrie territoriale* » (1056) ne vaut pas mieux que la « *patrie idéologique* ». Ce mot en entraîne donc nécessairement d'autres qui sont ENNEMIS (or pour Giono le soldat allemand qui se trouve dans la tranchée d'en face est son propre reflet), GUERRE et, plus général, MORT. La patrie est une sorte de monstre sanguinaire qui réclame à intervalles réguliers sa ration de chair fraîche en valorisant la notion de SACRIFICE. « [...] *le mot patrie était tout fait et les bourgeois y avaient engrangé tant d'idées de sacrifice* » (1057) qu'ils veulent continuer indéfiniment à profiter de ce dynamisme. Emprunté au domaine du religieux, ce mot opère un véritable détournement verbal, car ce sont les gouvernements qui depuis l'enfance ont conditionné les hommes à penser qu'ils ont, comme les générations précédentes, un « *devoir de se sacrifier* » (*Refus d'obéissance*; VII, 267), qu'il est bel et bon de se sacrifier « [...] *à la patrie* [...], *aux générations futures. Et ainsi de suite, de généra-tion en génération. Qui donc mange les fruits de ce sacrifice à la fin ?* » (268). Les sacrifiés ne se sacrifient pas pour une belle cause, comme ils le croient peut-être, ils sont sciemment sacrifiés à des fins purement matérielles.

On les appelle HÉROS. Les villages comportent tous des monu-ments aux morts sur lesquels sont inscrits les noms des héros tombés à la guerre. Nouveau mensonge. Héros en ce cas signifie seulement mort à la guerre, sans plus, et le mot est souvent accompagné de GLOIRE, généralement posthume. Le texte intitulé « Les Seules vérités (29 septembre 1938) », dans *Précisions*, nous offre quelques variations sur le héros, on ne peut plus claires : « *Il n'y a pas de héros ; les morts sont tout de suite oubliés.* [§] *Les veuves de héros se marient avec des hommes vivants* [...]. [§] *Il ne reste plus de héros après la guerre ; il ne reste que des boiteux, des culs-de-jatte, des visages affreux* [...] ; *il ne reste plus que des sots.* » (VII, 630-1). Chez Giono, héros voisine toujours avec mort et rime avec zéro, l'effacement. C'est pour sauver les appa-rences qu'on grave leurs noms sur la pierre.

Certains vivants savent très bien utiliser ce drame de « *la mort des héros* » (Précisions ; VII, 638), mais en réalité le héros est inutile. Il est mort pour rien ni personne puisque les guerres repren-dront dès qu'elles seront utiles aux gouvernements. Conclusion, toujours aussi claire, de Giono : « *Le héros n'est pas celui qui se précipite dans une belle mort ; c'est celui qui se compose une belle vie.* » (629)[7]. Il projetait même une « *lettre aux jeunes hommes sur l'escroquerie du héros* » (VII, 1056).

À l'ensemble *patrie-sacrifice-héros*, il faut ajouter COURAGE. Quand il évoque la guerre, l'ancien combattant ne parle jamais de courage mais de peur. « *À la guerre j'ai peur, j'ai toujours peur, je tremble, je fais dans ma culotte.* » (VII, 263), écrit Giono dans *Refus d'obéissance*. Là où il y a armée, troupe, on est dans la logique du troupeau et donc de l'abattoir : « *Il n'y a pas le courage du mouton.* » (637). Pour qu'il y ait courage, il doit y avoir solitude, prise de conscience et décision personnelles. En cas de guerre, il ne peut procéder que du « refus d'obéissance ». Le vrai courage, l'héroïsme consistent à se forger une vie quotidienne en harmonie avec le monde. C'est pourquoi, dans *Les Vraies richesses*, Giono donne cette description de l'étudiant en philosophie qui a tout quitté pour venir travailler avec les ouvriers des carrières : « *Il avait une poitrine de héros* [...]. » (VR, 254). Ce n'est sûrement pas une poitrine qui s'offrira aux balles ennemies dans le geste grandiloquent des monuments aux morts pour la patrie, mais de solides pectoraux développés par l'exercice physique qui abritent un cœur régulier, des poumons sains qui assurent une large respiration. Du reste, ce cœur bat déjà pour la femme de sa vie, Anouchka. Voilà pourquoi « *l'héroïsme est joyeux* » (*Lettre aux paysans* ; VII, 548) et « *[l]e véritable héroïsme ne coûte jamais rien, il n'y faut pas traîner sa carcasse de force* ». Plus même, le véritable héroïsme est « *paisible* » (550).

On remarque enfin au passage que l'anagramme de patrie est PARTI, terme qui ne vaut guère mieux, puisque tous ceux qui n'y adhèrent pas sont des ennemis ou deviennent rapidement des suspects. Le « *partisan est obligatoirement guerrier* » (VII, 622), écrit Giono dans *Précisions*. Et dans son « Message à l'occasion de l'inauguration d'une auberge de jeunesse, septembre 1937 », il fait jouer les deux mots et montre leur part d'équivalence : « *Aucune patrie, aucun parti ne peut vous faire plus riches que ce que vous êtes aujourd'hui.* » (627). La patrie du paysan, c'est son champ ; son parti est celui de la terre, son métier de paysan. Tout le reste est mensonge ; on n'a pas besoin de ce mot.

ÉTAT

Sous la plume de Giono dans les années Trente, le mot est toujours accompagné de l'un des deux adjectifs, *bourgeois* ou *capitaliste*. L'État est une entité et une structure ; l'adjectif porte un jugement de valeur emprunté à la vision du monde, à l'œil marxistes. Le bourgeois, le capitaliste, finalement équivalents, sont la source de tous les maux, des profiteurs, des menteurs, des esclavagistes. Ils représentent une classe qui tient le pouvoir au détriment de toutes les autres. On relève aussi souvent dans la

Lettre aux paysans sur la pauvreté et la paix, « *l'état moderne* » (VII, 574). Cet adjectif pourrait laisser imaginer une part de progrès, mais le discours s'adresse aux paysans qui ne sont pas réputés pour leur goût du changement. Giono, de son côté, ne se pose pas en chantre de ce progrès. Cet adjectif est, lui aussi, critique. Bourgeois, capitaliste, moderne, rien de tout cela n'est bon. L'État non plus.

Il est souvent décrit comme un organisme, vivant, humain même, qui fonctionne sur le modèle du vivant. Les industries diverses, les mines, les usines, les silos forment un système d'organes cohérent qu'il faut alimenter pour qu'il produise du capital. « *L'état capitaliste considère la vie humaine comme la matière véritablement première de la production du capital.* » (*Refus d'obéissance* ; VII, 266), son sang en quelque sorte. Ce matériel humain regroupé et asservi dans les villes entourées d'usines et d'autres bâtiments où il travaille du matin au soir produit du capital. Or, « [*p*]*our produire du capital il* [l'État] *a, à certains moments, besoin de la guerre* » (267). Si on examine de près le fonctionnement de l'organisme en question, on voit alors que la guerre est un de ses organes, non pas secondaire, dont on peut à la rigueur se débarrasser comme un appendice ou une vésicule biliaire, mais essentiel. « *Dans cet être organisé, si j'enlève la guerre, je le désorganise* [...]. » (268). Car en réalité, « [*l*]*a guerre est le cœur de l'état capitaliste. La guerre irrigue de sang frais toutes les industries de l'état capitaliste.* » (269) qui en sont les autres organes.

De ce fait, l'État est nécessairement totalitaire, quelle que soit l'apparence qu'il se donne. États démocratiques, États dictatoriaux, c'est tout un pour chaque individu, car « [*l*]*e but de l'état moderne n'est pas l'homme ; c'est l'état* » (*Lettre aux paysans* ; VII, 574) ; « *On travaille pour l'état. On ne vit plus ; on fait vivre l'état.* ». L'État est autiste. Il ne prend en compte que lui-même et son désir de perdurer, ce qui implique l'asservissement des masses. Conséquence, l'État est aussi nécessairement policier. En ce sens, plus l'État est moderne, plus ses moyens de contrôle des masses sont perfectionnés.

Une autre image de l'État est donnée par des sociétés animales hiérarchisées et strictement organisées : « *Le but de l'état moderne c'est de composer une termitière ; une masse de fourmis.* » (*Lettre aux paysans* ; VII, 575). Quel que soit le type d'État auquel les peuples ont affaire, car il s'agit toujours d'une organisation structurelle ou systémique viciée dans son principe. « *Dans les états démocratiques comme la France* [...], *l'organisation sociale prévoit la place de grosses fourmis au ventre blanc qui sont les reines qu'on nourrit et qu'on soigne.* » Mais la différence n'est pas grande avec « *les états autoritaires fascistes, Russie Allemagne, Italie,* [*où*] *l'ordre social ne prévoit plus que la place d'un nombre très restreint de ces grosses reines et tend vers une reine unique au ventre énorme* ». En bref, tout État est par définition totalitaire ; les régimes fascistes proposent une forme quintessenciée du totalitarisme où l'État se confond avec une oligarchie, la plus restreinte possible pour que les bénéfices soient le moins possible partagés. L'idéal est le chef unique, dominant tous ses sujets, confondu avec l'État. En ce sens, il y a peu de différence entre Mussolini, Hitler et Staline, le parti communiste et ses chefs ne représentant à aucun degré le peuple, mais bien Staline seul. La différence entre les dictatures autoritaires et les démocraties n'est pas d'essence mais de forme. Dans tous les cas, le peuple est opprimé par l'État ; seul le nombre de privilégiés fluctue.

Le mot *État* désigne donc pour le peuple l'ennemi à supprimer, la bête immonde qui se nourrit de la sueur et du sang des peuples. La chose et le mot sont à abolir.

Dernière remarque. Giono emploie les images de la fourmilière et de la termitière, mais non pas celle de la ruche, malgré la hiérarchie et malgré la reine, car la ruche, en dépit de son type d'organisation, est connotée positivement (voir *VR*, 250-1). Le paysan s'entend avec les abeilles. Il protège les ruches. Les abeilles lui donnent le miel. Elles sont aussi les agents nécessaires de la pollinisation ; elles fécondent la nature. La ruche est en somme un État généreux, altruiste. On ne peut donc plus parler d'État. Et puis c'est un objet virgilien.

Il représente l'État. Il en est la face visible, parfois presque humaine. Mais ce n'est qu'une apparence. Dans les États fascistes (voir la rubrique ÉTAT), un homme dispose de tout le pouvoir, il en est l'incarnation unique. Il s'appelle Hitler, Mussolini, Staline. Même s'il a autour de lui quelques conseillers fantoches ou un Comité central qui prend les mesures que cet homme veut, personne ne s'y trompe. L'État, c'est lui ; le gouvernement aussi. Dans les États démocratiques, comme en France, il existe toutes sortes de pouvoirs constitués en dessous du Président de la République ou du Premier ministre qui d'ailleurs n'occupent pas ce poste à vie. Ministres, assemblées élues, magistrats, corps de fonctionnaires, partis politiques dont certains sont au pouvoir mais d'autres dans l'opposition, comme les syndicats, semblent jouir d'une certaine indépendance face aux chefs du gouvernement. Il semble donc exister des contre-pouvoirs. Mais en vérité, il ne s'agit que de leurres. Car les ministres et les grands corps de fonctionnaires, généralement révocables, lui sont tout dévoués, et même les « *dirigeants des syndicats* [...] *sont les hommes des gouvernements* » (*Précisions* ; VII, 608). Les uns et les autres sont au service de l'État qui est d'abord une grande entreprise économique, alimentée par le travail du plus grand nombre. Famine, pauvreté, servitude et guerre infligées aux peuples sont absolument nécessaires non seulement à la direction (unique ou partagée) de l'État, mais aussi à l'enrichissement des pouvoirs constitués qui n'ont aucun avantage à changer un régime dont ils profitent. C'est pourquoi, même élus par une base et même par le suffrage universel, les pouvoirs intermédiaires trahissent toujours ceux qui les ont élus. Ils sont au contraire les piliers du système. Tous ceux qui en font partie colportent des mots trompeurs comme *patrie, gloire, héros, sacrifice*. Aucun ne part à la guerre. En général ils ont l'excuse de l'âge, car on ne parvient pas à ces sommets sans y avoir mis beaucoup d'énergie et de patience. « *Gouverner, c'est mentir* », écrit Giono parodiant le « Gouverner, c'est prévoir » d'Émile de Girardin. Et aussi, formule réussie, « *les gouvernements mentent comme des tambours roulent leur*

93

caisse » (609). Tout ce qui contribue, même de loin, à faire marcher le système est intéressé à ses profits, touche de l'argent, de la monnaie qui *« est le produit du gouvernement »* (Lettre aux paysans ; VII, 571). Ainsi, tout gouvernement est en vérité une *« organisation gouvernementale »* (Précisions ; VII, 608) dont seuls les individus qui la composent changent parfois sans que cela porte atteinte à l'organisation générale et fonctionnelle de l'État totalitaire.

Parmi les nombreuses images qui qualifient ou décrivent les gouvernements on retiendra les métaphores mécanistes ou techniques évoquant le système où sont pris les simples hommes, les masses, et les images mythologiques pour parler de ceux qui occupent une place dans la hiérarchie qui gouverne. Giono aime les combiner. *Les Vraies richesses* fait une large place à ces évocations baroques mêlant des monstres paysans capitalistes à des *« ministres à culs de hyènes »* (VR, 241), tous au service de la bête de l'Apocalypse, sorte de dragon à la *« peau toute boursouflée de pustules usines »* (239), crachant le feu, *« hérissé de pattes et de griffes. Dans chaque griffe il tient le sceau de bronze d'un gouvernement »* (240). À d'autres moments, ce sera l'image du Minotaure qui mâche les enfants qu'on lui offre en sacrifice, mâtiné de modernité lorsqu'il se trouve pourvu de *« dents [...] tranchantes comme les dents des faucheuses mécaniques »* (241). Les gouvernements ne sont en fait que des instances secondaires aux ordres de l'État inventeur et dépositaire du système capitaliste qui les instrumentalise et rémunère de façon à ce qu'ils le servent habilement. Les *« petits gouvernements ridicules »* (Lettre aux paysans ; VII, 539) ne sont que les marionnettes du Monstre.

VILLE

Pour Giono, la ville est l'enfer sur terre, créé par le système de production capitaliste que mettent en place les États, même s'ils prennent des apparences collectivistes. Plus que le mot, c'est la chose qu'il désigne qu'il faut détruire et le mot dans ce cas cessera avec la destruction de la chose maudite où le système fonctionne à l'état brut. Comme il en advint de Babylone, Jéricho,

Sodome, Gomorrhe. Là encore, Giono suit les voies de l'imaginaire biblique. La ville est le lieu de la démesure humaine, de
l'anti-nature. Elle est rouge et noire, comme livrée aux flammes
éternelles. *Les Vraies richesses* commence rue du Dragon, une
vraie rue où se trouvait vraiment l'hôtel où Giono descendait lors
de ses séjours parisiens, mais le hasard était propice au sujet qu'il
voulait traiter et la présence symbolique de ce dragon sous-tend
tout le premier chapitre consacré à la description de Paris. La
ville bruyante, en proie aux étouffantes fumées de ses usines et
de ses hauts-fourneaux, avec ses « *cheminées qui vomissent du
pus de charbon* » (*VR*, 239) et empoisonnent l'entourage. Paris,
« *cette ville de misère physique et spirituelle, [...] cette ville
d'erreur et d'amour de l'erreur* » (174), ne propose rien de bon
dans ses « *rues noires* » (243) à ses habitants, « *l[es] homme[s]
triste[s]* » (239), pris dans « *une loi implacable de machine* » (180).

Hommes et femmes attirés là par les promesses mensongères
de l'État bourgeois ou de ses valets de tous ordres ont d'abord
accepté au nom d'un avenir prometteur (de monnaie) pour eux et
leurs enfants certains sacrifices : une activité répétitive et sans
intérêt, un enfermement à perpétuité dans ce lieu inhospitalier.
Puis ils en ont pris l'habitude et cet état de chose leur est progressivement devenu naturel. Au bout d'une ou deux générations, ils
n'imaginent même plus, ni pour eux, ni pour leurs enfants, un
autre lieu, un autre système, une autre forme de travail qui leur
apporterait des satisfactions sensuelles et intellectuelles. Ces
esclaves sans révolte et sans désir propre sont devenus « *le corps
même de cette ville et ils n'ont plus de corps animal et divin* »
(*VR*, 180). Les voici transformés en robots ou plutôt en éléments
du robot majeur qu'est la ville où ils vivent à proximité de leur
usine. « *Ils sont devenus les boulons, les rivets, les tôles, les
bielles, les rouages [...], les pistons, les cylindres de cette vaine
machine qui tourne à vide [...].* » Dans *Le Poids du ciel*, Giono
ira encore plus loin, se livrant à une sorte de projection logique
du système, en empruntant à la fois à l'ironie froide d'un Swift
ou d'un Montesquieu et au monde de la science-fiction. Il
imagine un monde où la technique aura balayé tout ce qui n'est

pas elle et l'ordre qu'elle a installé sur terre à la place du monde naturel. Un monde où les enfants naîtraient dans des « *haras technique*[*s*] » (*PC*, 517) et dont les corps seraient manipulés pour ne servir que la civilisation technique. Chacun étant affecté à une tâche particulière, à un ou deux gestes particuliers, certains de ses membres ne lui seraient plus utiles. « *Les transformations dans la chair s'exécuteront sur des enfants frais* [...]. » (519). « *L'œil en trop, le bras en trop, les jambes en trop menacent la technique.* » En les supprimant, on évitera à l'homme futur, immobilisé devant sa machine, toute souffrance. Giono trouve là des accents qui annoncent le Perec de *W ou le souvenir d'enfance*, qui ont eux-mêmes pour arrière-fond les folies expérimentales des nazis. INDUSTRIALISATION, MÉCANISATION et URBANISATION sont les trois monstres qui asservissent l'homme moderne ; ils sont liés. Ils privent l'homme de tout contact avec la vie naturelle. « *Tu es l'usine de notre mort.* » (*VR*, 244), dit le poète à Paris. Ville à quitter ; ville à détruire ; mot à bannir. Et l'herbe repoussera sur ses ruines.

les mots à méditer

Ni jeunes ni vieux, ce sont des mots de toujours, des mots de vie. À honorer. On ne retiendra que les deux principaux qui résument le Bien.

PAYSAN

Si « *le capitaliste n'est pas un homme* » (*Lettre aux paysans* ; VII, 550), le paysan est l'Homme, le représentant véritable ou idéal de l'humanité. Il exerce en effet une activité essentielle à la conservation de l'espèce en lui fournissant à manger et à boire, et une activité liée aux rythmes saisonniers, c'est-à-dire dictée par le monde. Il est l'intermédiaire indispensable entre l'ordre cosmique et les hommes ; il est détenteur d'une sagesse antique et naturelle. Dans cette période des années Trente, Giono dans ses textes engagés délaisse la vision mythologique et centrée autour du dieu Pan pour la théorie politique. Il quitte sa rêverie créatrice et s'interroge sur la meilleure forme de société à mettre en place, les autres déjà expérimentées ayant fait la preuve de leur caractère nocif.

Le paysan est, ou plutôt reste son homme et le pilier d'une nouvelle forme de société à établir. Tandis que le marxisme mise sur l'ouvrier, Giono le laisse de côté comme trop investi dans la production capitaliste dont il est un rouage essentiel quoique exploité et asservi. L'ouvrier a le tort, si on peut dire, de ne pas mourir à la guerre ; il est bien trop utile dans les usines d'armement. Le paysan, lui, a toujours payé le prix fort dans toutes les guerres. La vraie victime du système, c'est lui, depuis qu'il existe. Dans une refonte du système, il n'a donc rien à perdre et tout à gagner, par rapport aux autres catégories sociales, à commencer par la vie. Et en plus il a à sa disposition un excellent moyen de pression. Étant en charge de la fonction nourricière, il peut décider efficacement de couper les vivres à toutes les autres catégories et en particulier cesser d'alimenter les villes en cultivant ce qu'il lui faut pour vivre, lui et sa famille, sans plus. Ayant « *la famine à [sa] disposition* » (*Lettre aux paysans* ; VII, 597), il peut donc, dans une attitude de résistance passive, désorganiser l'État, sans autre forme d'action spectaculaire ou violente.

Autre particularité du mot dans le lexique gionien, son ampleur sémantique. Certes le paysan est celui qui cultive la terre, fait pousser du blé (*Regain, Le Chant du monde*...), des patates (*Un Roi sans divertissement*...), de la vigne, des oliviers et toutes les nourritures terrestres, mais il comprend aussi la catégorie des BERGERS (*Le Serpent d'étoiles*...). Initialement ils appartiennent à la même famille ; et la lutte fratricide de Caïn et Abel n'est pas inévitable. De fait, ils sont solidaires et peuvent participer au même combat, le fournisseur de viande et de lait et le semeur de graines ou le planteur d'arbres fruitiers. Dans le chapitre inédit du roman *Le Grand troupeau*, « Bataille du Kemmel », deux rescapés du massacre, des paysans, délivrent les bêtes des villages abandonnés qu'ils traversent dans leur retraite. Mais ce n'est pas tout. Entre également dans la catégorie paysan l'ARTISAN installé parmi les cultivateurs et les bergers. Dès que quelques familles se regroupent pour faire un village, des artisans, d'abord nomades, viennent se fixer là, des spécialistes de certaines techniques manuelles qui viennent leur faciliter la vie en exerçant une activité immédiatement utile au quotidien. Le forgeron, pour les charrues et les chevaux ; le tailleur pour les vêtements ; le cordonnier, personnage cher au cœur de Giono plus encore qu'aux pieds des villageois. Viendront ensuite d'autres personnages indispensables à la vie rustique depuis la nuit des temps, les conteurs, les poètes et aussi les peintres, tous les ARTISTES qui expriment selon des voies diverses les sentiments, les aspirations et les besoins individuels ou collectifs de ces populations premières. Ils animent les veillées, font rêver sous les étoiles, font danser les êtres simples qui les entourent et sont les voix des paysans timides. Cette population première est donc large et diverse ; elle est détentrice de la sagesse et sa vie frugale lui permet de trouver un bonheur sensuel et un être au monde tout à fait satisfaisant intellectuellement puisqu'il est naturellement accordé au rythme cosmique.

La définition du paysan varie suivant les textes de Giono, mais elle comporte une constante : elle est toujours très vaste. Elle correspond à une réalité sociologique lorsque Giono affirme, dans sa *Lettre aux paysans*, « *Le pauvre homme des villes est un paysan qui a tout perdu.* » (VII, 547). L'exode rural est une réalité encore récente, en effet, et l'immense majorité des Français a des origines paysannes récentes. Mais il va souvent beaucoup plus loin. Ainsi, dans le même texte, il écrit successivement que les paysans sont « *la grande majorité du monde* » (538), puis que « *la race paysanne est le monde* » (539). Pour, immédiatement après, corriger : « *Il n'est ni une classe, ni une race ; il est une subdivision du monde animal ; il est l'homme.* » (543). Dans cette même "*Lettre*", il écrit encore que les paysans sont « *le peuple universel au-dessus des peuples* » (525), une formule empruntée au langage mystique.

Toutes englobantes qu'elles soient, ces définitions laissent cependant de côté les ÉLITES INTELLECTUELLES, peu nombreuses d'ailleurs et qui, de plus, peuvent toujours réintégrer la communauté paysanne en quittant les villes, comme le saint Jean-Baptiste de Giovanni di Paolo, et en revenant tout simplement à la campagne où, comme *« ceux du Contadour »* (VR, 145) (une majorité d'intellectuels) à qui est dédié l'essai *Les Vraies richesses*, elles trouveront à s'employer utilement tout en continuant à lire et à penser, mais sans laisser les spéculations intellectuelles prendre le pas sur les savoirs du corps et de l'âme mêlés au monde. L'autre communauté laissée pour compte est la CLASSE OUVRIÈRE. Contrairement aux théoriciens politiques, surtout marxistes, Giono ne croit pas à son potentiel révolutionnaire. Toutefois, il est gêné de laisser les ouvriers en dehors de son propre projet révolutionnaire. Il sait bien, et le premier chapitre nous le montre, que les ouvriers mènent une vie d'esclaves à la chaîne. Il les appelle justement les *« massacrés de l'usine »* (*Refus d'obéissance*; VII, 268). Un massacre lent, une agonie interminable, mais une même mort pour ceux dont l'*« appareil sensuel [a été] martyrisé »* (*Recherche de la pureté*; VII, 651), comme celui des soldats-paysans. En réalité, ils font les uns et les autres partie d'un même peuple, celui des opprimés, le PROLÉTARIAT, dont il pense que la définition devrait être désormais : *« L'ensemble des hommes qui refusent toutes les guerres. »* (*Précisions*; VII, 621). Par le biais du pacifisme, l'humanité dans son ensemble sera récupérée dans le nouveau système imaginé par Giono, mis à part les hommes au gros ventre, les capitalistes, et tous leurs valets, pas grand monde, en somme.

Mais pour la première étape, seul le paysan possède l'arme absolue à opposer au pouvoir actuel, car si l'ouvrier cesse le travail, même s'il a pour lui la force du nombre, il risque, à brève échéance, la famine, faute de papier-monnaie. Le paysan, lui, est individualiste, il est seul, produit seul et produit tout ce qu'il lui faut pour subsister. Il est donc par nature, du fait de son mode de vie solitaire, celui qu'on ne peut rassembler en faisceau, le seul *« vrai [...] antifasciste [...] »* (VII, 1049), car « [l]'état [pas plus que ses gouvernements] *ne peut rien contre l'individu »* (*Lettre aux paysans*; VII, 574). Staline, avec le collectivisme, dépouillera les paysans de leurs terres et en fera aussi des serfs. Ce sera plus tard et Giono ne peut encore l'imaginer. À ses yeux, seul capable de résister au système, le paysan est aussi le seul détenteur d'un art de vivre en harmonie avec la nature, ce qui est la sagesse dans sa définition antique. *« Être paysan c'est être exactement à la mesure de l'homme. »* (590). À condition de renoncer à tout ce qui n'est pas directement utile à son corps et à son mode de vie, à son esprit et à son âme, le paysan, artisan de cette révolution pacifique et modèle de l'homme nouveau, sauvera le monde.

JOIE

Le mot et le sentiment qu'il exprime se sont perdus lorsque l'homme est entré dans l'époque moderne, qu'il a perdu de vue la nature et que, devenu un être d'orgueil et de démesure, il a oublié sa place dans le monde parmi les autres créatures. Le système mis en place par son intelligence l'a soumis à la loi du profit et à *« la folie de l'argent »* (VR, 155) ; la joie s'est alors retirée de son univers. Giono se fait donc le prédicateur de la restauration de la joie. Le mot et sa définition prennent une place considérable dans sa pensée et son œuvre, entre 1929 et 1939. En témoignent les romans (*Regain*, 1930 ; *Le Chant du monde*, 1934 ; *Que ma joie demeure*, 1935, dès son titre) et les essais (*Les Vraies richesses*, 1937 ; *Le Poids du ciel*, 1938). Il intervient dès les premiers mots de la Préface de *Les Vraies richesses*, rédigée en 1936, et l'expression *« Vers la joie. »* (157) la termine.

La joie selon Giono est une notion complexe dont on ne peut trouver de synonyme dans aucun dictionnaire courant. Disons, avec beaucoup de mots, qu'il s'agit du sentiment qui naît en l'individu lorsqu'il s'intègre harmonieusement à l'ordre du monde. Alors Giono ne dit généralement pas qu'il est joyeux, ce qui pourrait passer pour un équivalent de gai, un état fugitif, mais qu'il a de la joie. Et ce sentiment l'implique tout entier, corps et âme. Pour Giono, la NATURE qui est à la fois un lieu et un ordre est belle et bonne. L'homme, créature naturelle, y a sa place assignée, comme les autres espèces. S'il y reste ou s'il y revient, car malheureusement pour lui il l'a quittée, alors il vit dans la joie qui est le sentiment tranquille d'être à sa place dans le tout, *« le rond ensemble* » (*UB*, 308), comme dit Amédée dans *Un de Baumugnes*. Alors, il fait les gestes justes, alors il est utile et justifié par ces gestes mêmes. Il le sent avec son corps et ses sens qui lui permettent de profiter de tout ce qui l'entoure, les odeurs, les couleurs, les sensations tactiles et auditives, les qualités spéciales du jour, de la lumière, les objets naturels qui l'entourent. Il est, grâce à son corps, une conscience assez éveillée pour entendre le *"chant du monde"* et y participer par son comportement adéquat.

Dans la joie entre une composante non seulement de jouissance de tout, mais aussi de certitude d'être compris dans l'harmonie universelle, le grand Tout (d'abord appelé *Pan*). Giono emploie alors le mot MÉLANGE. Car dans la joie disparaît la sensation pénible qui accompagne l'homme des villes d'être séparé, de soi-même, des autres, de la matière vivante, des saisons. Dans la joie, on a la claire vision que les barrières entre règnes, entre hommes, entre le monde et soi n'existent plus. Que l'on est abouché avec le monde, étant, comme Antonio, soi-même, le fleuve, la boue, la nuit et l'autre homme. Dans la joie, l'homme des champs et les autres, s'ils savent revenir, sont mêlés à toute chose. Giono emploie volontiers aussi le mot ACCORD pour expliquer l'état de joie. Il signifie, certes, entente avec les autres, l'alentour et le monde, mais il a aussi un sens musical exprimant une harmonie sonore. Dans le même registre, il insiste sur la notion de RYTHME. Entre l'homme et le monde, il existe un lien rythmique. Le rythme naturel des saisons commande les travaux des champs et la vie la plus naturelle qui est celle des campagnes.

La joie naturelle, qui est la joie paysanne, possède cependant des moyens de s'extérioriser, en dépassant l'individu pour prendre une dimension collective sous la forme de la FÊTE villageoise qui elle-même comporte trois temps ou trois aspects successifs que l'on trouve dans *Les Vraies richesses* : la procession, le banquet et la danse. La procession donne le branle à cette manifestation qui emprunte aux rituels sacrés des anciennes religions de quoi s'imprégner de solennité. On pense aux Panathénées, comme on pense aux processions chères à la pratique catholique. Ici, sept femmes sortent en même temps dans la rue avec leurs paniers sur la tête. Et pour bien insister sur le caractère symbolique de ce nombre, Giono a le culot d'écrire : « *C'est par hasard qu'elles étaient sept.* » (*VR*, 225) et par hasard sans doute aussi qu'elles reçoivent chacune douze pains à mettre dans la corbeille qu'elles portent... Le banquet qui suit n'est pas non plus un repas ordinaire. Pris en commun, il est fait de nourritures aussi symboliques que terrestres. Les deux composantes essentielles sont le pain, cuit dans le four communal, et le vin tiré des caves. Nourriture et boisson ont donc de très anciennes résonances et tirent leur caractère sacré de festivités religieuses à la fois grecques et chrétiennes, rites en l'honneur de Déméter, Korè et Dionysos rejoignant ceux de l'Eucharistie christique. Et le curé ne trouve rien à redire à cette fête œcuménique qui se sert de tout pour faire revenir sur terre un ordre qui n'est plus un système arbitraire imposé à ses habitants, mais se conforme à celui, naturel, du monde. La danse enfin va s'imposer grâce à un musicien dont l'accordéon, le violon, le piston ou l'harmonica, un instrument rustique, va attirer les villageois sur une piste, l'un après l'autre, dans une sorte de ronde et de bourrée qui les plie à son rythme. Hors d'eux-mêmes, ils se fondent et se confondent dans une nouvelle unité qui les dépasse, là encore non sans quelques composantes sacrées dionysiaques ou bacchiques. « *Nous avions pour la première fois l'impression de faire ce qu'il fallait.* » (227), dit le narrateur dans *Les Vraies richesses*. Et c'est exactement de là que naît la joie.

Il n'empêche que le savoir du romancier n'est pas exactement celui de l'essayiste. Les romans, eux, suivent leur pente de romans et nous disent que tout n'est pas si simple. *Le Chant du monde* montre aussi le malheur de gens qui n'ont pas la chance d'Antonio et de Clara, du besson et de Gina. Il nous met sous les yeux toutes les misères qui convergent vers Toussaint. Et la misère de Toussaint le guérisseur, le solitaire, le célibataire, le difforme. « *"Tu croyais peut-être que la terre est une boule de joie"* » (*CM*, 309), dit-il à Antonio, lui, l'amoureux inconsolable de Marguerite qui a pris un homme bien droit. Et l'histoire si bien commencée de *Que ma joie demeure* finit mal. Bobi a apporté des pistes qui mènent à la joie, mais il a apporté aussi le malheur. Aurore, amoureuse de lui, se suicidera. Contrairement à ce qu'affirme l'essayiste, le romancier a toujours su que la joie ne demeure pas, que l'aptitude à la joie n'est pas égale pour tous. Son Bobi, prenant conscience de n'être qu'un acrobate, s'enfuit et le feu du ciel l'anéantit.

Le mot *joie* chez Giono n'a qu'un temps, mot comète, mot météore. Il disparaîtra en même temps que l'utopie d'un monde meilleur et nouveau construit sur des fondations anciennes, une vie paysanne idéalisée. Plus tard, dans le cycle du Hussard, un autre terme fera son entrée, dans le dictionnaire de Giono, grâce à Stendhal, c'est *bonheur*, mais il n'a vraiment rien à voir.

les mots à resémantiser et réhabiliter

Parmi ceux-ci, les uns sont solitaires et tout le travail de Giono va consister à les faire changer de signe, généralement passer d'un sens négatif qui prouve qu'ils ont été dévoyés, à un sens positif qu'ils eurent autrefois ; les autres fonctionnent par couples d'opposés, l'un valorisé, l'autre dévalué à l'époque moderne et dans le système bourgeois capitaliste. Giono va s'employer à inverser les signes + et − de leur valeur dévoyée.

SCIENCE

Dans son acception courante, la science est valorisée en tant que vecteur de progrès technologiques innombrables qui facilitent tous les aspects de la vie quotidienne. En réalité machines, machinisme, mécanisation généralisée et système de production sortis du cerveau de scientifiques, ont amené la multiplication des objets, l'encouragement des désirs purement matériels et, en un mot, anachronique lorsqu'on parle des années Trente (mais Giono est en avance), la société de consommation qui culminera sans entraves dans les années Soixante-Soixante-dix. Ce qui entraîne divers saccages : l'abandon de la terre, l'exode vers le mirage des villes, une forme de travail répétitive qui prive les individus de tout rapport sensuel avec la nature, au point qu'ils ne distinguent plus les jours des nuits, la matière morte de la matière vivante qu'ils n'ont plus l'occasion d'approcher. Ce qui entraîne aussi une exploitation et des transformations inconsidérées de la nature, en particulier dans le cadre de l'industrie agro-alimentaire qui, avec le règne des ingénieurs chimistes créateurs d'engrais, de pesticides, a pris le pas sur l'agriculture traditionnelle. Avec le résultat d'une uniformisation du goût et de l'aspect des fruits, les pêches par exemple, dont on nous dit que « *ça n'a plus de pêche que le nom* » (*Lettre aux paysans* ; VII, 568). Sur ce point, la révolte de Giono est en avance d'une bonne soixantaine d'années sur les combats écologistes actuels.

Giono s'afflige devant tant d'INTELLIGENCE gaspillée pour arriver non à un apport significatif au confort de vie des hommes modernes, mais au contraire à une déperdition. Le mot *intelligence* devra changer de signe, car lui qui est vendu comme précédé du signe + doit être réexaminé et observé avec méfiance. C'est ce qu'explique *Les Vraies richesses*, dans un étrange dialogue entre Œdipe, l'homme qui s'est aveuglé lui-même, et sa fille, une Antigone progressivement changée en Athéna, la déesse de l'intelligence, née de la tête de son père Zeus et non « *d'entre les cuisses des femmes* » (VR, 189), ce qui impliquerait une connivence avec la chair. Coupée de naissance de tout savoir charnel, elle incarne « *une intelligence de l'au-delà du monde véritable* » (208). Œdipe prend peu à peu conscience qu'il se laisse guider par une ennemie et, grâce aux odeurs et aux sensations reçues des arbres et de toute la création qui borde le chemin, il se dégage de son emprise, comme Giono propose à ses lecteurs de se méfier des propos séduisants et menteurs de tous « *"les gros intelligents"* » (250) qui cherchent à les convaincre du bien-fondé de l'ordre dont ils sont les parasites et les profiteurs et dont les crédules sont les victimes aussitôt exploitées. La vraie intelligence est celle des paysans qui se méfient et celle de l'institutrice qui relaie leur refus avec les mots qu'il faut, c'est une « *large intelligence immobile* » (208), tout entière en « *accord avec le monde* » (209). En même temps qu'il rêve de voir la forêt envahir la ville, Giono se réjouit de voir s'effondrer sur elle-même l'« *ancienne intelligence* » (242) des élites du savoir, cette intelligence froide, « *maîtresse d'erreur et de fausseté* »[8], bien plus que l'imagination dont parlait Pascal, car seule la chair peut être « *entièrement intelligente* » (245). Dans le survol de Paris, la nuit, comme une immense nécropole, il oppose encore « *la cristallisation des intelligences mortes* » (244) aux « *viscères* [...] *soumis au rythme* » naturel (181).

Les scientifiques sont utilisés à cette seule fin de développer et d'entretenir le système. Et l'on ne peut oublier que leurs trouvailles les plus intéressantes sont immédiatement détournées vers des applications guerrières. Quand Giono écrit *Les Vraies richesses*, on n'a pas encore vu les retombées du travail sur l'atome ; et pourtant, il compare déjà « *la désintégration de l'atome* » (*VR*, 148) et « *la désintégration des esprits* ». Pour lui il n'y a pas de chercheurs « purs » à exonérer de toute responsabilité. Car la recherche pure est elle aussi subventionnée par l'État et les ingénieurs chargés de l'exploitation technologique de la recherche pure les suivent de près. Ainsi les machines agricoles, plus qu'elles n'ont facilité la vie des paysans, ont dénaturé le travail de la paysannerie en poussant les plus crédules vers une fuite en avant dans leur production. Ainsi l'État, par l'intermédiaire des chimistes, a inventé l'alcool de blé imbuvable mais « *destiné à l'alimentation des moteurs de tanks* » (*Lettre aux paysans* ; VII, 581) et cherche à en faire une arme de destruction massive (toujours ces anachronismes prophétiques de Giono).

Seuls les astronomes et les astrophysiciens trouvent grâce à ses yeux car ils découvrent les lois parfaites qui régissent l'univers, comme tendent à le montrer *Le Serpent d'étoiles*, texte de 1933, et *Le Poids du ciel*, de 1938. Alors Giono écrit dans l'émerveillement, car le doute n'est pas encore porté sur les applications de cette science, car le temps n'est pas encore venu des satellites espions, de la conquête de l'espace à des fins de domination.

Dans *Les Vraies richesses*, les diplômés des écoles d'ingénieurs sont appelés à oublier les applications des sciences, mais aussi les « *spéculations purement intellectuelles* [*qui*] *dépouillent l'univers de son manteau sacré* » (*VR*, 148). Tout un passage du chapitre V est consacré aux étudiants, ceux qui sortent savants des grandes Écoles ou de l'université, c'est-à-dire avec un diplôme en poche. Ils sont déçus car, crise de 1935 aidant, ils ne trouvent guère de débouchés. Selon Giono, c'est une chance car la science de l'école fait « *des hommes, des femmes bourrés de science comme d'une paille sèche* » (181). Lui leur propose de valoriser leur capital (ce qu'ils savent), mais autrement, dans un cadre de vie naturel. « [...] *tu as non seulement la science* [écrit Giono] *mais encore la jeunesse qui la corrige.* » (253). La science rend en effet l'être jeune « *clair et frémissant ; il la sent qui chaque jour s'affine et se complète dans l'exercice de ce travail manuel où toutes les lois de l'univers se mêlent sous ses mains* » (253-4), qu'il soit forgeron, menuisier ou potier. Le mathématicien, lui, redécouvrira la loi des nombres, non pas dans des calculs abstraits, mais dans « *le ciel de jour et le ciel de nuit* » (254).

Il faut donc radicalement changer le sens du mot *science* pour qu'il perde toute sa charge d'abstraction et de séparation et soit réinvesti par les savoirs du corps qui sont premiers et impérieux et dont on ne peut se dessaisir sans se mutiler. « *Ne fais pas métier de la science* [prêche Giono] *; elle est simplement une noblesse intérieure* » (*VR*, 254) qui s'accompagnera désormais de joie intérieure. Elle cessera alors d'être un facteur de coupure avec ceux qui ne savent pas, avec le corps et ses plaisirs et avec le monde, pour redevenir un agent de liaison avec tout cela, un prolongement.

Dans les textes de cette époque, Giono emploie le mot *science* de façon insolite et le resémantise. Ainsi, lorsque Monsieur Bertrand, poussé par sa femme qui a eu envie de manger à nouveau du pain fait à la maison et lui a préparé le travail, se met à pétrir la pâte, le narrateur commente : « *Toute une science s'est réveillée en lui-même.* » (*VR*, 201). On voit bien qu'il s'agit du savoir oublié de ses mains qui revient : « *Il a su ce qu'il fallait faire.* » pour pétrir. On trouve aussi le mot dans l'Appendice à la Préface rédigé en novembre 1934, plus tard inséré entre la Préface et le texte même, et intitulé « Schéma du dernier chapitre (non écrit) de *Que ma joie demeure* ». Il montre le devenir du corps de Bobi foudroyé sur le plateau, en pleine décomposition. Giono insiste alors sur le rôle nourricier du cadavre pour tout l'alentour vivant, des insectes aux oiseaux et aux mammifères, à l'herbe et aux plantes dont finalement l'homme lui-même se nourrit. Giono écrit : « *Bobi est, à ce moment-là, en pleine science.* » (160). Lui qui enseignait la joie a en partie échoué ; en revanche, son corps sert exactement aux fins pour lesquelles il a été créé, entretenir la persistance du cycle de la vie. L'aliment qu'est le corps de Bobi « *s'élargit aux dimensions de l'univers* » ; il obéit aux ordres et par sa mort réintègre le grand cycle ininterrompu des métamorphoses, contribuant à la joie, consciente ou pas, de ceux dont c'est le tour d'être vivants. On comprend pourquoi l'écrivain écrit le terme en italique : il est entièrement passé du côté du corps de Bobi qui n'a plus ni esprit, ni âme, ni intelligence, surtout.

CIVILISATION

Le mot est ordinairement défini comme l'ensemble des caractères communs aux vastes sociétés les plus évoluées ou, plus neutre, comme l'ensemble des acquisitions des sociétés humaines. De toute façon, la définition implique l'idée d'un progrès des sociétés à travers l'histoire, depuis les sociétés primitives et souvent cruelles jusqu'aux sociétés modernes plus policées. Ses antonymes sont *barbarie* et aussi *nature*. Ainsi s'affiche généralement l'idée que l'état de nature est synonyme d'un premier état des sociétés, barbare, parce que l'homme est un loup pour l'homme et que le plus fort impose sa loi. Or, pour Giono, comme pour Rousseau, l'état de nature est tout à fait le contraire de cette représentation. La nature représente le modèle fondamental ; les sociétés doivent y lire leur sagesse et leur mode de fonctionnement, y prendre leurs « *ordres* » (VR, 196 et *passim*), ce qui donne joie et équilibre. Giono se trouve aussi à mille lieues de l'arrogance de la civilisation occidentale du XIXe siècle qui, se considérant loin au-dessus de toutes les autres (qui de ce fait ne méritent pas le nom de civilisations) et loin devant, a justifié par là ses guerres de conquête, ses colonisations, comme porteuses de bienfaits supérieurs. Le projet de Giono est résolument étranger à toute dimension historique. Son aire de réflexion est réduite à l'endroit où il se trouve par hasard, une province rurale française. Il réfléchit sur la civilisation qui y règne comme sur l'ensemble du pays, et dont l'organisation a pour conséquence ultime la répétition de guerres à perpétuité entre la France et l'Allemagne, et sur la possibilité d'une autre.

La civilisation contemporaine que peint Giono dans ses essais n'a en effet aucune qualité. Elle est un ordre politique, économique, social, idéologique qui n'apporte aucun bénéfice tangible aux hommes auxquels elle est imposée. Au contraire, elle les prive de liberté physique et intellectuelle et de toute joie. Elle en fait de la matière première au même titre que le charbon qui alimente usines et hauts-fourneaux ou encore ce mortier qui comble les fentes des murs qui menacent ruine (cette image appartient à la guerre de tranchées, les hommes morts étant le vieux ciment et les hommes vivants le mortier neuf que l'on remet à leur place ; voir, dans les « Chapitres inédits du *"Grand Troupeau"* » (VII, 271), « Bataille du Kemmel » (309)). Il s'agit d'une « *civilisation de l'argent* » (VR, 220) (cette expression ou d'autres, très voisines, « *société bâtie sur l'argent* » (254), « *société construite sur la hiérarchie de l'argent* » (249), reviennent sans cesse dans les essais ; on relève aussi « *l'état bourgeois* » (*Refus d'obéissance* ; VII, 263), le « *régime bourgeois* » (265)) qui évalue chaque chose et chaque être vivant à sa valeur marchande ; d'une « *civilisation industrielle* » (PC, 495) ou « *technique* » (496) ou « *moderne technique et antinaturelle* » (495) ; pour finir d'une « *civilisation de la mort* » (VR, 239) qui coupe l'homme de toutes ses racines vivantes en l'enfermant dans des lieux clos éclairés par des lumières artificielles pour en faire le serviteur de machines très justement nommées *chaînes*. Ceux qui ont été attirés là par l'espoir d'une vie meilleure fondée sur l'enrichissement ont été escroqués car seuls les propriétaires de ces chaînes s'enrichissent réellement, tandis que les pauvres esclaves ouvriers sont soumis économiquement à des lois qui leur échappent et qui ne leur laissent que du papier-monnaie souvent dévalué et donc un pouvoir d'achat dérisoire. Que le système récupère aussitôt en organisant de façon très habile un désir de biens matériels, d'objets dont peu sont vraiment utiles et qui ne donnent qu'un plaisir éphémère de possession car ils sont constamment remplacés par d'autres, toujours nouveaux et donc plus désirables que ceux qui ont été précédemment acquis. Il s'appuie pour cela sur une propagande, des RÉCLAMES — on dit maintenant *publicités* — qui incitent à acheter ces biens inutiles et exaltent les mérites de cette civilisation mais ce n'est qu'un moyen que s'est donné cette civilisation « *pour faire du volume* » (242), du bruit et de l'argent. Elle se donne elle-même comme un facteur de PROGRÈS, terme scandaleusement détourné lui aussi, alors qu'elle entraîne des régressions de toutes sortes.

À cette civilisation qui n'en est pas une puisqu'elle est porteuse d'aliénation, d'agitation stérile, d'enfermement et de mort, Giono oppose « *les grandes civilisations paysannes* » (VR, 208) fondées sur l'accord avec la nature. Elles se trouvent entre les mains des habitants de la terre, de petites populations rurales, des montagnes, des vallées, des plateaux qui vivent en bonne intelligence avec les arbres, les bêtes, les saisons. Ce qui leur a communiqué une « *large intelligence immobile* » faite d'observation et de soumission aux ORDRES du monde qu'ils reçoivent avec leur corps. Ils en tirent une juste estimation de leur place, du travail nécessaire à leur existence, de leur rapport avec le temps, avec l'espace. L'homme est la mesure de cette civilisation ; la joie et la paix qui va avec en sont la récompense. Plus largement, elle révèle à ceux qui en participent « *notre puissance de mélange, cette partie divine de nous-mêmes, toujours insoumise, et qui fait de nous l'expression du monde* » (236). Où l'on rejoint, sous la plume de Giono, des formules non plus politiques, mais mystiques. Il exprime là une forme de foi terrestre et païenne. Christian Michelfelder a parlé avec raison, à son propos, de *"religion de la terre"*[9] qui peut être enseignée et accessible à tous, car chacun peut s'y convertir. La démarche de quitter les villes est libre, individuelle, appuyée à la fois sur la raison, la prise de conscience, et sur les pulsions venues du corps malheureux. Il faut alors aux hommes s'arracher à cette fausse civilisation du progrès, du MODERNISME qui agit comme une drogue, combiné d'opium et de morphine, quitter les fausses valeurs et les apparences, en ouvrant les yeux sur leurs mutilations et leur malheur. À peine quittées les villes, il leur suffira de « *se laisser utiliser par les arbres, par le soleil, par la pluie, par les grosses choses* » (*Refus d'obéissance*; VII, 329), car « *[ç]a sait ce que ça veut, ça a de grandes lois* ». Tout naturellement, cela les conduira à adhérer au « *contrat mystique* » (*VR*, 174) qui attache les sociétés paysannes au monde et à s'en tenir au « *mariage [...] conclu avec la terre* » (195) qu'il aurait mieux valu ne jamais quitter. Ils pourront alors redire avec ceux qui n'ont jamais déserté : « *Nous sommes la civilisation naturelle de la sève et du sang* » (244), autrement dit de la vie. Tandis que si on laisse l'homme diriger le monde et imposer la civilisation née de son cerveau avec son ordre industriel, économique et social, cela aboutit toujours à Kemmel, au massacre.

Restent des exemples de termes à étudier par couples d'opposés et dont Giono inverse les connotations positives et négatives habituelles dans le langage courant, c'est-à-dire celui de notre civilisation industrielle.

Nous avons ainsi déjà rencontré le couple CORPS et ESPRIT et vu au fil de ce lexique qu'il échappe à toute tradition aussi bien platonicienne que judéo-chrétienne en rejoignant des options phénoménologiques contemporaines, mais sans doute de façon inconsciente, car le pivot de la pensée de Giono n'est pas le corps, mais le paysan, ce qui signifie un point de départ de sa réflexion non pas philosophique mais politique. Mais l'intelligence du paysan lui venant de son corps et d'un être au monde heureux dont il participe dans sa chair, on peut facilement renouer les deux fils de la philosophie, de la politique et leur ajouter celui de la mystique.

Nous nous attarderons donc davantage sur un autre couple qui illustre bien les propositions idéologiques et lexicales de Giono dans les années Trente, celui qui oppose RICHESSE et PAUVRETÉ.

On le rencontre dès le début de *Les Vraies richesses*, lorsque l'écrivain oppose le mobilier des villes à celui des campagnes. D'un côté, l'« *armoire paysanne* » (*VR*, 166) des salles à manger ou des chambres campagnardes, de l'autre, le meuble moderne des appartements urbains. La première a été faite par un charpentier ; elle garde « [*l*]'*arôme puissant des troncs débités en planches* » (167) du chêne d'où elle vient. Elle est douce au toucher et ressuscite la présence familière des champs de blé et des prés fleuris, son environnement naturel initial ; passée de génération en génération, elle est riche de toutes les présences humaines qui l'ont côtoyée, d'une histoire familiale. Au contraire, le mobilier urbain, celui des rues mais aussi celui des intérieurs, est fait de « *matière morte* » (164) ou de « *matière* [...] *agonisante* » (166), de « *matière artificielle* » (165) qui n'ont que « *la densité effroyable des choses mortes* » (164). Cette « *cruelle matière de leur* [aux gens des villes] *habitat* » (165) est elle-même sans qualités sensuelles ; aucun de ces objets « *ne fait jouir* [*l*]*es mains* » (166), pas plus que le regard ou l'odorat. Ces meubles sont de « *pauvre bois blanc qui colle au rabot* » (167) et n'ont donné aucune satisfaction au menuisier. On voit bien dès lors que cette notion de richesse intéresse le corps et son épanouissement sensoriel, à la portée de tous. Le mot *pauvreté* a, lui, été choisi pour entrer dans le titre de l'un de ces textes militants que Giono écrit avant-guerre, *Lettre aux paysans sur la pauvreté et la paix*, où les deux notions semblent indissolublement liées par la volonté du prédicateur.

Giono a été employé de banque, ne jamais l'oublier car lui s'en souvient. Il sait l'attirance de la civilisation moderne pour l'argent, non plus pour les espèces sonnantes et trébuchantes qui n'existent plus guère, mais pour les billets de banque, les actions, les titres cotés en bourse, même dans les hameaux les plus reculés où il allait placer ces titres. Il a vu l'attirance et il a vu la dévaluation et la ruine. Ses romans sont pleins, jusqu'à la fin de son œuvre, de trésors cachés (bijoux et pièces d'or dont la matière fait tout de même jouir les yeux, les doigts), mais aussi d'actions, de titres appuyés sur des emprunts russes ou chinois et autre canal de Panama (toujours représentés comme des escroqueries pour âmes naïves). « Papier-monnaie », « billettes » ne valent pas plus que les assignats dévalués au début de la Révolution ; et ceux qui ont échangé leur blé contre ces bouts de papier sont les victimes consentantes du système capitaliste dont le bon sens paysan aurait dû les pousser à se méfier. Car ils vont leur servir à racheter beaucoup plus cher la nourriture qu'ils ont produite et qui leur a été achetée à bas prix. Mais la réclame et l'appât du gain les ont privés de ce bon sens que les paysans un peu théoriques de *Les Vraies richesses* semblent retrouver, à partir du goût du vrai pain, venu de la moisson du vrai blé dans leurs champs, du travail d'un vrai meunier dans son vrai moulin et des gestes retrouvés dans chaque famille pour préparer la pâte, la pétrir, la laisser reposer et la faire cuire. Ce qui donne un vrai pain, savoureux, qui se conserve longtemps et une vraie joie de communauté paysanne qui exclut les parasites intermédiaires et les « *"boyus"* » (*VR*, 215), grands gagnants du système capitaliste, ceux qui jouent des fortunes en bourse en faisant arbitrairement fluctuer les cours de ces biens qu'ils ont en vérité volés.

Tandis que le système capitaliste développe à l'infini « *les fausses richesses* » (*VR*, 178 et *passim*) en créant de faux besoins qui asservissent les masses, les vraies richesses ne peuvent se goûter que dans la pauvreté, c'est-à-dire la frugalité d'une vie paysanne où chacun accomplit les gestes rythmés par les besoins essentiels de la famille et de la communauté, se nourrir, se vêtir, se reproduire, s'amuser, dans la paix, la santé et la joie qui en découlent. Cette « *vie sévère* » (249) est seule à même d'apporter la révolution, le rejet de ce nouvel opium du peuple qu'est pour tous, et même pour le paysan dont le but alors « *n'est plus de vivre* [*mais*] *de constituer un capital* » (*Lettre aux paysans* ; VII, 571), la tentation du système capitaliste qui ne profite qu'à quelques-uns. La pauvreté qu'il faut comprendre comme la faculté de se contenter d'un minimum qui est en même temps l'essentiel est donc la solution pour mettre à bas le système. Mais cette pauvreté est tout le contraire de la misère des villes qui est aussi bien matérielle (très peu d'argent gagné) que sociale (les foules urbaines sont des agglomérats d'individus solitaires), que spirituelle (sans autre idéal que le matérialisme) et aussi sans la moindre satisfaction sensorielle ou sensuelle, sans la moindre échappée vers des nourritures intellectuelles, artistiques ou métaphysiques, puisque la réification des individus les maintient dans un monde de choses dont ils font partie. « *Le manteau de votre pauvreté couvre les richesses du vrai paradis terrestre* » (*VR*, 249), écrit Giono, un paradis fait de belle nature, « *de montagnes, de fleuves, de forêts* » (255), d'éléments, « *de vents, de pluies, de neiges, de soleils* ». Pour Giono, *pauvreté* est un terme à valeur uniquement positive. Il signifie dépouillement de l'inessentiel et retrouvailles avec l'essentiel. Il signifie simplicité, condition du retour aux « *grosses choses* » (*Refus d'obéissance*; VII, 329), aux « *nourritures éternelles* » (*Lettre aux paysans*; 531), sources de toute richesse vraie. Car « [*i*]*l y a la richesse selon le social* » (560), dérisoire, et « [*i*]*l y a la richesse selon la vérité* », la seule qui vaille. La seule sur laquelle, on peut reconstruire une civilisation. Cette inversion des signes devant les mots et les notions de richesse et de pauvreté est d'ailleurs tout à fait conforme au retournement opéré par les Évangiles où l'on voit le Christ intervertir la valeur des deux mots. Dans les deux cas, la richesse est suspecte et fait obstacle au salut individuel, mais dans le premier, la visée est téléologique, tandis que dans le deuxième, elle reste païenne et ne concerne que le bonheur terrestre : « *Tu viens sur terre, tu fais des enfants, tu manges, tu bois, tu meurs, tu fais de l'herbe, tu rentres en rond dans la boule* [...]. » (*Refus d'obéissance*; VII, 329), sans autre perspective que de vivre le mieux possible ici-bas, en harmonie avec le monde. Ayant pris le parti de la vie, les paysans de Giono en tirent tous les bénéfices, bienfaits non monnayables et sans prix, et sauvent l'honneur de l'espèce, proposant un art de vivre, à contre civilisation, un espoir. En ce sens, tandis que la vraie misère naît de l'appât des fausses richesses, « *l'admirable pauvreté* » (*VR*, 249) ouvre la porte aux « *délices de la pauvreté* » (*Lettre aux paysans*; VII, 586) qui sont les « *vraies richesses* » (*VR*, 205 et *passim*).

113

Ainsi, Giono, à partir de sa révolte individuelle et non négociable contre le phénomène récurrent des guerres, de ses observations et de sa réflexion sur ce qui l'entoure et aussi de beaucoup de lectures et de discussions politiques, se livre à une critique de la civilisation contemporaine, cherche le moyen de l'abattre et de la remplacer par une autre qui pourrait séduire le plus grand nombre. Ce qui étonne alors est le mélange paradoxal de lucidité et d'aveuglement, d'archaïsme et de modernité qui se partagent ses textes des années Trente.

L'aveuglement dont on lui a fait le plus souvent grief vient de son pacifisme absolu qui l'amena, comme beaucoup, à se réjouir de Munich et lui a interdit de comprendre la nature spécifique du régime mis en place par Hitler et de ce qui était en train d'arriver sur l'Europe. Il n'a pas pressenti la spécificité du nazisme face aux autres dictatures. On comprend son refus de la guerre en fonction du passé, non pas en fonction du présent et de ce que chaque pas en avant d'Hitler impliquait pour la suite. Il a vu les tranchées et il y est, d'une certaine façon, resté.

Une autre forme de cécité se manifeste à travers le système qu'il propose pour faire barrage au capitalisme en substituant à l'ouvrier, central dans la pensée révolutionnaire marxiste, le paysan détenteur des vraies valeurs, en accord avec le monde, source de joie et d'amour. Si son système est logiquement pertinent, son apologie de la vie paysanne le conduit à imaginer que toute la population sera heureuse de retourner dans les campagnes vivre de la terre ou de l'artisanat dont les paysans ont besoin. Un avenir à la manière de *Regain*[10]. Qui est de la littérature et ne tient pas compte du fait que l'industrialisation du pays est déjà irréversible, que l'exode rural très important depuis la fin de la Première Guerre mondiale en est le corollaire et que le modèle agricole a changé, bref qu'on ne revient pas vers le passé. De plus, il néglige certains avantages de la vie urbaine qui, malgré ses défauts, permet d'échapper aux contraintes des petites communautés qui n'engendrent pas seulement de la joie. Sa vision de la vie paysanne, idéalisée, nous semble parfois plus proche de Virgile ou Hésiode que de la rugueuse réalité. Dès

Colline, mais surtout après la guerre de 40, le romancier le sait bien qui nous montre un monde de violence et de haine.

Inversement, sa critique de la civilisation capitaliste qui s'est abattue sur le monde occidental nous paraît extraordinairement pertinente et précoce. La spoliation de ceux qui entretiennent les richesses de la terre et son appropriation par les puissances d'argent, l'exploitation de la classe ouvrière sont montrées de façon très convaincante. Sur ce point, Giono s'accorde avec les communistes. Mais il va beaucoup plus loin dans son analyse. Ainsi, il prévoit les méfaits de l'agriculture intensive, qui entraînera la diminution des cultures vivrières et le choix des produits de belle apparence plutôt que la préservation de leur goût et de leur diversité. Il voit et prévoit aussi les retombées de la civilisation industrielle, par exemple, outre la pollution urbaine, les maladies professionnelles, la « *misère des hommes techniques* » (*PC*, 513), « *benzol, benzine, xylol, toluol, des peintures au pistolet* » (512) qui intoxiquent les ouvriers, la « *misère physiologique* » généralisée de ces armées d'esclaves dont la vie (voir la notion de « *poumon-usine* » (*VR*, 155)) ne vaut pas grand-chose en regard des profits de quelques-uns. La revendication écologique pour les hommes et aussi pour la nature trop et trop mal sollicitée nous semble très en avance, lorsque Giono dit que l'adaptation de l'homme à la technologie industrielle se fera avec beaucoup de morts et beaucoup d'accidents.

Sa clairvoyance sur le système soviétique et sur la vraie nature de Staline sont aussi très précoces. Les communistes la lui feront payer cher. Après un bref passage par le marxisme léniniste, il déchante : « *Le communisme* [...] *n'a fait que transformer le capitalisme particulier en capitalisme d'état* [...]. » (*Lettre aux paysans* ; VII, 551). Son analyse lucide du stalinisme, qui prend parfois même des accents trotskystes, force tout de même l'admiration au regard de ce qui se passera en Russie et dans le Parti communiste français. Il écrit dans son *Journal*, le 27 novembre 1936[11] : « *On ne peut pas détruire le fascisme en créant un fascisme de gauche en face du fascisme de droite. On ne le détruira qu'en détruisant sa philosophie.* » (VII, 1048). Ou encore, tout simplement : « [...] *Staline n'est pas un dieu. Il peut se tromper, et il se trompe.* » (1054). Cela en novembre 1934. On comprend que Giono se permette quelques piques contre Sartre par exemple. C'est lui le philosophe, mais c'est Giono qui pense juste.

De même, dès 1935, il fait une critique complète de la société de consommation, avec sa course éperdue vers les objets, toujours renouvelés et qui laissent les acheteurs toujours insatisfaits et toujours désirants. Tout ce que nous diront plus tard Perec dans *Les Choses*, Baudrillard dans *Le Système des objets* ou Robbe-Grillet dans ses *Instantanés*, livres des années Soixante, est déjà là, de A à Z. Il comprend aussi que l'organisation du travail dans la civilisation industrielle qui «*prétend supprimer la peine des hommes* [...] *supprime la diversité du travail de l'homme*» (PC, 501) et lui enlève ainsi sa dignité d'homme, d'*homo faber*.

Enfin lorsqu'il parle d'économie, de flux boursiers, on s'avise qu'il a déjà entièrement assimilé le décalage entre économie réelle et économie virtuelle qui crée un moyen pour ceux qui ne produisent rien de faire des profits fabuleux, tandis que les producteurs de la richesse réelle vendent à perte leurs produits. Et il inclut même dans sa critique le phénomène de la mondialisation : «*le prix de mon blé*» (*Lettre aux paysans*; VII, 546) et sa dénaturation dépendent des récoltes qui se font «*en Ukraine, en Pologne ou en Italie, ou n'importe où*». Et les chômeurs de l'Illinois pleurent devant les bûchers où on brûle leur coton (*VR*, 153). Il ne manque guère ici, pour compléter le réalisme de la description de notre crise actuelle (soixante-dix ans plus tard) et de l'absurdité de notre système économique et financier, que quelques fioritures à venir, les *subprimes* américains et quelques *traders*...

1. Voir Denis LABOURET, « L'Écriture polémique de Giono », pp. 20–33 in *Giono l'enchanteur*, Mireille SACOTTE *ed.* (Paris, Grasset, 1996).

2. François FURET, *Le Passé d'une illusion* (Paris, Robert Laffont/Calmann-Lévy, 1995), p. 338.

3. « [...] *ces magnifiques ratières politiques qui de tous les côtés encasernent des hommes* [...]. » (GIONO, *Lettre aux paysans sur la pauvreté et la paix*; VII, 591).

4. Voir sur ce point Robert RICATTE, « Note sur un projet de Giono : "Les Fêtes de la Mort" » (III, 1266–76) et Pierre CITRON, *Giono 1895–1970* (Paris, Seuil, 1990), en particulier le chapitre intitulé « Combats » (pp. 259–71).

5. Sur cet aspect du sujet, voir Jean-Marie GLEIZE *et* Anne ROCHE, « "Roman", "poésie", "peuple" : situation du lexique gionien dans les années Trente », pp. 11–30 in *Giono aujourd'hui*, Jacques CHABOT *ed.* (Aix-en-Provence, Édisud, 1982).

6. « Message de paix » est un texte de juillet 1936 publié dans *Cahiers du Contadour*, nᵒˢ 3-4, septembre 1937, pp. 225-6. On le trouvera en VII, 1047–8.

7. GIONO, « Message d'entrée au Iᵉʳ congrès des Auberges de jeunesse, Toulouse, 1938 » (VII, 628-9).

8. Blaise PASCAL, *Pensées*, Léon BRUNSCHVICG *ed.* (Paris, Hachette, « Classiques Hachette », 1967), II, 82, p. 363.

9. Christian MICHELFELDER, *Jean Giono et les religions de la terre* (Paris, Gallimard, 1938).

10. Voir Pierre CITRON, « Pacifisme, révolte paysanne, romanesque : sur Giono de 1934 à 1939 », pp. 25–44 in *Jean Giono, imaginaire et écriture*, Alan J. CLAYTON *ed.* (Aix-en-Provence, Édisud, 1985).

11. Et non en mars 1936, comme il l'écrit dans les *Cahiers du Contadour* (*op. cit.*⁶), pp. 224-5, où fut reproduit ce fragment du *Journal*. Voir VII, 1049, la note 1 de Pierre Citron.

4

LES VRAIES RICHESSES COMME APAX

DE L'OGRE CAPITALISTE
AUX NOCES AVEC LA TERRE

par LAURENT FOURCAUT

(Université Paris-Sorbonne-Paris IV)

> « *Le social ne doit être que le naturel.* » (*VR*, 201)
> « *Cette société bâtie sur l'argent, il te faut la détruire avant d'être heureux.* »   (*VR*, 254)

ÉCRIT de juillet 1935 à janvier 1936[1], peu après l'important roman *Que ma joie demeure* publié par Grasset en avril 1935, le livre intitulé *Les Vraies richesses* est le premier essai d'un romancier que les circonstances conduisent à s'engager, par ce moyen, dans la dénonciation d'une « *forme [...] de société* » (*VR*, 152) qu'il juge désastreuse en ce qu'elle porte à un degré insupportable le mal fondamental dont souffrent les hommes selon Giono, lequel le définit, sous une forme ou sous une autre, dès le début de son œuvre : une coupure tragique entre le désir humain et son objet véritable, le monde naturel conçu et sans cesse présenté comme un grand corps maternel. L'extraordinaire Préface redit d'emblée, avec une extrême netteté, la condition inéluctable de « *la joie* » (148 et *passim*) : « *le mélange de l'homme et du monde* » (148)[2]. Il importe, explique Giono sans relâche, de retrouver « *le chemin profond qui mène jusqu'aux noires cavernes où dort, puis se réveille la maternité de la terre* » (234).

Sur un mode admirablement passionné et véhément, qui fait de cet essai, à la lettre, un grand poème politique — au sens, si l'on veut, où Anton Makarenko écrivait, au même moment, son *Poème pédagogique* (1935) ; Giono est du reste parfaitement conscient de l'originalité de style (le métaphorique y abonde) et de registre (lyrique, voire épique) de son essai, puisque, dans le manuscrit, il a inscrit sous le titre le mot *«*Poëme *»*[3] —, l'auteur va donc se livrer à une critique violente de la société capitaliste, la « *société construite sur l'argent* » (155), coupable de radicaliser et de généraliser les tares désespérantes de ce qu'il appelle à trois reprises « *la planète de la misère et du malheur des corps* » (153, 154, 155).

Précisons une fois pour toutes que Giono a été tenté, comme beaucoup d'intellectuels de sa génération, par le communisme. « *Je n'étais pas communiste. J'apprends lentement* », écrivait-il dans le texte « Je ne peux pas oublier » publié dans le numéro de *Europe* du 15 novembre 1934[4]. Mais il s'en est assez vite éloigné, estimant que la société soviétique n'était pas autre chose qu'un « *capitalisme d'État* » (PC, 506)[5]. En revanche, son hostilité vis-à-vis du capitalisme, « *la société de l'argent* » (VR, 154), est d'autant plus radicale qu'elle a été mûrement réfléchie, comme ce livre profondément pensé l'atteste. Profondément pensé, en effet, et cette étude voudrait en convaincre le lecteur. *Les Vraies richesses* est donc tout le contraire, quoi qu'on en ait pu dire, d'un livre simpliste ou naïf, et le grand romancier ne s'avère en aucune façon un piètre idéologue.

Il s'agit donc ici de montrer en quoi la société capitaliste, telle que Giono la décrit, l'évalue et la condamne, constitue un paroxysme du mal profond dont souffrent les sociétés humaines des « *temps modernes* » (VR, 148), et quelles solutions l'écrivain préconise pour que ses contemporains puissent vivre débarrassés de ce mal. Mais, ce faisant, on sera conduit à mettre en évidence le paradoxe que présente *Les Vraies richesses* : parce que c'est un livre délibérément engagé, offensif, acharné à atteindre efficacement son but, tout se passe comme si Giono évacuait ce qui est pourtant au fondement même de sa conception des rapports de l'homme et du monde, qui se donne à lire dans tous ses livres antérieurs, et tout particulièrement dans le précédent, *Que ma joie demeure*, auquel il s'articule de la façon la plus explicite (les premiers mots de la Préface sont : «*Après* Que ma joie demeure, *j'ai été farouchement interrogé.* » (147). Et il ajoute bientôt : « *Ce livre ici est la réponse.* » (148)), à savoir la tentation, permanente chez Giono, indissociable aussi bien de l'entreprise même d'écrire, que j'ai baptisée "avarice-désertion", tentation qui est précisément au cœur de *Que ma joie demeure* où elle est responsable de l'impossibilité d'installer la joie sur le plateau Grémone[6]. Insistons : tout se passe comme si l'auteur, écrivant *Les Vraies richesses*, mettait entre parenthèses, ou même comme s'il effaçait cela même qui vient de conduire Bobi, d'une certaine manière son double dans *Que ma joie demeure*, au plus amer des échecs et à la mort : l'impossibilité tragique de s'accorder avec le réel parce que le langage, en vous exilant dans un monde symbolique parallèle, interdit une relation immédiate de l'homme aux choses, de sorte qu'« [*i*]*l n'y a pas de joie* » (Q, 774). En d'autres termes, Giono n'écrit pas, pour une fois, un livre refuge, fût-il raté, contre le réel comme pur devenir, où « [*r*]*ien ne demeure* », et surtout pas les formes, le réel avec sa terrifiante bouche dévoratrice, tout en s'efforçant d'implanter cette dernière dans le livre, de toutes les manières possibles, à commencer par son importation dans la fiction, de façon à s'y frotter quand même (à jouir de la perte désirée), *par fiction interposée*. Il écrit exactement un livre de combat, ce qui le pousse à *refouler* cette tentation.

Mais, refoulée, elle fait évidemment retour. Car, au bout du compte, elle est là, et bien là. Dans ce livre, toutefois, voici qu'elle est imputée à cette société capitaliste moderne qui « *détruit les hommes,* DÉTRUIT LA JOIE, *détruit le monde véritable, détruit la paix, détruit les vraies richesses* » (VR, 155). Point essentiel : ce n'est donc plus « *la lèpre* » (Q, 459), à savoir cette maladie du désir humain, condamné à voir son objet, le monde maternel, se dérober sans cesse, parce que l'*avarice* empêche qu'on cède à l'impulsion de se fondre extatiquement dans ce monde[7], ce n'est plus la maladie du désir qui "*détruit la joie*", mais bien les formes actuelles de la société. Non pas exactement que l'auteur se défausse sur cette organisation sociale d'une tendance qu'il n'a que trop bien comprise lui être consubstantielle, à lui : il l'en charge au maximum, afin de pouvoir s'en délester, lui, le plus possible, et il le fait manifestement — et à juste titre — le cœur tranquille, parce que c'est pour la bonne cause, *pour les besoins de la cause.*

Au reste, il est indiscutable que « *la société de l'argent* » (VR, 154), avec les dérèglements effrayants qu'elle engendre et que Giono décrit comme tels, procède, dans son optique, de l'*avarice* (du désir) : c'est parce que les hommes, certains hommes, qui du coup accaparent en quelque sorte l'universelle tendance à l'avarice, c'est parce que ces hommes refusent de s'abandonner au devenir, dans lequel ils voient leur *perte*, qu'ils se retranchent de la vie, pour occuper une position depuis laquelle ils assouvissent leur désir (irréductible) de perte par victimes — victimes des machines à asservir, à broyer, à tuer qu'ils suscitent à cette fin — interposées. Au premier rang de ces machines, la guerre, dans ses formes modernes, et les industries qu'elle fait tourner ; Giono n'a cessé de dire, après Marx et quelques autres (notamment Jean Jaurès, auteur de la formule célèbre « Le capitalisme porte en lui la guerre comme la nuée porte l'orage. »), qu'elle était organiquement provoquée par le capitalisme : « *L'état capitaliste considère la vie humaine comme la matière véritablement première de la production du capital. [...] L'état capitaliste a besoin de la guerre. C'est un de ses outils. On ne peut tuer la guerre sans tuer l'état capitaliste. [...] La guerre est le cœur de l'état capitaliste. La guerre irrigue de sang frais toutes les industries de l'état capitaliste.* »[8]. On voit donc que le couple dialectique perte/ avarice, en fonction duquel Giono pense ordinairement la relation de l'homme au monde, lui permet aussi de penser maintenant les conséquences, désastreuses pour cette relation, d'une machine sociale au fonctionnement détestable : elle alimente l'avarice aiguë d'une poignée de profiteurs (« *ceux qui manœuvrent l'idole* » (VR, 255)) de la perte organisée du plus grand nombre (les hommes sacrifiés à l'idole qui les "dévore").

I. PETITE GRAMMAIRE DE L'IMAGINAIRE GIONIEN.

Justement : avant de montrer en détail comment *Les Vraies richesses* en adapte les termes et les structures aux nécessités d'un combat dont Giono considère que son heure est venue (« *À toutes les époques, quand il a fallu lutter contre les mauvaises forces, l'imagination paysanne a chaque fois inventé la forêt en marche. [...] Mais elle n'était que la fumée de nos désirs. [...] Ce qu'elle semblait être n'était que parce que nous le disions. Les temps n'étaient pas révolus. Maintenant ils le sont : elle s'est dressée, elle marche, la voilà !* » (VR, 238)), il est nécessaire d'exposer les grandes lignes de ce que j'ai appelé la « grammaire de l'imaginaire gionien »[9], en privilégiant ceux de ses éléments qui sont directement en relation avec la question centrale des *batailles*.

Pour Giono, le monde naturel est un immense foyer de forces en travail, forces aveugles dont le dynamisme se dilate et *s'exprime* dans les formes, elles-mêmes mouvantes, qu'elles engendrent à jet continu. Berceau de la vie comme pur devenir, réservoir des formes régulièrement comparé à de la *pâte* ou à de la *boue*, états germinatifs de la matière, ce monde pleinement matériel est maternel : il est « *la mère des formes et des forces* » (PC, 352). Monde en perpétuel état de transformation, il est une *roue* sans fin de métamorphoses, un gigantesque creuset où les forces-formes sont sans cesse absorbées et réémises, recyclées, de sorte que « *[l]a mort n'existe pas* » (Q, 465), n'étant que la transformation des êtres provisoirement individués. C'est bien en référence à un tel fonctionnement cosmique (« *Nous sommes des éléments cosmiques* » (VR, 149), affirme la Préface) que les dernières phrases de l'essai prennent leur sens ; elles évoquent la mort de celui qui aura su s'accorder à la loi de ce monde : « *Quand la mort arrivera, ne t'inquiète pas, c'est la continuation logique. Tâche seulement d'être alors le plus riche possible. À ce moment-là, ce que tu es, deviens.* » (255).

Tous les êtres vivants se laissent instinctivement guider (le vecteur étant le sang, car il voudrait, franchissant « *la barrière de la peau* » (BM, 1097), couler avec les flux cosmiques) par l'*obéissance* à cette loi qui pousse les individus à *s'ouvrir* sans résistance au monde et à rentrer dans la roue pour y disparaître, et renaître en d'autres formes de vie, comme il advient ici, exemplairement, à Bobi mort, dont le cadavre nourrit toutes sortes d'animaux, et alors il « *s'élargit aux dimensions de l'univers* » (*VR*, 160). Tous, sauf l'homme. Car, être parlant, il est tributaire d'un langage qui découpe et isole, dans le monde sur lequel il les projette, des entités stables (à la lettre, des *abstractions*), lesquelles sont autant de substituts symboliques (Giono parle volontiers de "*reflets*" : « *Quoi qu'il fasse, le savant s'approche toujours du monde comme l'astronome s'approche de la nébuleuse : avec un télescope. Il a beau multiplier les grossissements, il regarde toujours un reflet dans un miroir* [...]. » (« Provence » ; *EV*, 206)) de ce qu'elles nomment, décrivent et ordonnent. De là, la défiance de Giono à l'égard de la parole — dans le temps même où il en fait le plus remarquable usage —, et donc aussi de l'intelligence (le chapitre II de *Les Vraies richesses* est fait d'un dialogue amer et tragique entre le vieil Œdipe aux yeux crevés, s'efforçant désespérément de retrouver la jouissance du monde sensible, et sa fille, qui figure l'intelligence et, alléguant la supériorité du « *comprendre* » (*VR*, 188) sur le vivre, tente de lui inspirer le désir d'être « *dieu* » : « *L'intelligence est une Antigone misérable et majestueuse.* » (183)) et enfin de la science, du reste une des cibles de notre essai :

Tandis que l'invraisemblable romantisme scientifique tend à dominer, donc à s'éloigner, à regarder de haut, à se retrancher, à examiner d'après des plans cavaliers, à maîtriser l'extérieur dans des cartes et des reflets, à JOUER AVEC DES SYMBOLES, l'ordinaire romantisme de tout mon appareil sensuel me pousse à m'accrocher, comme dans la silencieuse pétarade de mille vrilles de viornes ou la gluante succion de poulpe, à joindre, à pénétrer, à m'effondrer dans les choses comme le jaillissement chaud d'un liquide vivant, à perpétuellement REDEVENIR DANS LE CATALOGUE DES FORMES.

(« Provence » ; *EV*, 207)

Ainsi l'homme s'acharne-t-il à construire et à préserver « *la forme désirée du rythme immobile et de l'ordre* » (« Aux sources mêmes de l'espérance » ; *EV*, 201).

124

On comprend que la perspective de perdre son intégrité individuelle en replongeant dans le creuset originel lui cause une *terreur panique*. D'autant que, pour lui qui s'est soustrait à la circulation générale des forces et des formes, qui a cru pouvoir sortir de la roue, le creuset se change en *bouche dévoratrice* (et même, l'œdipe se greffant sur cette problématique relation au monde maternel, castratrice : c'est la *vagina dentata*) et le paradis naturel s'inverse en un inhabitable enfer. Giono appelle *perte* l'élan irréductible qui pousse à s'ouvrir et à se fondre, à « [s]'*effondrer dans les choses*» (*EV,* 207), et *avarice* la volonté farouche de *demeurer* comme être individuel, qui conduit à se replier sur soi, à se refermer. Et comme la conflagration généralisée des forces en mouvement est constamment assimilée par Giono à des *batailles*, l'homme « *avare de lui-même* » (*Noé,* 664), en tant qu'il fuit ces batailles, devient un *déserteur*. Il fuit la bouche-en-bas en se réfugiant sur une hauteur (le prototype étant un *haut pays*) et, de là, il assouvit son irrépressible désir de perte en contemplant avidement, par le regard, la mort de ceux qui s'abîment dans la bouche, la perte des autres dans le monde en bas. Seul le personnage mythique du Grand-Père échappe à cette propension fatale à la désertion : dans des temps héroïques, lui a su affronter les batailles-en-bas, quitte à y mourir en gloire. Une des plus claires incarnations romanesques de ce mythe du Grand-Père gionien est celle de l'ancêtre des Jason dans *Deux cavaliers de l'orage*, « *Jason le Vieux* » (*DC,* 3), qui, en 1793, prit une part active aux combats révolutionnaires.

Davantage : le déserteur-avare crée avec sa parole un monde factice, un *"contre monde"* (de Janet, dans *Colline* : « *Ça s'est tout construit : un monde né de ses paroles.* » (*C,* 209)), dans lequel il donne ses personnages en pâture à la bouche, jouissant ainsi d'une *perte indirecte*, par victimes interposées. Ainsi, dans *Naissance de l'Odyssée*, le guitariste raconte aux voyageurs réunis le soir à l'auberge qu'il a vu naguère la tartane d'Ulysse en proie à une tempête (disant « *la pitié me saisit pour ces gens que la glauque force broyait* » (*NO,* 29)), et qu'elle « *traînait ses mâts empêtrés dans les voiles et les cordes comme de grandes ailes*

125

brisées » (voilà pour la castration symbolique), puis qu'elle « *disparut dans* LA GUEULE AUX DENTS D'ÉCUME ». Il en conclut que « *la mer est* UNE RUDE MANGEUSE » (30) (voilà pour la dévoration[10]).

Voir, savoir, parler et, de sa parole démiurgique, bâtir un *"contre monde"* rivalisant avec le vrai, et dont les personnages se frottent à sa place à la *bouche* désirée : tel est le scandaleux programme du déserteur avare. Personnages, en effet, puisque l'avare par excellence, à ce compte, c'est l'écrivain lui-même. Écrire, c'est substituer au monde réel un monde de sa fabrication, dans lequel on puisse assouvir son désir de se perdre *à blanc*, noir sur blanc, par procuration. Et comme le monde naturel, dans ses incessantes métamorphoses, balaye toutes les formes figées, *arrêtées*, les submerge, il est assimilé à un *déluge* par l'écrivain, lequel devient un Noé dans son arche : tel est le fondement de ce livre hors du commun intitulé précisément *Noé*[11], dans lequel Giono a pour la première fois donné le nom de *perte* et d'*avarice* aux deux tendances symétriques et opposées, ou plutôt aux deux modes opposés d'effectuation du désir. Or ce mot *désir* est particulièrement récurrent dans *Les Vraies richesses*. Cependant, pour que le livre, monde factice, puisse valablement remplir son office, à savoir constituer pour le désir un leurre crédible, l'écrivain Giono fait tout, chaque fois, pour *naturaliser* son texte, le dotant le plus possible des attributs cardinaux du vrai (consistance, épaisseur, prolifération vertigineuse ou labyrinthique, démesure monstrueuse, etc.) afin que, loin de lui apparaître à lui-même un stérile désert de papier, il puisse le prendre pour le réel même, ou en tout cas pour quelque chose s'en approchant.

II. *LES VRAIES RICHESSES* : UN SOCIAL ANTI-NATUREL.

déplacement de la bouche dévoratrice

La première, principale et décisive altération que l'essai *Les Vraies richesses* fait subir à cette *grammaire*, c'est qu'il occulte ce qui en constitue pourtant le centre, à savoir la bouche dévoratrice comme source et moteur du monde naturel, et aussi par conséquent ses effets sur l'homme : terreur, avarice, désertion, création d'un *"contre monde"* livresque. Ce n'est pas rien ! Mais ce n'est pas non plus le tout. Toutes les autres propriétés naturelles du monde sont là : libre essor des forces-formes, ouverture généralisée, transformations permanentes, beauté de tout ce qui s'accorde à ce fonctionnement cosmique. Or l'absence de la bouche effrayante détermine une autre modification de taille : alors que l'*obéissance* à ce fonctionnement, à « *la loi du monde* » (VR, 241), était jusqu'alors, peu ou prou, dans les romans antécédents, un idéal constamment réaffirmé, mais impossible à atteindre, sauf, ponctuellement, en de rares occasions (par exemple dans l'ivresse heureuse des convives participant au banquet de *Que ma joie demeure*[12]), ici, elle a effectivement lieu : dans l'accomplissement de lui-même par totale ouverture que constitue la décomposition du cadavre de Bobi dans l'herbe (159–61), dans le travail de la matière vivante qui fait l'excellence des métiers artisanaux et confère la *joie* à qui les pratique, dans la fabrication retrouvée du pain, dans la danse des villageois célébrant cette résurrection, dans la restauration qui s'ensuit d'une authentique *communauté*, enfin dans le prodigieux mythe de la « *forêt en marche* » (237), en ce qu'il débouche sur un éclatement de tout ce qui, dans la ville, entravait le libre épanouissement de la vie.

Cependant, la bouche dévoratrice n'a pas disparu. Ce serait impossible aussi bien, puisqu'elle constitue la pointe sur laquelle repose l'ensemble de la *grammaire*, donc aussi de l'œuvre de l'écrivain. Elle n'a pas disparu, elle a été déplacée, en même temps qu'elle changeait radicalement de nature. Et c'est justement parce que Giono a, jusqu'à un certain point, évacué la "bouche" en la déplaçant, qu'il peut déclarer, comme il le fait dans la Préface, que « *l'apprentissage panique* [*est pour lui*] *fini* » (VR, 150) et qu'il n'a désormais « *plus peur de la vie* », ayant obéi à l'« *ordre* » donné par son « *sang* », qu'il s'est alors « *senti sans frontières* » (151) et « *mélangé* » aux choses au point de « *joui*[r] *du monde* » comme font « *l'orage, la pluie, le vent, le ciel* » auxquels il s'est de la sorte assimilé, un monde dont il éprouve, non plus l'inquiétante menace inspirant la terreur panique, mais au contraire l'« *exquise solidité* ». Cependant — et c'est bien là-dessus qu'embraye l'essai — quelque chose de massif fait obstacle à la « *joie corporelle et spirituelle immense* » ainsi conquise, c'est « *la misère* » (153), en ce qu'elle lui interdit de la partager, cette joie. C'est alors qu'il développe sa critique de la machine capitaliste, déplaçant sur elle la faculté de dévoration qui jusqu'alors était le propre de ce monde naturel auquel il se dit maintenant euphoriquement « [*m*]*êlé* » (151).

Déjà, le roman *Le Grand troupeau* (1931) proposait une vision hallucinée de la guerre de 1914 comme bête dévoratrice[13]. Ce qui constituait pour l'auteur une première façon de greffer la critique sociale et politique sur les structures de l'imaginaire sous-tendant l'ensemble de son œuvre[14].

Dans *Les Vraies richesses*, la dévoration est devenue le fait de la société de l'argent, qui tend à tout assujettir au « *capital* » (*VR*, 202). Quand il vient à Paris, l'écrivain séjourne dans un hôtel de la bien nommée rue du Dragon. Des hauteurs de Belleville, il devine, en bas, le quartier où se trouve « [*s*]*on hôtel du Dragon* » (174). Il s'interroge alors sur ce qui l'a « *fait mystérieusement choisir cette rue, cet hôtel au nom* DÉVORANT *et enflammé* ». Et même s'il sait fort bien, ajoute-t-il, que « *le monstre aux écailles de feu* », avec « *sa puanteur intestinale* », n'est que le mythe de « *cette ville de misère physique et spirituelle, cette ville de pauvreté et de médiocrité, cette ville d'erreur et d'amour de l'erreur* », il n'en reste pas moins qu'une équivalence vient d'être posée entre Paris, symbole, comme déjà chez Balzac[15], de « *l'enfer* » que constitue, pour le désir, l'organisation socio-économique moderne, et un monstre dévorateur. Or à la fin de l'essai, parmi les monstres que la « *forêt en marche* » (237) chasse devant elle et supprime, « [*i*]*l y a la destruction des richesses de la terre qui est à la fois un léopard et un oiseau* » (240). Avec ses ailes, « *il fait siffler des tumultes d'air dans les grands brasiers où l'on brûle le coton, le café, la laine, le blé, le riz, le chanvre, le thé, les fourrages, les troupeaux de cochons, les troupeaux de vaches, les richesses de tout le monde* ». Cette image du *"brasier"* est la cruelle transposition sociale du *creuset* naturel, lequel se convertit encore en la gueule du monstre, véritable *vagina dentata* en même temps que métaphore de l'avidité du capitalisme : « *Sa gueule a vingt rangées de mâchoires avec des dents espacées, triangulaires et tranchantes comme les dents des faucheuses mécaniques*[16] ; *elle mâche sans arrêt des enfants, elle les avale, elle se lèche avec ses vingt langues ruisselantes de sang, elle hurle des cours de bourse.* » (241). Le monstre capitaliste a en effet régulièrement besoin de la guerre pour se relancer, et la toute dernière page, où l'écrivain presse son lecteur d'opter pour « *les vraies richesses, [s]a patrie* » (255), reprend de façon saisissante l'image du monstrueux brasier dévorateur, lequel aussi bien inspire une *"terreur"* analogue à celle que suscitait la "bouche" cosmique[17], « *la terreur des premiers hommes* » (150) :

On t'a donné à la place une patrie économique, UN MONSTRE QUI EXIGE PÉRIODIQUEMENT LE SACRIFICE DE JEUNES HOMMES. Tu songes AVEC TERREUR à ces temps de l'ancien Mexique où l'on vendangeait tous les mardis des grappes d'hommes sur l'autel de Tezcatlipoca. La patrie qu'on t'a inventée a plus d'appétit encore. Tu es aussi loin d'elle que de ce jaguar à torse de FOURNAISE. Rien ne t'attache humainement à ce faisceau de lois inhumaines et cruelles. Rien n'a été fait pour tes bras, pour ton cœur, pour tes lèvres. Ton intelligence est incapable de te défendre contre le monstre ; il bave une salive intelligente, un alcool qui te fait accepter aveuglément d'être JETÉ DANS LE BRASIER DE SON VENTRE. (*VR*, 255)

La société capitaliste, en ce qu'elle est délétère, emprunte un autre aspect au monde naturel, celui du déluge. Une première rédaction parlait de « *cet* OCÉAN *de la civilisation de l'argent* » (VII, 219 c, p. 1018). Le texte définitif comporte ceci : « *La civilisation de l'argent est en train de tout engloutir* SOUS SON DÉLUGE ; *au creux de ses vagues se balancent des cadavres de femmes et d'enfants morts de faim.* » (*VR*, 220). Le déferlement final de la "forêt en marche" prendra nettement l'allure d'un *contre-déluge*, et cela reviendra à restaurer l'ordre naturel des choses, qui est diluvien.

Cependant, en vertu de quelle logique interne à la vision gionienne ce déplacement du caractère dévorateur et diluvien du monde au fonctionnement de la société de l'argent s'effectue-t-il, et, davantage, se justifie-t-il ? Voici le cheminement logique qui a présidé, ce me semble, à ce déplacement décisif.

Au commencement est la désertion qui, toujours chez Giono, pousse les hommes, ces rejetons dénaturés du mythique Grand-Père, à fuir l'en bas dévorateur-castrateur de la bouche et des batailles, comprenons des vraies batailles naturelles, des batailles *grandeur nature*, celles qui consistent en le corps à corps avec la terre : « *Les hommes ont créé une planète nouvelle : la planète de la misère et du malheur des corps.* ILS ONT DÉSERTÉ LA TERRE. *Ils ne veulent plus ni fruits, ni blé, ni liberté, ni joie.* » (*VR*, 153). Cette propension à la désertion, qui implique une fermeture au monde, est d'autant plus marquée que l'intelligence et la fausse science — nous allons les retrouver — sont plus développées, le corps, qui y trouve donc son « *malheur* », étant, lui, à l'inverse, porté à obéir aux « *lois du monde* » (183) : « *Les plus libres même dédaignent la véritable science et passent leur vie à jouer avec des spéculations métaphysiques. Les gloires jaillissent autour d'eux comme des arcs-en-ciel ; ils s'enferment,* ILS SE RETIRENT D'UN MONDE QUE LEUR MISSION EST D'HABITER. » (152).

l'avarice

Le déserteur est, par définition et foncièrement, un avare : il refuse de s'abandonner aux transformations de la roue. L'écrivain s'adresse à celui qu'il essaie de convaincre de rentrer dans la roue : « *Tu croyais être le moyeu à partir duquel s'écarte la roue des choses ; comme tu ne pouvais le concevoir que dur et compact, tu t'imaginais toi-même dur et compact et ainsi tu le devenais car l'imagination construit et tes limites se resserraient autour de toi.* » (*VR*, 183). Il l'engage à se replacer « *à* [*s*]*a place naturelle* » (182) : « *Tu éprouveras une ivresse pleine d'angoisse.*

Tu n'es plus au moyeu de la roue mais dans la roue et tu tournes avec elle. ». L'avare s'imagine « *au moyeu de la roue* », comme au centre des choses, et pense en commander le mouvement. Or, dans *Les Vraies richesses*, ceux qui occupent la place de l'avare, ce sont, superlativement, les capitalistes, « *ceux qui manœuvrent l'idole* » (255) et aussi les gouvernements (« *Dans chaque griffe il tient le sceau de bronze d'un gouvernement.* » (240), est-il dit du monstre mi-léopard mi-oiseau dont la gueule « *hurle des cours de bourse* » (241)), les uns et les autres siégeant, emblématiquement, à Paris, « *ville de lésine* » (217), ceux qui, pour assouvir leur désir de perte sans en payer le prix, donnent en pâture à la machine capitaliste — au monstre dévorateur — les ouvriers, les employés, les jeunes hommes, cette *chair à canon*, les pauvres, les misérables.

Le fonctionnement de la société de l'argent est donc, de ce point de vue, tout à fait semblable à celui du *"contre monde"* pour celui qui était jusqu'alors l'écrivain-avare : dans les livres qu'il compose à cette fin, il voue tels ou tels personnages à la perte, pour jouir de celle-ci indirectement, par créatures interposées. Quitte à déléguer dans ces fictions un double, un personnage qui soit le portrait de l'écrivain en sacrificateur, comme M. V. dans *Un Roi sans divertissement*[18]. Comme le *"contre monde"* du romancier, le système capitaliste est pour Giono une *anti-nature*. Avec cette différence énorme, toutefois, que ce système n'est que trop réel, quand les livres, eux, n'ont de réalité que celle du papier. Différence qui entraîne cette conséquence, également essentielle, que l'écrivain, qui faisait tout pour donner quelque épaisseur à ses fictions, pour les faire peu ou prou exister, *pour les naturaliser*, proclame à l'inverse, dans *Les Vraies richesses* : « *Cette société bâtie sur l'argent, il te faut la détruire avant d'être heureux.* » (VR, 254).

entassement

Le monde naturel est un « *effroyable amas de matière vivante* » (VR, 150), plein de « *lianes* » et de « *feuilles* » prêtes à vous saisir :

131

on voit que la démesure monstrueuse de cet *"amas"* est un autre visage, effrayant, du creuset ou encore de la bouche dévoratrice ; Giono ajoute d'ailleurs : « *La vie m'ensevelissait si profondément au milieu d'elle* [...]. ». Et il conclut : « [...] *la terreur des premiers hommes me hérissait comme un soleil.* ». Amas, ou *entassement* naturel : la route qu'emprunte saint Jean-Baptiste « *aborde la grande pente qui tranche* L'ENTASSEMENT DES MON-TAGNES » (178). Une fois les monstres modernes détruits par la forêt en marche, « [*p*]*lus rien de monstrueux n'apparaît, sauf* [...] *vers l'est*, DES MONTAGNES DONT L'ENTASSEMENT *étincelant comme une corbeille de roses se hausse jusqu'à la hauteur de leur vol* [aux pigeons à col bleu]. » (245). Mais ce sont là des monstruo-sités cosmiques, qui provoquent à « *l'héroïsme* » (246) véritable. Or l'avarice qui préside à la constitution de la société de l'argent réalise un entassement symétrique et opposé, ce que vient souli-gner l'emploi du même terme. La rue du Dragon : « *L'homme a beau l'allonger en perspective et* L'ENTASSER EN ORDRE ARCHI-TECTURAL, *elle n'a pour moi que la densité effroyable des choses mortes.* » (164). Paris : « *Dans cette ville* OÙ LES HOMMES SONT ENTASSÉS *comme si on avait râtelé une fourmilière, ce qui me frappe, me saisit et me couvre d'un froid mortel, c'est la viduité.* » (165). Foule dans la rue de Belleville : « *Ce n'est pas un corps organisé, c'est* UN ENTASSEMENT. » (172). Remontant cette même rue : « *De temps en temps, je m'arrête, je tourne la tête et je regarde vers le bas de la rue* OÙ PARIS S'ENTASSE. » (174). Il y a là une sorte de contre-accumulation qui s'efforce de conférer à ce *"contre monde"* maladif et sans substance, sans ancrage dans le réel, de la ville, quelque chose de l'épaisseur et de la démesure du vrai.

l'argent

Revenons au parallèle entre l'écrivain-avare et le profiteur capi-taliste. Il y a encore une différence majeure entre eux et elle concerne cette fois la qualité de jouissance que l'un et l'autre retirent du dispositif de perte indirecte que chacun, à sa manière,

132

fomente. Dans l'écriture de ses œuvres, l'écrivain recherche et, jusqu'à un certain point, obtient une authentique jouissance. Ce n'est pas ici le lieu de détailler le mécanisme complexe de cette jouissance : il y entre du voyeurisme et de la fascination (il est le premier à contempler, comme en un théâtre, un « *théâtre du sang* » (DC, 96), la perte infligée à ses propres créatures), de la surprise, du vertige, et aussi la délectation sensuelle qu'il y a à travailler, comme les artisans qu'il célèbre maintenant dans cet essai, de paradoxales mais vraies *matières* : papier, plume, encre. On sait que Giono y était jalousement attaché ; il faut à ce propos citer son *Journal* : « *Je n'ai besoin que de créer des œuvres d'art. C'est ma jouissance. Je jouis d'elles comme d'un corps.* » (J, 235). En revanche, la jouissance qu'en principe le capitaliste retire du sacrifice de ceux qu'il livre à la dévoration du monstre, cette jouissance est à la lettre désincarnée. En effet, elle se réduit à du papier, un papier, lui, insubstantiel :

Ils [« *Les hommes* », *mais la suite montre bien qu'il s'agit de ceux qui commandent le système*] ont des morceaux de papier qu'ils appellent argent. Pour avoir un plus grand nombre de ces morceaux de papier, ils décident subitement de faire abattre et d'enterrer cent soixante mille vaches parmi les plus fortes laitières. Ils décident d'arracher la vigne car, si on ne l'arrachait pas, le vin serait trop bon marché, c'est-à-dire ne pourrait plus produire des morceaux de papier en assez grand nombre. À choisir entre les morceaux de papier et le vin, ils choisissent les morceaux de papier.

(VR, 153)

On brûle aussi le coton. Aux « *chômeurs de l'Illinois* » (VR, 153) qui demandent à pouvoir en remplir leurs matelas, ce qui « *adoucirait [leur] misère* », « *les producteurs de coton* » répondent : « *Non, non, vous n'y entendez rien. Il ne s'agit pas de vous. Ce coton est en trop car, s'il continuait à exister, le prix du coton baisserait et nous, les producteurs de coton, nous aurions un peu moins de petits morceaux de papier.* ». À ce compte, si la terre produit de tout en abondance, c'est la catastrophe : « *L'homme tremble. L'immense terreur collective ébranle la société ; nos morceaux de papier, nos morceaux de papier ! Gouvernements, ministres, députés, rois, empereurs, lois, lois, lois humaines, au secours ! Nous avons trop de tout, vite, vite, mettons le feu aux champs, éreintons le verger à coups de hache, tuons les vaches, [...] et si ça ne va pas assez vite : canons, canons, canons !* » (154).

On aurait tort de juger naïve cette imprécation, aux accents épiques, contre le règne universel des *"petits morceaux de papier"*, qui conduit Giono à conclure ainsi ce passage : « *La société construite sur l'argent détruit les récoltes, détruit les bêtes, détruit les hommes, détruit la joie, détruit le monde véritable, détruit la paix, détruit les vraies richesses.* » (*VR*, 155). Il ne tenait pas d'autre discours, déjà, dans *Que ma joie demeure*, quand il faisait dire à Bobi, à propos du surplus de blé qu'on a revendu pour en faire de l'argent, en retirer des « *billets* » (*Q*, 459) qu'on *serre* dans l'armoire : « *À ce moment-là, tu t'aperçois que tu es un lépreux.* ». Or ce qu'il appelle *lèpre*, c'est, rappelons-le, cette gravissime maladie du désir humain, qui ne peut s'accomplir qu'en se mariant au monde maternel, mais en est empêché par l'avarice ; lequel instinct de conservation pousse à la constitution d'un monde factice où l'être se préservera en réalisant son désir par procuration, *à blanc*. Et en effet Bobi ajoute : « *Il y a une partie de ton travail qui est perdue. C'est celle qui s'est* TRANSFORMÉE EN PAPIER *[...].* ». La virulente critique du système capitaliste à laquelle Giono se livre dans *Les Vraies richesses* ne se fonde pas seulement sur les destructions absurdes et tragiques qu'il entraîne, ou plutôt qu'il implique, elle s'alimente à une conviction très profonde : conviction que *la substitution du symbolique au réel* tue non seulement, on vient de le lire, « *les vraies richesses* » (*VR*, 155) et « *la paix* », mais aussi toute chance d'atteindre si peu que ce soit à « *la joie* » ; qu'en d'autres termes, elle conduit non seulement à « *la misère* » (153 et *passim*) matérielle, mais aussi et surtout à la détresse morale, à une solitude désespérée et irrémédiable. Et il faut bien dire que l'état actuel du monde apporte beaucoup d'eau à *la roue de son moulin*.

Encore une fois, ce n'est pas par simplisme, ou passéisme, ou pauvreté d'information ou de raisonnement ou d'argumentation, que Giono insiste sur les *petits morceaux de papier* à quoi se réduit le sacro-saint argent, c'est parce qu'il a compris une fois pour toutes que le passage du réel sensible à *l'abstraction* détermine, de manière irréparable, des désastres en chaîne. En se remettant à fabriquer eux-mêmes leur pain, les villageois du Trièves, affirme-t-il, ont « *retrouvé leur condition première. [...] Le monde moderne les a éloignés de la matière pour ne leur en donner que* LA REPRÉSENTATION ÉCONOMIQUE. *Ils ne connaissaient plus l'aboutissement logique de leur travail, ils n'en connaissaient plus que l'aboutissement capitaliste. Voilà qu'ils découvrent les vraies richesses [...].* » (VR, 204-5). Ces phrases concentrent l'essentiel du raisonnement et de l'argumentaire que Giono développe dans son essai, avec autant de vrai courage que d'emportement lyrique[19]. Les trois mots clés en sont : *matière, représentation, travail.*

La "*représentation économique*" de "*la matière*", qui se substitue au rapport immédiat, direct, sensuel avec la matière vive, et par conséquent s'en abstrait, c'est donc l'argent. Et Giono est en plein accord avec son sens aigu et sa revendication farouche du réel quand il pourfend « *la folie de l'argent* » (VR, 155), dénonce ceux qui, d'abord, en avares, « *le contingentent, [...] le retiennent, le* SERRENT *dans des murs de béton, dans de gros coffres-forts à blé, [...] l'*ENFERMENT, *[...] poussent les gâches des grosses portes* » (201)[20], puis, « *quand ils s'aperçoivent que le blé "contingenté" ne peut plus* ÊTRE TRANSFORMÉ EN SOUS, EN ARGENT, EN CAPITAL* » (202), « DÉNATURENT *le blé* » (203) pour le rendre impropre à la consommation, alors que des millions d'hommes meurent de faim. On comprend que ce mot *dénaturer*, pris à la lettre, lui parle : il est précisément question d'arracher le blé à l'ordre naturel, de l'en abstraire pour préserver ou renforcer l'ordre de la représentation. Et Giono constate avec amertume que « *dans notre société, l'argent est la seule valeur, l'argent est la seule richesse* » (199). Il s'adresse aux profiteurs : « *[...] pour vous qui n'êtes pas le populaire, mais qui êtes les riches et les forts, l'état, la société, votre société, votre social, il ne s'agit plus de manger ou de faire manger, mais votre seul souci est de faire produire de l'argent.* » (204). L'argent, substitut universel, telle est la tragédie. L'auteur s'en prend au courtier de Mens : « *Tu es comme ceux qui dénaturent ; tu es un produit de cette société* DANS LAQUELLE L'ARGENT EST TOUT, ET D'OÙ [*sic*] ON PEUT LE FAIRE DE TOUT — CE QUI INDIQUE BIEN QU'IL N'EST RIEN. » (218). Il est donc encore pleinement dans son rôle quand il met obstinément en garde contre les « *fausses richesses* » (178, 205, 242), et voue Paris à la destruction, Paris, parangon de cette société où n'a plus cours que le faux : « *Tu trompais la jeunesse des enfants avec de* FAUSSES MYSTIQUES, *tu faisais travailler les hommes pour de* FAUSSES RICHESSES [...]. » (244). Or qu'est-ce que le faux ? C'est ce qui ressemble au vrai : sa contrefaçon, sa doublure, son double abstrait et creux, dénaturé, exsangue.

la matière morte

Ainsi la société de l'argent repose-t-elle entièrement sur l'artificiel, le faux, le refoulement de l'authentique, à savoir de la matière vivante et du rapport étroit avec cette matière. Les paysans qui se sont remis à faire leur pain, eux, ont de nouveau affaire avec « *la pâte* » (*VR*, 201, 204), c'est-à-dire, le pain étant, comme chez Ponge, un véritable microcosme[21], avec le monde en tant qu'il est, dans la vérité latente de son être, toujours à l'état naissant, en travail, en devenir (mythe profondément gionien, selon lequel « *la solidification de la terre* » a constitué « *la fin du véritable âge d'or* » (176)). Du coup, ils « *sont en contact avec la matière* » (205), en laquelle ils éprouvent et, par leur travail, mettent en œuvre, « *les lois naturelles de la transformation* » (166). À celui qui tresse des paniers avec des « *sagnes* » (251) : « *[...] réjouis-toi ; tu manipules des lois essentielles* » (252). À l'inverse, l'écrivain, séjournant à Paris, se « *sen[t] entouré de* MATIÈRE MORTE » (164). Il aime la rue du Dragon, où est son hôtel, mais, explique-t-il : « *J'ai essayé de la toucher comme on peut toucher un vallon ou une montagne. Pas de réponse au creux de ma main. La matière dont est faite cette rue n'a plus de goût. [...] elle n'a pour moi que la densité effroyable des choses mortes.* ». Les habitants de Paris ? « *Je sens tout ce à quoi la ville les oblige.*

Ils sont extérieurement déformés par le contact avec la cruelle matière de leur habitat. » (165). Les femmes ? « [...] *leurs pieds ne savent plus goûter la terre. Ils ont usé leur puissance divine sur* DE LA MATIÈRE ARTIFICIELLE, *sans artères magiques ; du ciment mort d'où il est impossible que surgisse cette élasticité électrique qui soulève et porte les pas.* ». La matière vivante se définit donc *a contrario* de ce qu'elle est irriguée d'*"artères magiques"*, comprenons qu'elle est parcourue par les dynamismes ou les flux qui la relient à la circulation universelle des forces et l'abouchent avec le matriciel creuset. « *Les objets fabriqués* » (166) par le travail en usine « *impersonnel, collectif* », affirme Giono, « *ont d'invisibles bavures où s'accroche et s'irrite la peau de mes doigts. Aucun ne fait jouir mes mains. Leur matière est agonisante. L'ouvrier n'a eu ni le temps, ni l'envie ; il n'a plus l'esprit* DE CONSERVER LA VIE À LA MATIÈRE QU'IL TRAVAILLE. ». La *Lettre aux paysans sur la pauvreté et la paix* (1938) redira avec une parfaite netteté la discontinuité désastreuse que l'argent, « *cette valeur zéro* » (VII, 558), introduit entre le paysan et la matière, ou la terre : « *Le plus grand ennemi du paysan, c'est l'argent. Lui seul peut* S'INTERPOSER DANS CETTE LIAISON DIRECTE TERRE-CORPS QUI EST LE SENS DE LA PAYSANNERIE. » (553).

un travail dénaturé

Soumis aux lois de la productivité capitaliste, le travail ouvrier, aux antipodes des « *travaux naturels où jamais rien n'est esclavage* » (VR, 213), ne peut en effet qu'être foncièrement aliéné : un travail qui détruit celui qui l'accomplit, physiquement — la Préface insiste sur le délabrement du corps des ouvriers (155) — et moralement (il est en passe de n'avoir plus ni « *espoirs* » (167) ni « *désirs* », « *le travail* [*ayant*] *tué toutes* [*ses*] *facultés de révolte* » (168)), produit des objets tristes parce que la matière dont ils sont faits est « *agonisante* » (166), et n'a pour seule et vaine finalité que l'argent qu'il rapporte en quantités toujours plus grandes. Le spectacle de la rue, à Paris, en administre la preuve désolante : « *Jusqu'à 9 heures du matin, la rue sert de couloir à ceux qui vont au travail. Le travail ici n'est plus à la mesure de l'homme, ni de sa joie, ni de son cœur. Il est devenu laid, inutile et* DÉVORANT. » (166). L'adjectif est lourd de sens : le travail industriel participe logiquement de la dévoration qui est le propre du monstre capitaliste ; il fournit à ce dernier sa ration de chair humaine : « *Il semble n'exister que pour user de la matière humaine.* ». Les ouvriers, les gens des villes sont « *ceux que la philosophie de cette société construite sur la hiérarchie de l'argent a transformés en hommes mécaniques, incapables de sentir, capables seulement de produire sans discernement et inutilement pour tous — même pour le patron, en fin de compte* » (249). Les hommes astreints à ce travail mécanisé ne sont plus en effet que les rouages, et finalement que la *matière première* d'une monstrueuse machine qui tourne à vide :

Tout roule ici [*à Paris*] dans une loi implacable de machine. [...] La vie de chacun doit produire, la vie de chacun n'a plus son propriétaire régulier, mais appartient à quelqu'un d'autre qui appartient à quelqu'un d'autre, qui appartient à la ville. Une chaîne sans fin d'esclavage où ce qui se produit se détruit sans créer ni joie ni liberté. [...] les hommes et les femmes qui habitent cette ville sont devenus le corps même de cette ville et ils n'ont plus de corps animal et divin. Ils sont devenus les boulons, les rivets, les tôles, les bielles, les rouages, les coussinets, les volants, les courroies, les freins, les axes, les pistons, les cylindres de cette vaine machine qui tourne à vide sous Sirius, Aldébaran, Bételgeuse et Cassiopée.   (*VR*, 180)

misère

Le constat insupportable de la misère est, répétons-le, le point de départ de l'essai.

Giono dit avoir « *trouvé [sa] joie* » (*VR*, 151). Le principe de toute joie, « *le mélange de l'homme et du monde* » (148), il l'a fait sien, dans son expérience propre : « *Mêlé au magma panique* [...], *j'ai participé à toutes les vies. Je me suis véritablement senti sans frontières. Je suis mélangé d'arbres, de bêtes et d'éléments* [...]. » (151). Cette « *mystique* » (175) du mélange, il l'a poussée si loin qu'elle lui a permis de surmonter la peur de la mort. Le corps à corps avec la matière, pour ainsi dire, fait toucher du doigt « *les lois naturelles de la transformation* » (166) auxquelles elle est vouée comme l'est tout être vivant et pousse à « *se mettre d'accord avec le monde qui vit, se transforme et n'est jamais le même* » (209). Ainsi, affirme Giono, « *la matière* [...] *ne nous cache pas la mort par des murmures de génie, elle nous la présente à tous les pas, elle nous l'offre, elle nous en caresse, elle en fait, non plus une injustice, mais une justice, une sorte de connaissance totale* » (151). C'est pourquoi Bobi mort dans l'herbe et dont le cadavre est *travaillé* par les insectes est réputé être « *à ce moment-là, en pleine* science » (160). Aussi Giono estime-t-il pour finir que les « *lois de la matière nous obligent à l'espoir* » (151).

Cependant, cette joie qu'il a conquise, il la perd s'il ne peut « *la partager avec tous* » (VR, 152). Et il ajoute : « *Mes délices demeureront quand ils seront communs. Mais quand la misère m'assiège...* » (153). Car la société de l'argent, montre-t-il alors, engendre « *la misère du peuple* » (202) puisque, dans sa course à la multiplication effrénée des « *morceaux de papier* » (153), elle détruit les productions utiles à la vie, sacrifie « *les vraies richesses* » (155 et *passim*), et condamne un nombre toujours plus grand d'hommes à se plier au fonctionnement de cette démente machine. Ce qui conduit au constat : « *L'ouvrier est le seul qui habite totalement dans la planète de la misère et du malheur des corps.* » (154).

Giono dresse un tableau accablant de cette misère. Mais il s'attache au moins autant à décrire et à dénoncer la misère morale des habitants de cette "*planète*" nouvelle. S'il célèbre « *le genre de vie* » (VR, 249) de ses amis montagnards, une vie pleine et équilibrée qui a su atteindre à « *l'accord avec l'essence même des choses* » (165), c'est pour déclarer que ce genre de vie « *peut sauver du désespoir tous ces hommes d'à présent, jeunes ou vieux, noircis de n'être rien, certains de n'être jamais rien* » (249). Parmi les « *monstres* » (239) que poursuit et élimine la forêt en marche est une « *bête* » (240) qui semble résumer toutes les autres et symboliser la malfaisance radicale de la société de l'argent. Au contact de cette bête, « *l'homme [...] n'est plus rien. Il ne réagit plus. Il est l'esclave de la bête.* [...] *Mais, le plus terrible, c'est qu'avant la mort divine, cette bête qui fait tout fuir de l'homme installe la mort terrestre. Il n'a plus rien. Il n'est plus capable de joie ni de rien : il travaille dans de terribles champs couverts de neige et d'arbres noirs, avec, comme seule espérance, la mort.* ».

fermeture et solitude

Un tel désespoir procède de la solitude irrémédiable — dans les conditions qui sont celles de cette société — résultant de l'impossibilité du mélange : ni les formes du travail aliéné, qui interdisent la jouissance de participer à la transformation de la matière, ni le cadre de vie urbain, qui coupe de toutes racines, donc de tout enracinement dans la terre, berceau des métamorphoses (Giono, quant à lui, déclare d'emblée : « *Pour vivre, il faut que je sois tout poilu de racines : comme une sorte de fleur de mer, mais qui flotterait au milieu de la chair durcie des montagnes et des hommes.* » (VR, 163)), ne permettent aux individus d'accomplir leur désir et leur destin en retrouvant leur nature première d'« *éléments cosmiques* » (149).

Il ne s'agit donc pas de la « *solitude* » (VR, 182) supérieure qu'assume joyeusement celui qui, au contraire, s'arrache à l'emprise de la ville (il faudrait, estime Giono, que « *tout le monde se débarrasse de sa ville* » (170)) et accepte, à l'invitation pressante de l'auteur, de n'être « *plus au moyeu de la roue mais dans la roue* » (182) et de « *tourne[r] avec elle* », c'est-à-dire non plus fermé désespérément sur lui-même, mais enclin à l'obéissance, donc au mélange : « *Solitude était devenu un mot terrible, il imaginait les frontières de tout et voilà que tu te sens déjà* MÉLANGÉ *au ciel qui s'éclaire, à l'oiseau qui vole, à la nuit qui se retire en entraînant ses renards.* » (183). Il importe, pour obéir, de renoncer à la fermeture avaricieuse sur soi : « *Tu étais* ENFERMÉ DANS TA PEAU. *Tu te rendais de plus en plus imperméable.* [...] *Mais les lois du monde t'obligeaient à* L'OBÉISSANCE. ». En revanche, la solitude à laquelle condamne la société où l'argent se substitue à toute réalité est pauvre et désespérée. Il y a un hiatus douloureux entre ce à quoi continue d'aspirer le corps, et le regard, que la fermeture au monde a éteint, chez ceux que l'écrivain observe dans un restaurant de la rue de Seine et à qui il s'adresse en pensée : « [...] *pendant que solitaires vous rêvez, brutalement* REFERMÉS SUR VOUS-MÊMES —, *je vois la couleur de votre regard qui n'obéit plus à votre sang, mais à une ombre de votre sang.* » (171). Une « *ombre de votre sang* » : encore cette réplique fantomatique qui vient doubler l'original refoulé. La foule que l'auteur croise rue de Belleville « *est comme une solitude. Mais alors, elle aurait du charme ? Mais elle est une solitude qui ne vous appartient pas, inféconde ; une solitude qui est séparation et non pas union du meilleur de l'esprit à travers les distances, une solitude qui n'est pas harmonie et divin concert, mais le silence total de l'âme par étouffement.* » (172).

L'extraordinaire passage où Œdipe, aveuglé, est conduit par Antigone, sa fille, allégorie d'une « *intelligence* » (VR, 183) desséchée, car détachée du corps, et souffre d'être tenaillé par le « *souvenir du monde* » (186), du temps où il pouvait voir « *les couleurs et les formes* » (187), où il était encore sensuellement relié aux choses, ce passage propose une définition capitale de ce qu'est « *la tristesse des hommes* » (190) selon Giono — de sorte que l'aveugle est une incarnation pathétique, ou plus exactement le mythe, de la condition humaine —, déchirés qu'ils sont entre la maîtrise raisonnable qu'ils pensent et veulent avoir de leur vie, et la « *matière dont [ils sont] fait[s]* » (189), c'est-à-dire leur corps, irrigué par un sang qui virtuellement les voue à se mélanger au « *magma panique* » (151), et donc « *obéit à des lois étrangères* » (190), étrangères à leur « *volonté* ». Il y a donc, constate amèrement Œdipe, « *désaccord entre ce qui m'obéit et ce qui ne m'obéit pas* » (191), de sorte que « *[l]'homme est sans remède* ». Cette « *solitude* » proprement tragique de l'individu, « *enfermé dans [s]a peau* » (183) et condamné à ne saisir que les *reflets* des choses, est celle de l'homme gionien en général, avant que l'engagement qui décide de cet essai *Les Vraies richesses* n'en déplace la cause (ou en tout cas ne modifie sensiblement l'importance relative des causes, existentielle et sociale), rendant ses chances au « mélange ». Et ce sera celle des personnages gioniens après, quand l'espoir qu'il met ici dans la paysannerie pour régénérer la société et réconcilier l'homme avec sa vie aura reçu un démenti de l'Histoire. L'*ennui* profond résultant de cet enfermement et de cette solitude, sensible déjà dans *Que ma joie demeure*, sera décuplé dans *Un Roi sans divertissement*. On notera toutefois qu'Œdipe conserve un espoir et qu'il le met dans la nécessité de « *faire une grande chose commune* » (190) et dans l'effort, qu'il entend consentir, pour « *être une force de mélange et d'amour* » (191), par où son discours, qu'il faut maintenant citer tout du long, embraye finalement sur celui de l'auteur :

Au nom de l'espérance j'ai fait se dresser autour de moi des forêts d'hommes et de femmes. J'ai entrelacé mes bras à d'autres bras pour FAIRE UNE GRANDE CHOSE COMMUNE. Parce qu'il me semble que dans les choses communes je peux contenter ce besoin de me donner et de recevoir. JE VOUDRAIS CESSER D'ÊTRE UNE CHOSE FERMÉE. Je voudrais être ouvert comme un couloir ou comme un hangar des îles océanes. La forêt s'est desséchée parce que mon bras a une peau et que cette peau est ma limite. Il n'y a pas d'espérance puisque mes artères rebroussent chemin quand elles arrivent près de ma peau et qu'elles ne feront jamais un canal continu avec les artères de ceux que j'aime. (*VR*, 190)

intelligence et science

Elles aussi sont doubles pour Giono. Ceux qui se remettent à faire eux-mêmes leur pain

sont en contact avec la matière. Ils se sont débarrassés d'un seul coup de cette fausse intelligence dont on les avait embarrassés et ils sont revenus à la simplicité — qui elle aussi est intelligence. Et par deux fois voilà que je me sers des mêmes mots pour désigner des choses différentes ; c'est tout simplement parce qu'il y a les vraies et les fausses. LA VRAIE INTELLIGENCE, LA FAUSSE INTELLIGENCE, les fausses richesses et les vraies richesses. (*VR*, 205)

La pierre de touche pour départager vraie et fausse intelligence, c'est le "*contact*", ou non, "*avec la matière*". L'intelligence est *"fausse"* dès lors qu'elle prend le relais, mais à son abstraite façon, d'un corps qui s'est atrophié et n'est plus en mesure d'obéir aux « *lois du monde* » (*VR*, 183) :

Tu étais enfermé dans ta peau. Tu te rendais de plus en plus imperméable. Tu te flattais d'être d'une énorme densité. Mais les lois du monde t'obligeaient à l'obéissance. Nul ne peut vivre séparé de son milieu. Tu avais détruit tes yeux, tes oreilles, ta bouche, le pouvoir de ton corps, la sensibilité de ta peau, bouché tous les corridors de ta chair. IL NE TE RESTAIT PLUS POUR PRENDRE CONTACT QUE TON INTELLIGENCE. Instinctivement tu savais que te séparer c'est mourir, tu as adoré ton intelligence qui te permettait encore de joindre et ainsi de persister. (*VR*, 183)

Cette intelligence-là est un attribut, du reste essentiel, de l'avare. C'est elle qui lui permet de convertir en leur équivalent symbolique, pour en jouir sans mourir, les choses muettes emportées dans leur divin devenir. Dans le sublime passage suivant, Giono, décidément d'un optimisme inhabituel, produit le mythe d'une expression des choses par la parole humaine qui ne serait pas murée dans sa "bulle" intelligente, mais en constituerait l'expansion vivante, heureuse et nécessaire dans la sphère des formes, cette continuité idéale entre forces et formes, que Giono appelle volontiers *ange*, n'étant pourtant possible que dans *"le monde muet [qui] est notre seule patrie"*[22], raison pourquoi ce mythe est contesté au sein même des livres de notre auteur qui se sont le plus employés à le créer, à commencer par *Le Chant du monde*[23] :

Maintenant, je comprends pourquoi nous sommes le sel de la terre. Les grands champs immobiles ne peuvent pas exprimer tout seuls leurs intentions profondes : ils soufflent SILENCIEUSEMENT une écume de végétaux. L'extraordinaire de notre condition d'homme n'est pas CETTE INTELLIGENCE QUE NOUS NOUS SOMMES COMPOSÉE NOUS-MÊMES, QUE NOUS DIRIGEONS COMME UN RAYON À NOTRE GRÉ, CROYONS-NOUS (CAR TOUJOURS L'INCONNU LA RÉFRACTE). L'extraordinaire est NOTRE PUISSANCE DE MÉLANGE, cette partie divine de nous-mêmes, toujours insoumise, et qui fait de nous L'EXPRESSION DU MONDE. (*VR*, 236)

Giono a à cœur de ruiner la foi en cette intelligence prétendument savante qui ne fait qu'exiler toujours plus loin de la libre jouissance du réel. C'est pourquoi il y revient. Les riverains du fleuve où vivait le poisson symbolisant l'« *abondance de choses inutiles* » (VR, 242) que l'insurrection des arbres a tué, « *voient qu'à force de découvrir et d'inventer avec cette intelligence qui s'écroule à grand fracas dans leur tête, ils se sont encore plus enfoncés dans la servitude humaine* », ayant cru devoir se soumettre au machinisme et au travail contraint, alors que vivre est à soi-même son propre but. À la fin, l'auteur s'adresse à Paris, « *l'usine de notre mort* » (244), au moment où la forêt en marche s'apprête à détruire la ville : « *De cette terre d'Île-de-France qui était aussi humaine que n'importe quelle autre, tu as fait sortir tes palais barbares, dicteurs de lois, rois des arts, silos à phosphore où dort, inutile, la cristallisation des intelligences mortes.* ». Lesquelles vont de pair avec les « *forces artificielles* » et avec la « *matière morte* » (164).

À double tranchant aussi, la science. On a compris que pour Giono, « *la véritable science* » (VR, 152), la seule, était nécessairement sensible et sensuelle : « *Contenter l'intelligence n'est pas difficile. Contenter notre esprit n'est pas non plus trop difficile. Contenter notre corps, il semble que cela nous humilie.* LUI SEUL CONNAÎT CEPENDANT UNE ÉBLOUISSANTE SCIENCE. » (151). Bobi mort, rentré dans la roue des transformations matérielles, est « *en pleine* science » (160). M. Bertrand se met à pétrir : « *Il a plongé ses bras dans* LA PÂTE. *Il a* SENTI *si c'était mouillé ou pas assez.* TOUTE UNE SCIENCE S'EST RÉVEILLÉE EN LUI-MÊME. *Il a su ce qu'il fallait faire.* » (201). Le jeune homme sorti des grandes écoles et qui opte pour l'artisanat ou le travail de la terre trouve de la joie « *dans la possession de lui-même, dans l'obéissance à sa nature d'homme.* SA SCIENCE *le rend clair et frémissant ; il la sent* QUI CHAQUE JOUR S'AFFINE ET SE COMPLÈTE DANS L'EXERCICE DE CE TRAVAIL MANUEL OÙ TOUTES LES LOIS DE L'UNIVERS SE MÊLENT SOUS SES MAINS » (253-4). Cette science véritable, qui implique « *la compréhension des rythmes* » (254) cosmiques, est inversement proportionnelle à la fausse. Quand l'écrivain s'est élancé sur la « *terre panique* » (149) pour y parfaire son « *apprentissage* » (150),

« [*l*]e *bruit de votre science s'était tu* » (149), note-t-il. Plus tard, dans Paris endormi, il imagine les « *dortoirs des collèges, des lycées, des écoles, depuis la plus petite jusqu'aux plus grandes, avec des petits garçons, des petites filles, de grands garçons, de grandes filles, des hommes, des femmes* BOURRÉS DE SCIENCE COMME D'UNE PAILLE SÈCHE » (181). Science maladive, désincarnée, nourrie de fausse intelligence, elle ne fait qu'ajouter à la solitude et à la misère des hommes et des femmes obligés de vivre dans une société coupée de ses racines naturelles.

l'engagement dans les batailles

Or c'est la solitude et la misère morales, existentielles que Giono s'attache par-dessus tout à décrire et à commenter. On comprend pourquoi : la révolution qu'il prône, c'est celle qui aura pour but l'éradication de cette souffrance absurde et l'instauration de la joie, laquelle implique la restauration d'un ordre naturel. Pourtant, la misère tout court, qu'il n'a pas cachée, au contraire, doit bien susciter des tensions sociales, des conflits, des révoltes. Il est remarquable que Giono leur fasse peu de place dans son livre de combat. Redescendant, la nuit tombée, la rue de Belleville, il passe devant les boutiques fermées. « *Je vois* [dit-il] *tous ces vêtements vides et neufs, pas encore habitués aux gestes des hommes et qui attendent, prêts à les accompagner au travail, au désir, à la bataille.* » (VR, 179). Ces trois syntagmes vont revenir deux fois ; la seconde fois : comme les provisions, les marchandises lui apparaissent destinées à « *la consommation du travail, du désir et de la bataille* » (180). Et il ajoute aussitôt : « *Tout roule ici dans une loi implacable de machine* », et aboutit à la triste conclusion que tout cela est pris dans une « *chaîne sans fin d'esclavage où ce qui se produit se détruit sans créer ni joie ni liberté* ». La "bataille", c'est sans doute ici quelque chose comme la stérile *bataille pour la vie*, la fuite en avant d'une production et d'une consommation qui n'ont pas d'autre raison que de faire tourner la machine : « *Tout le monde se rue sur l'argent. Il n'y a plus de place au tas des* BATAILLEURS. » (253). La seule mention

145

de la lutte des classes figure dans le manuscrit, où elle a été rayée. Elle venait juste après le passage où Giono expliquait que les ouvriers n'étaient plus que les rouages de la machine : « [*Comment leur dire qu'en plus de la lutte des classes,* AU-DELÀ DE LA LUTTE DES CLASSES, *ils doivent se préparer à une bataille cent mille fois plus pénible. Comment leur dire qu'il ne suffit pas au corps de la bielle* [c'est-à-dire à l'ouvrier] *de désirer devenir tôle ou bielle mais qu'il doit amasser en lui le dynamisme* QUI FERA ÉCLATER TOUTE LA MACHINE ?] » (VII, 180 *b*, p. 1010). L'auteur pense ici à la nécessité de faire table rase de la société de l'argent pour lui en substituer une autre, où « [*l*]*e social* [*ne soit*] *que le naturel* » (201). Formule décisive, qui définit parfaitement le programme de la contre-société qu'il entend promouvoir.

Il n'en reste pas moins que les batailles sociales sont là, sinon dans son livre, du moins dans le contexte économique et politique de ce livre, dont la composition a lieu l'année qui précède immédiatement le Front populaire. Giono y est sans aucun doute attentif, qui aussi bien multiplie alors prises de position et déclarations[24]. Et ces batailles-là, il entend y prendre part, à sa façon, sans doute, et d'abord par l'écriture même de cet essai, qui est un acte, ainsi que des autres textes militants qui vont suivre. Dès la Préface, il déclare en effet : « *Quand la misère m'assiège je ne veux pas m'apaiser sous des murmures de génie. Ma joie ne demeurera que si elle est la joie de tous.* JE NE VEUX PAS TRAVERSER LES BATAILLES UNE ROSE À LA MAIN. » (*VR*, 155).

Il faut prendre la mesure de cette déclaration. Jusqu'alors, les personnages de Giono (à l'exception du mythique Grand-Père) s'adonnaient à la désertion, fuyant les batailles dans l'en bas. Voici maintenant que lui-même affirme, pour son propre compte, ne pas vouloir s'y dérober. C'est un cas unique dans son œuvre. Parce qu'on est dans un essai, et pas dans un texte de fiction, et que donc la pression des structures de l'imaginaire est sans doute moins forte. Et surtout en raison du transfert que j'ai dit de la bouche dévoratrice qui provoquait la fuite dans les hauteurs : elle est venue se greffer sur le monstre capitaliste, et le déserteur qui assouvit indirectement — cathartiquement — son désir en lui

146

livrant, « *théâtre du sang* » (*DC*, 96) avant la lettre, les victimes qu'il dévorera, c'est le riche, le puissant, le propriétaire des moyens de production. Autrement dit, le système avaricieux sur lequel jusqu'alors il a bâti son œuvre, et qui va très bientôt refaire de l'usage, il le tient à distance, provisoirement il s'en défait et s'en délivre, et peut déchaîner contre lui le déferlement vengeur de la forêt en marche, en une « *bataille* » (*VR*, 242) d'une autre sorte, puisque le mot ne désigne plus le fonctionnement cosmique du creuset (de la bouche) où les forces entrent perpétuellement en conflagration, mais bien le combat pour vaincre et éliminer cette anti-nature et restaurer le primat de la roue cosmique, débarrassée, pour la circonstance, du visage terrifiant qu'elle offrait d'ordinaire au désir humain.

la tentation de la désertion

Cependant, la tentation de la désertion est si bien ancrée, si forte que le texte en garde malgré tout la trace, une trace bien circonscrite mais nette. On mentionnera d'abord le mouvement de l'écrivain qui, explique-t-il, quand il est à Paris, *monte* sur les hauteurs de Belleville pour aller dîner :

Quand le soir vient, JE MONTE DU CÔTÉ DE BELLEVILLE. À l'angle de la rue de Belleville et de la rue déserte, blême et tordue, dans laquelle se trouve *La Bellevilloise*, je connais un petit restaurant où je prends mon repas du soir. Je vais à pied. [...] Mais voilà la rue de Belleville QUI MONTE ET PEU À PEU ME DÉBARRASSE DES MANTEAUX DE FEU. La frange de néon multicolore qui éblouissait mes yeux s'affaisse et retombe dans l'ombre. [...] De temps en temps, je m'arrête, je tourne la tête et JE REGARDE VERS LE BAS DE LA RUE OÙ PARIS S'ENTASSE : des foyers éclatants et des taches de ténèbres piquetées de points d'or. [...] Mais les flammes sont fausses et froides COMME CELLES DE L'ENFER. EN BAS, dans un de ces parages sombres où est ma rue du Dragon, mon hôtel du DRAGON [...] au nom DÉVORANT ET ENFLAMMÉ [...].   (*VR*, 172–4)

Les éléments de base de la scénographie de la désertion sont là : fuite par une montée dans les hauteurs ; contemplation, depuis l'abri de ces hauteurs, de l'en bas où gît la bête dont la gueule est un brasier dévorant.

Mais l'inscription principale de la tentation de la désertion, nous la trouvons deux pages plus loin, dans ce développement étrange, isolé dans le chapitre I par deux astérisques et donc comme autonome, consacré au tableau de Giovanni di Paolo intitulé *« *Saint Jean-Baptiste s'en va dans le désert* » (VR, 176). Giono consacre trois pages à décrire ce tableau dont il a certainement observé une reproduction. Description peu fidèle cependant[25] : il projette sur lui ses préoccupations propres, et celles-ci épousent le scénario type de la désertion. Le "tableau" que peint ainsi Giono appelle en effet deux lectures différentes. Une lecture en quelque sorte officielle : le saint quitte « *la ville* » (176) en bas et, dédaignant « *les fausses richesses* » (178), en un parcours ascétique, marche vers la montagne, plein d'allégresse. Or cette lecture est superficielle, elle ne rend nullement compte de la lettre du texte, autrement plus intéressante. Le tableau, décrit de gauche à droite, selon la trajectoire du personnage, va de l'en bas (« *Au bas, à gauche du tableau, saint Jean est représenté sortant de la ville.* » (176) ; « *La tragédie a commencé au moment où les orteils crispés de l'homme repoussaient* EN BAS *le sol de la ville* [...]. » (177)) vers la hauteur (« *Quelques routes obliques portent l'itinéraire de saint Jean* DANS LE SENS DE LA HAUTEUR *du tableau* [...]. *Le but est* PLUS HAUT. *Il n'est pas au milieu de ces richesses.* » « *Et maintenant il est* EN HAUT. » (178)). En bas à gauche est donc la ville : « *C'est une ville à murs crénelés mais d'où on sort par une porte de cave.* » (176). Cette « *porte de cave* », invention de Giono (dans le tableau, c'est une grande porte ouverte dans le rempart), est un indiscutable symbole féminin. Le « *faux désert* » (177) que le saint, tendu vers la hauteur, traverse dédaigneusement, est décrit ainsi : « *La terre grasse et gluante, riche de ses luzernes, de ses fèves, de ses blés* [etc.]. ». Il est censé symboliser « *la nudité de la richesse, ce faux désert à travers lequel celui qui ne "gagne" pas s'ensevelit comme dans des sables mouvants* ». Enfin, le saint, gagnant les hauteurs, est comparé à « *un Ulysse non trahi* [...]. *Un Ulysse qui n'a eu besoin ni de cordes,*

148

ni de cire pour résister aux sirènes mais qui s'est éloigné d'elles de son propre pas » (178). Si l'on remarque que la « *terre grasse et gluante »* (177) de ce soi-disant faux désert correspond presque mot pour mot à celles que le monstre léopard-oiseau anéantit (« *À l'endroit où il y avait* DES TERRES GRASSES, *laiteuses comme la poitrine des femmes, il aplanit des déserts avec le fouettement de sa queue qui est un faisceau de lois. »* (240-1)), c'est-à-dire en réalité à de *vraies richesses*, on aboutit à ceci que le dénominateur commun des attributs de l'espace que fuit saint Jean est : un en bas féminin, gras et gluant, où *le pied (phallique) se perd* ("*sables mouvants*"), qui donc attire et détruit ("*sirènes*"). Autant dire la bouche dévoratrice-castratrice en bas. Le déserteur saint Jean (lequel endosse donc la tentation de l'écrivain lui-même) riposte à la menace de dévoration par une contre-dévoration : « *Il est déjà celui qu'on appellera plus tard "saint Jean Bouche de truite", "saint Jean* LE DÉVORATEUR", *celui qui dévaste les fausses richesses »* (178), sa bouche (« *avec sa bouche amère, cruelle et mince comme la bouche des truites »* (177)) faisant pendant et, pour ainsi dire, contrepoids à la bouche dévoratrice.

Davantage. La plaine que traverse saint Jean est définie comme « *la tragédie de l'entrelacement et de la multiplication des routes, de la multiplication et de l'incertitude des chemins et de la nudité de la richesse »* (VR, 177). Plus loin, la même image déconcertante revient : la route que suit saint Jean, tandis qu'il gagne les hauteurs, « *est maintenant débarrassée de la multiplication des routes »* (178). Routes et chemins qui s'entrecroisent sont, chez Giono, comme chez beaucoup d'autres auteurs, la fréquente mise en abyme du texte même, des réseaux de lignes qui se dessinent, se multiplient et bifurquent sur le papier. En s'affranchissant de ces routes, saint Jean le déserteur laisse entendre que l'écrivain, comme lui, est tenté de s'échapper du texte en train de s'écrire, parce que ce texte s'engage, et l'engage, dans les batailles qu'il a accoutumé, lui, de fuir.

Il reste que, tentation mise à part, Giono s'affirme résolu à participer, à sa manière, aux combats sociaux et politiques, et il le fait d'abord dans et par ce livre, *Les Vraies richesses*. Pas question pour lui toutefois de s'en tenir, si l'on peut dire, à la lutte des classes. Son rôle, estime-t-il, est bien davantage de prôner la destruction pure et simple de la société de l'argent, non certes pour instaurer « *la dictature du prolétariat* » (*J*, 110), mais, se considérant comme de « *ceux qui font les grandes révolutions* » (*VR*, 191), révolutions dont le modèle serait assurément plutôt « *la révolution printanière du blé* » (217), pour restaurer l'ordre naturel, c'est-à-dire les conditions, et la pratique effective, du « *mélange de l'homme et du monde* » (148), et restituer à « *l'univers* » le « *manteau sacré* » dont les « *spéculations purement intellectuelles* » l'ont dépouillé.

III. RESTAURATION DE L'ORDRE NATUREL PAR LA DESCENTE INSURRECTIONNELLE.

noces inespérées avec la terre

La bouche dévoratrice ayant été transplantée dans la société capitaliste, la désertion, provisoirement, n'est plus le réflexe de défense face au monde naturel (sauf sur le mode très atténué de la tentation, et presque du lapsus) et les noces avec la terre — c'est le mot : Giono parle de « *ce mariage qu'ils* [les paysans] *ont conclu avec la terre* » (*VR*, 195) — redeviennent merveilleusement possibles. Il faut souligner le caractère exceptionnel, en même temps qu'admirable, de cette page où l'auteur, ressuscitant des mythes grecs antiques, décrit la procession des femmes de Tréminis en Trièves, portant les corbeilles chargées du pain qu'elles ont cuit dans « *le four commun* » (211) que les villageois « *ont rallumé* », et les enfants du village leur emboîtaient le pas :

Les imiter, aller lentement, lourdement, porter le fardeau, ne plus glisser sur la terre, aller lourdement, lentement, comme si à chaque pas on pénétrait dans la terre, comme si devant ces femmes du village s'était ouvert le chemin profond qui mène jusqu'aux noires cavernes où dort, puis se réveille la maternité de la terre. (*VR*, 234)

Exemplaire *regressus ad uterum*. Giono d'ailleurs ajoute plus loin :

Moi, je pensais à cette Déméter éleusinienne que tous les montagnards méditerranéens adoraient. Le chemin QUI DESCEND AU CENTRE DE LA TERRE OÙ ELLE EST COUCHÉE. Pas du tout comme ces escaliers de pierres blanches qui descendent à travers les rochers de tous les villages odysséens jusqu'aux plages de la mer ; mais UNE PENTE DE TERRE DOUCE QUI S'ENFONCE DE PLUS EN PLUS PROFOND DANS LES TÉNÈBRES. (*VR*, 234)

L'exceptionnel, on l'a compris, c'est qu'ici la bouche-sexe où l'on pénètre est sans danger, elle ne tue ni ne castre. Orifice du creuset, elle permet d'accéder à la matrice, lieu absolu des devenirs, des transformations, des circulations, c'est-à-dire de ce que Giono appelle le *"chant du monde"* :

L'HABITATION SOUTERRAINE DES VOLONTÉS DU MONDE — où ces femmes portant des corbeilles de pain chaud sur la tête descendaient lentement, lourdement, pas à pas, À TRAVERS LA MUSIQUE DES SÈVES, LE FUTUR DES FLEURS ET DES GRAINES, L'HARMONIE DE TOUS LES DEVENIRS des farines, des pulpes et des huiles qui COULAIENT DANS LES ARTÈRES ET LES VEINES blanches des racines. [...] ET DANS LE GOSIER NOIR QUI VIENT DE LA CAVE [*de la maison où tous se sont réunis pour fêter le pain, en buvant et en dansant*], LA TERRE CHANTE en suivant la musique d'Henri le Courtaud. (*VR*, 234)

la civilisation paysanne comme remède

De là les nombreuses pages de l'essai consacrées à la célébration de l'accord retrouvé avec le monde, non certes dans l'ensemble de la société, la logique absurde et délétère de l'argent l'interdisant dans les zones urbaines — dans les villes, les usines —, mais dans les campagnes où la vertu ancestrale des paysans et des artisans, perpétuant l'esprit et la force des « *grandes civilisations paysannes* » (*VR*, 208), ou encore de « *la civilisation naturelle de la sève et du sang* » (244), a résisté et résiste. Et c'est de cette vertu (de ce « *genre de vie* [...] *le seul raisonnable* » (249)) que Giono compte se servir comme d'une arme pour renverser et balayer la tyrannie avaricieuse de l'argent, avec les barrières de toutes sortes qu'elle installe, et lui substituer définitivement l'ère de l'ouverture et du mélange généralisés, en un retour à l'« *âge d'or* » (176). Car paysans et artisans font « *partie de tout et c'est ce tout qui est le remède* » (250).

Soit que la civilisation paysanne ait, peu ou prou, conservé l'excellence de ses pratiques et de son mode de vie, soit que, ce mode de vie ayant commencé d'être gangrené par l'argent et ceux qui en propagent le règne, tel le courtier de Mens, « *produit de cette société dans laquelle l'argent est tout* » (*VR*, 218), les paysans aient gardé assez de ressource pour réagir et refouler cette peste. En se remettant à faire eux-mêmes leur pain, par exemple, et donc en se libérant des circuits commerciaux dont ils sont les dupes, ce qui donne à Giono la satisfaction d'écrire : « *Ils ont déjà commencé à remplacer l'argent par le blé.* » (214). Les « *travaux naturels* » (165, 213), ceux qui se conforment à « *l'ordre des choses* » (160) ou encore à « *la loi du monde* » (241), sont l'antidote de la « *civilisation de l'argent* » (220) ou « *civilisation de la mort* » (239).

Reste à montrer que cette civilisation paysanne, qu'elle soit en puissance ou en acte, présente, dans le texte, les traits de cette idéale participation des individus à la roue cosmique que Giono n'a pas cessé de revendiquer, mais dont il avait dû constater jusque-là qu'elle était tragiquement empêchée par l'avarice et la désertion, et dont il redira bientôt après l'amère impossibilité.

le créateur travail de la matière

La relation immédiate avec la matière demeure l'attribut primordial de la condition paysanne : « *Ils sont en contact avec la matière.* » (*VR*, 205). Giono imagine la venue des artisans dans les bourgs, et se plaît à dire la complémentarité solidaire de leur travail avec celui des paysans. Aussi bien eux aussi sont « *des gens qui travaillent la matière* » (215-6). Il inclut dans cette catégorie « *même celui qui joue de l'accordéon ou de la flûte, qui crée quelque chose* » (216), et cela va jusqu'au « *poète* ». On voit donc se former, aux côtés des paysans, un groupe englobant les artistes : « *Artisans de toutes les sortes, il faut des créateurs* » (217), « *les camarades créateurs, ceux qui travaillent* » (219). Le dénominateur commun de cet ensemble à partir duquel va devoir se refonder toute l'organisation sociale, c'est bien, encore une fois, le geste qui transforme, qui crée, qui s'inscrit, à l'opposé de « *la chaîne d'esclavage de l'homme moderne* » (181), dans la chaîne des « *transformations* » (188). C'est ainsi que l'étudiant sorti des grandes Écoles et qui opte pour le retour à la terre « *laboure, et sème, et fauche et foule. Déjà, il est sensible à son libre travail, À LA MATIÈRE QU'IL FAÇONNE, à l'utilité humaine qu'il a* » (253).

En outre, de même que, dans le monde, les forces aveugles se dilatent et s'expriment dans des formes, comme elles *en travail*, mouvantes, de même — et c'est une marque supplémentaire de son excellence — le travail artisanal de la matière, parce qu'il capte « *[l]'essence des rythmes qui commandent les formes* » (VII, 253 *b*, p. 1026), suscite la « *naissance de belles formes* » (VR, 252). Giono invite le paysan à faire, l'hiver venu, des jarres « *en tournant des tourillons de sagnes* » : « *Ce travail t'apprendra que dieu habite le temps*[26]. *Tu sentiras qu'une musique silencieuse s'empare de tes doigts et les guide, qu'elle est maîtresse de la forme que tu fais naître.* ».

l'obéissance et la roue

Travailler sensuellement la matière et, par là, consommer indéfiniment le mariage contracté avec la terre mère[27], c'est la plus efficace manière, en somme, de se plier à cette obéissance aux ordres muets du monde que Giono n'a cessé jusque-là de prôner. Hommes et femmes des campagnes y conforment leur vie ; ils y trouvent un serein équilibre, éprouvant « *l'accord avec l'essence même des choses* » (VR, 165). Écrire *Les Vraies richesses*, cela revient pour Giono à pousser ses contemporains « *à obéir au contrat mystique qui les attache au monde* » (174). Or même les moins libres y aspirent. Dans Paris endormi, seul leur « *cerveau* » (181) est « *sensible aux lois des hommes* », tandis que « *cœurs, [...]*

rates, [...] *foies*, [...] *poumons*, [...] *flux et* [...] *reflux* [*du*] *sang* [...] *obéissent aux lois du monde* ». Les paysans, eux, « *comme ils sont limpides, ils ne pensent qu'à obéir aux ordres du monde* » (196). Le spectacle de M. Bertrand plongeant « *ses bras dans la pâte* » (201) pour faire le pain inspire à l'écrivain cette réflexion : « *On croit inventer dans ce qu'on imagine comme des remèdes sociaux, mais rien de ce qui est humain n'est nouveau. Il y a un ordre contre lequel il est vain de lutter. On doit obéir à la loi des mondes qui dirige de la même main le roulement de Bételgeuse et le tremblement de la semence des hommes.* ». Et Giono d'exalter sans trêve les « *paysans* [...] *qui obéisse*[*nt*] *encore sans le savoir aux ordres du monde* » (208).

La loi des mondes épousant le roulement des astres, l'obéissance consiste finalement à se couler dans la roue : « *La loi des hommes ne peut faire obéir les viscères. Ils sont soumis au rythme qui emporte la nébuleuse d'Andromède et régit au-dessus de la ville la lente* RONDE *d'Aldébaran, Sirius, Bételgeuse et les étoiles sans nombre.* » (VR, 181). L'accord du paysan pur avec la roue lui vaut une autosuffisance édénique : « *Le manteau de votre pauvreté couvre les richesses du vrai paradis terrestre. Les possibilités d'un être sensible se capitalisent en lui-même et lui appartiennent éternellement,* POUR TOUT LE CYCLE DE LA ROUE. » (249). On n'est donc pas surpris de rencontrer encore en deux endroits le paysan associé au motif, métaphorique ou pas, de la roue. Giono s'adresse au Parisien voué à des travaux anémiés, à la menuiserie du mauvais bois, par exemple : « *Souvenons-nous ensemble, toi et moi, des belles planches de chêne et de la scierie installée dans un vallon de la montagne. L'arôme puissant des troncs débités en planches* PAR LA ROUE *que fait tourner le torrent.* » (167). Traversant un hameau de montagne, l'écrivain passe devant l'atelier du forgeron, en pleine activité : « *Le marteau saute, les bras* ROULENT EN ROND *autour des épaules comme s'ils se multipliaient.* » (247). Paysans et artisans de Giono savent d'instinct ce que lui a su simplement et fortement formuler : « *Rien ne peut sortir de la roue.* »[28]. Le drame des autres est de l'avoir oublié.

Dans la mythologie gionienne, le Grand-Père est l'opposé du déserteur : il se frotte résolument au réel. Pas étonnant, dès lors, qu'il apparaisse à plusieurs reprises comme le modèle que suivent les paysans adeptes des "vraies richesses". M. Bertrand se remet à pétrir la pâte du pain : « *Toute une science s'est réveillée en lui-même.* [...] *Il a mis ses gestes dans la trace des gestes de ses ancêtres.* » (*VR*, 201). On a rallumé le four communal et on s'en sert. « *"Je me souviens, dit Mme P***, ça se faisait* DU TEMPS DE MON GRAND-PÈRE. [...].*" »* (213). L'une des villageoises, Amicia, avant d'offrir deux pains-coings, « *a fait une révérence Cana-vèse* » (228), c'est-à-dire de la « *région du Piémont [...] d'où était originaire le grand-père paternel de Giono* » (VII, n. 1 de la p. 228, p. 1020). Pendant la fête, l'accordéoniste « *joue* La Primevère. *C'est une vieille chanson dansée qui date du premier temps de nos ancêtres.* » (231). Et Giono de se réclamer de « *nos lois qui sont des lois patriarcales* » (238). La figure épique du Grand-Père invite à revenir à l'âge d'or d'un corps à corps roboratif avec la nature.

mélange et ouverture

Le « *matérialisme romantique* »[29] de Giono, selon la belle et juste formule de Jacques Chabot, repose sur l'aspiration invariable au « *mélange de l'homme et du monde* » (*VR*, 148), dont ce livre, plus qu'aucun autre, se fait l'écho. Déchiré entre l'intelligence qui lui souffle la tentation « *d'être dieu* » (189) en renonçant à la « *matière dont [il est] fait* » et son farouche désir d'obéir à « *l'ordre* » (190), Œdipe aux yeux crevés préfère finalement son désir et décide de partir en quête sur les chemins, « *[à] l'aveuglette* » (191), « *obligeant le monde à passer à travers [s]on corps sensible.* [...] *Tâchant d'être une force* DE MÉLANGE ET D'AMOUR ». Marchant à l'automne sur les chemins du Trièves, l'écrivain s'enchante de la multiplicité et de la puissance des odeurs ; grâce aux échanges qui s'effectuent entre elles et lui, il s'amalgame au monde : « [...] *et toutes bien séparées les unes des autres elles arrivent pour se faire sentir. Pendant qu'on marche dans le pré, on a ainsi le monde autour de soi et on l'a dans la poitrine, à l'intérieur,* MÉLANGÉ À LA VIE ET QUI SE MÉLANGE DE PLUS EN PLUS *à mesure qu'on respire* [...] [*de sorte que*] *le poumon* [...] *est un organe de connaissance.* » (198). La même promenade lui fait toucher du doigt l'exquise dialectique entre individuation et mélange : « *Les arbres sont* TOUS SÉPARÉS *les uns des autres, même ceux qui se touchent en bosquets. On peut voir toutes les feuilles, et qu'il y en a des milliers, la tige, la branche, les grosses branches, le tronc,* SANS QUE RIEN NE SOIT PLUS OBSCU-RÉMENT MÉLANGÉ, MAIS LA VIE LUCIDE APPARAÎT DANS LES MOINDRES DÉTAILS. » (206). Évoquant les paysans « *des pays hauts* » (208) qui ont descendu la Durance pour s'installer en bas, dans son pays à lui, Giono s'adresse à eux en ces termes : « [...] *vous que les vallées mélangent* [...]. ». Quand le maire de Tréminis et Columa, préludant à la grande fête pour célébrer le pain, boivent le vin dans une maison, ils « *voient les femmes, toutes mélangées* » (VII, 229 *a*, p. 1021). Enfin, quand Paris est libéré par la forêt en marche, des arbres neufs jaillissent des hommes asservis et la réunion se fait : « *Nous les embrassons.* [...] *Nous entrons avec eux dans les avenues. Nous écorchons les maisons avec nos ramures.* MÉLANGÉS. » (VR, 245).

Le mélange heureux des individus au monde suppose qu'ils s'ouvrent (on se souvient des mots d'Œdipe : « *Je voudrais cesser d'être une chose fermée. Je voudrais être ouvert comme un couloir ou comme un hangar des îles océanes.* » (VR, 190)), que leur peau cesse d'être une barrière, sinon même une prison (« *Tu étais enfermé dans ta peau. Tu te rendais de plus en plus imper-méable.* » (183)). La mort, sans doute, réalise en plein ce profond désir d'ouverture (« *Sur le visage de Bobi* [*mort*], *la peau de la joue se fend.* [...] *Bobi s'ouvre par d'autres endroits.* » (159-60)). Mais il s'agit justement de réunir les conditions d'un mélange général des êtres vivants, en prenant exemple sur les « *pigeons à col bleu* » (245) de la fin, « *les êtres les plus perméables du monde* ». Les étudiants qui se désolent de leur avenir bouché ont pourtant, estime l'écrivain, « *la beauté qu'il faut.* [...] *Ils ont des nez solides, un peu élargis par le bas avec* DE BONNES OUVER-TURES *pour respirer et goûter l'air* [...].» (252). Et il les engage à s'en servir. Les femmes sortent des maisons, les unes après les autres, pour aller défourner le pain : « *Comme si tout le village s'ouvrait.* » (225). Puis, lors de la fête du pain, les hommes entrent dans la danse : « *Ils tapent du pied, ils baissent la tête,* [...] *comme le bélier, comme le bouc, comme les chevaux fiers, comme* POUR RENVERSER DES BARRIÈRES, *comme pour se libérer* [...].» (233). Sous la pression salvatrice de la forêt en marche, une ville semblable à « *une tortue fermée* » (243) s'ouvre d'un seul coup et se libère : « *Soudain, toute la ville éclate d'arbres. Des arbres poussent à travers ses murs, à travers ses toits, ses clochers, ses usines.* [...] *La ville crevée d'arbres devient forêt.* ». Dans l'apothéose finale, les pigeons, « *soulevés* » (245) par « *l'harmonie* », volent avec ivresse : « *Ils sont au-dessus d'une forêt* OUVERTE *de champs, de routes, de fermes, de villages, de vergers.* ».

la communauté

Quand il s'accomplit sur le plan des rapports sociaux, l'idéal du mélange donne la communauté. Le texte de l'essai ne cesse d'affirmer la nécessité de substituer une communauté vivante et solidaire au cloisonnement désespéré des individus dans la société de l'argent. C'est d'abord l'aspiration explicite de l'auteur. « *Mes délices demeureront quand ils seront communs* » (VR, 153), écrit-il dès la Préface. Œdipe, lui, n'a pas renoncé à « *faire une grande chose commune* » (190), et il se promet d'entrer « *dans la communauté. Ne conservant que* [s]*on sens de l'éternel qui est aussi une force commune* [...]. » (191). Cherchant, pour les mettre dans son œuvre, « *les gestes premiers* » (195), l'écrivain a rencontré, entre autres, celui des hommes qui « *aiguisent des faux en commun* » (195). Et maintenant celui de refaire son pain soi-même. Car la communauté a longtemps été la règle, avant que ne s'impose un individualisme désespérant :

157

Et voilà les anciennes méthodes avec lesquelles LA GRANDE COMMUNAUTÉ DES HOMMES a d'abord vécu (puis elle les a abandonnées et elle est devenue ce qu'elle est, c'est-à-dire NON PLUS UNE COMMUNAUTÉ MAIS DES SORTES D'INDIVIDUS CANTONNÉS dans des continents, avec des caps, des golfes, des frontières de mers et de montagnes, un corps géographique [...]), voilà ces anciens gestes qui faisaient si bien dans le monde.   (VR, 196)

On comprend l'importance que Giono attache au «*four banal, le four commun*» (VR, 211), d'où tout est en train de repartir. Ancien, et beau «*comme un temple grec*», parfaitement adapté à sa fonction, il est «*entièrement d'accord avec le pays*» et devient le lieu où se rassemble le village pour un travail commun, comme l'explique Mme P*** : «"[...] *Ils sont presque tous là-bas au four, alignés. Tantôt c'est le pain de l'un, tantôt c'est le pain de l'autre. C'est un travail qui aime la compagnie. Ils font ça 'communément'*", dit-elle (elle veut dire en commun), "*ça les amuse.* [...]."» (213). Or il va falloir du bois pour alimenter le four. Le «*cantonnier communal*» (223) explique que donc il est nécessaire de refaire le chemin qui mène au bois. Les autres l'aideront. Car «[c]*'est une chose qui naturellement se fait en commun. Et la communauté devient de plus en plus large.*». En effet, des villageois des environs viennent qui demandent si on va rouvrir le moulin (224). Cette notion de communauté va loin, elle implique la disparition tendancielle de la propriété privée du sol, ainsi qu'il en va déjà pour «*la terre communale (sans propriétaire, mais qui appartient à tous)*» (195). Disparition que l'auteur semble appeler de ses vœux, en tout cas, lorsqu'il évoque les «*baptêmes*» (216) et «*la commère [qui] porte l'enfant à travers les champs, comme pour lui faire voir tout le grand domaine — je veux parler de* CE DOMAINE SANS LIMITE QUI APPARTIENT À TOUS LES ENFANTS». Ce vœu d'une commune propriété de la terre est ancien chez Giono, et il va perdurer au-delà de la Seconde Guerre, mais la communauté aura alors été comme refoulée sous la surface du sol par le poids des désillusions, comme en témoigne ce passage de *Un Roi sans divertissement* :

Ici, comme à côté, comme tout le long de la rue, [...] les écuries énormes sont voûtées, se touchent toutes, s'arc-boutent les unes contre les autres, non seulement par les piliers, les murs maîtres, LES CLEFS QUI S'ENCHEVÊ-TRENT DE VOÛTE À VOÛTE SANS SE SOUCIER DE PROPRIÉTAIRES, de Jacques, Pierre, Paul, mais, dans tout le village il y a UN ENTREMÊLEMENT SOUTER-RAIN de bruits, de bridons, de bat-flanc, de bêlements [...].   (*Roi*, 467)

naturaliser l'écriture

Travail de la matière, obéissance, mélange, ouverture, commu-nauté : la civilisation nouvelle (plus encore que la société) reposera, au bout du compte, sur ce principe limpide, qui résume et condense l'essai tout entier : « *Le social ne doit être que le naturel.* » (*VR*, 201). Et c'est bien parce qu'on en est très loin que, à la dernière page, Giono résume ses griefs par ce « *trop d'hommes sont privés des joies naturelles* » (255), et lance ce mot d'ordre : « VIS NATURELLEMENT*; et, puisque dans la société moderne on le considère comme une folie,* INSTALLE LA SOCIÉTÉ QUI LE TROUVERA LOGIQUE. ». Les habitants de cette nouvelle planète pourront consacrer leurs forces retrouvées à l'affronte-ment serein, voire joyeux, des « *monstres* » (165) *naturels* avec leur « *formidable vie* », ciel, montagnes, soleil, forêts : « *Mais la nature de ces monstres est compréhensible et permet les joies secrètes de l'héroïsme aux cœurs les plus simples.* » (246). À l'affrontement, par conséquent aussi, de la « *solitude* » (182, 191), en dernière analyse, de l'homme dans le monde.

Or ce livre magnifique, flamboyant, qui milite pour un mélange sans barrières, est le produit de l'écriture, et l'écriture est, avec la parole, l'instrument majeur de l'avarice, l'agent du "*contre monde*". Ici comme ailleurs dans l'œuvre, Giono s'attache donc à naturaliser son texte. Mais comme, dans cet essai, la désertion est donnée pour vaincue, ou plutôt, comme l'écrivain peut se faire accroire à lui-même qu'il a dépassé la propension maladive à la désertion, la tâche est plus aisée que dans les romans ou les nouvelles, et les moyens plus simples, sinon même plus naïfs. Voici les principaux. L'écriture est d'abord retrempée dans la nature. Les renards qui se sont nourris du cadavre de Bobi :

« *Pour eux, la nuit est* TOUTE ÉCRITE *en traces, en odeurs, en passages, en pistes, en orientations (où Bobi ne voyait qu'une solitude).* » (VR, 160). Mais il s'agit aussi de poser en repoussoir l'écriture avaricieuse. Celle du jeune homme qui y fut condamné : « *J'appelle se sacrifier être par exemple employé dans une banque et* ÉCRIRE DES CHIFFRES SUR DU PAPIER — *ce que j'ai fait moi-même pendant dix-sept ans, et je ne savais pas quelle était la couleur de la campagne à 4 heures de l'après-midi [...].* » (201). Ou celle du courtier de Mens, dont la boutique est ainsi décrite : « *Il y a seulement une table sous la lampe et, sur la table,* DES PAPIERS, *des bottins, un appareil de téléphone, et parfois* TOI, EN TRAIN D'ÉCRIRE. » (218).

Et maintenant la rédemption. Parmi les « *créateurs* » (VR, 217) que Giono annexe à l'artisanat, il y a ces « *fermiers ou [ces] petits propriétaires qui ont ce que nous appelons "la tête héroïque" et ceux-là font des poésies,* ILS LES ÉCRIVENT SUR DE PETITS BOUTS DE PAPIER ET ILS LES RÉCITENT, *ou bien* ON LES FAIT RÉCITER AUX ENFANTS *pour les baptêmes ou les mariages* » (216). Poésie d'amateurs, poésie de plein air, rachetée de surcroît d'être prise en charge par l'*infans*, celui-qui-ne-parle-pas. Giono imagine d'autre part que son éditeur quittera Paris pour s'installer à la campagne et l'adresse en sera alors « *l'adresse de quelque chose* PERDUE *au milieu des arbres et des terres* » (209). Manuscrits et auteur s'en trouveraient régénérés :

Et les manuscrits arriveraient là après avoir contourné cent champs de blé et passé sous l'ombre de cent chênes. Et parfois, ce serait le poète lui-même qui arriverait à pied en fumant sa pipe, son lourd bâton de buis à la main, venant apporter son poème, mais ayant tant croisé de monde dans le sentier, s'étant si longtemps arrêté dans tant d'auberges qu'il serait obligé DE TOUT CHANGER POUR SE METTRE D'ACCORD AVEC LE MONDE QUI VIT, SE TRANS-FORME ET N'EST JAMAIS LE MÊME.   (VR, 209)

Dans la civilisation paysanne, les documents les plus platement administratifs se gonflent de vie : « *Certains chênes nous servent de bornes. Les actes de vente et d'achat que nous passons devant notaire* EMPLISSENT LES PAPIERS TIMBRÉS DE NOMS D'ARBRES, DE

NOMS DE LIEUX GRASSEMENT TERRIENS. » (*VR*, 237). Les toponymes, justement, bénéficient d'une inscription très matérielle : « *Je me souviens que je venais ici tous les matins jusqu'à cet embranchement regarder* LA PLAQUE DE BOIS OÙ UN BÛCHERON A ÉCRIT AVEC DU GOUDRON : Route de Baumugnes. » (248). Et finalement les livres de Giono lui-même — *Les Vraies richesses* aussi, en somme — se trouvent rédimés comme l'est toute forme d'écriture dans ce meilleur monde renouvelé de l'ancien, ou cette *seconde nature*, où la culture est solidement enracinée dans la matière : « *Ici, tout est en ordre : tout est déjà prêt. Rien n'a jamais changé : rien ne changera jamais, ni là-haut, à Montama, ni aux Échalettes. Dans la plupart de ces maisons,* MES LIVRES SONT SUR LA CHEMINÉE DE LA CUISINE, ENTRE LA BOÎTE À SEL ET LE BOUGEOIR. *Et on les prend pour ce qu'ils sont : de simples histoires d'espérance.* ».

contre-déluge et descente insurrectionnelle

Mais cet équilibre est gravement menacé, ou plutôt dès longtemps sérieusement entamé par la contamination de la société de l'argent et de ce que Verhaeren appelait déjà les "*villes tentaculaires*"[30]. Les graves dérèglements qui en résultent, « *la misère [qui] est partout dans le monde, mêlée à une sorte de folie* » (*VR*, 153), poussent Giono à riposter, dans et par ce livre de combat. Non seulement il n'entend pas « *traverser les batailles une rose à la main* » (155), mais voici maintenant qu'il brandit un mythe, celui du déferlement vengeur de la « *forêt en marche* » (237 et *passim*), métaphore de l'insurrection, qu'il appelle donc de ses vœux et pense ainsi stimuler, de toutes les forces vives décidées à imposer le règne des "vraies richesses", ou encore du « *combat du peuple de la vie, contre la société des faiseurs de mort* » (238). En d'autres termes, il invente et propose sa « *bataille* » (242) à lui contre l'ennemi.

C'est dire qu'on est maintenant aux antipodes de la désertion. Au lieu du repli prudent de l'avare sur une hauteur, loin de la bouche dévoratrice en bas, une descente insurrectionnelle dans l'en bas où la gueule est celle du monstre capitaliste, pour l'anéantir et instaurer, ou refonder, l'ère des noces sans péril de l'homme avec la terre mère.

On observera toutefois que cette solution radicale ne s'est pas imposée d'emblée. Ce qui a prévalu d'abord, par une sorte de réflexe, c'est, pour échapper au déluge, n'y être pas englouti, l'image de l'arche : une forme de la désertion, donc, et qui reviendra en force dans *Noé* (écrit en 1947), après que l'incipit de *Deux cavaliers de l'orage*, composé dès 1938, aura donné à lire la formule très pure d'une désertion définitive loin des batailles de l'Histoire. Paisiblement installé avec quelques villageois devant le four commun de Tréminis, l'écrivain voit la brume recouvrir tout le pays, au point que, écrit-il, « [n]*ous ne pouvons plus voir qu'un rond de terre noire autour du four, une sorte de radeau fait avec de la terre piétinée* [...]. *À partir de là le monde n'existe plus. Nous sommes* COMME SUR UNE NOUVELLE ARCHE DE NOÉ. *Nous portons l'essentiel dans ce four chargé de feu.* » (VR, 219). La métaphore de l'arche, il l'emprunte, explique-t-il, au père Couache, l'un des villageois — mais lui-même ne l'a-t-il pas préparée par la comparaison avec un « *radeau* » ? —, et la commente en ces termes : « *Et d'abord, j'ai trouvé que ce qu'il disait était très beau. La civilisation de l'argent est en train de tout engloutir* SOUS SON DÉLUGE [...]. » (220).

Bien vite cependant il la conteste et y renonce : « *Mais, maintenant, je pense que ce n'est pas une bonne image.* » (VR, 220). Les raisons qu'il en donne sont étonnamment faibles : « *Car, il ne faut pas oublier que nous sommes des paysans. Par notre instinct naturel, nous n'aimons pas trop aller à l'aventure, même avec les promesses de dieu. Notre élément, c'est la terre, et elle va, continûment d'un bord de l'horizon à l'autre.* ». En somme, ils n'auraient pas le pied assez marin... Non, la vraie raison de ce revirement est ailleurs. L'essai tout entier, jusqu'alors, a développé l'idée d'une riposte nécessaire à la destruction des "vraies richesses", et d'ailleurs les fours rallumés tout autour dans la montagne sont comme autant d'avant-postes : « *Je vois les six ou sept qui, déjà, ont rallumé leurs fours. Sous les auvents, comme nous sommes ici, des hommes comme nous qui sont* EN AVANT-GARDE. ». Mais surtout, Giono va raconter maintenant la fête du pain, la procession des femmes qui semble emprunter le « *chemin qui descend au centre de la terre* » (234), chemin en pente douce, précise-t-il, « *car c'est vers les champs épanouis de l'enfer que nous descendons* » (235), c'est-à-dire jusqu'à « *des lieux de paix et de joie* ». On ne saurait trop y insister : parce que la bête capitaliste a hérité de la bouche dévoratrice de la terre, il n'est plus question de fuir cette dernière, elle est (re)devenue une profondeur suave où le désir porte à *descendre*. Voilà pourquoi l'arche des hauteurs est récusée au profit de la *descente* insurrectionnelle opérée par une salvatrice horde paysanne assimilée à une forêt en marche (« *Nous sommes, nous, des hommes, qui tirons toute notre vie de la terre, et ainsi nous pouvons dire que nous sommes comme des arbres, plus spirituels si l'on veut, mais de même nature.* » (237)) : « *C'est pourquoi je ne crois pas que ta comparaison soit bonne, père Couache, quand tu dis que nous sommes sauvés des eaux, et quand tu parles de l'arche de Noé. [...] Alors, moi, je crois que nous sommes une immense forêt en marche.* ».

Cette forêt, dans sa « *révolte* » (VR, 242), va déferler dans les vallées et détruire « *les monstres* » (238) figurant la société de l'argent et ses « *fausses richesses* » (242), dévaster les villes et leurs usines, anéantir Paris, faisant jaillir de ses ruines une forêt neuve, et finalement installer « *le silence et la paix gorgée de richesses* » (247).

Cette forêt d'hommes purs révoltés est dotée de quatre attributs remarquables. Elle constitue d'abord un *contre-déluge* et, par là, se conforme au caractère diluvien de la nature elle-même. On peut lire en effet que « *des milliards de colombes couvrent notre feuillage* COMME L'ÉCUME COUVRE LA MER. *Nous emportons avec nous des villages dorés* COMME DES NAVIRES DE ROIS. *De l'est à l'ouest, par le nord, par le sud, la forêt s'avance, couvrant des vallons, couvrant des plaines,* DÉBORDANT *les collines,* RECOUVRANT *les collines [...].* » (VR, 239). Les arbres s'avancent « *comme un mur,* COMME LES VAGUES DE LA MER », et la forêt « *suinte* COMME L'EAU D'UN FLEUVE DÉBORDÉ ». Ensuite elle assure en son sein un *mélange* des arbres-hommes, « *serrés les uns contre les autres* », de sorte qu'est surmonté l'obstacle auquel se heurtait Œdipe, lequel avait « *fait se dresser autour de [lui]* DES FORÊTS *d'hommes et de femmes* » (190), mais constatait amèrement : « LA FORÊT S'EST DESSÉCHÉE *parce que mon bras a une peau et que cette peau est ma limite.* ». Et puis, c'est essentiel, au rebours du déserteur, elle *descend*. « *À toutes les époques, quand il a fallu lutter contre les mauvaises forces, l'imagination paysanne a chaque fois inventé la forêt en marche.* [...] *Elle* DESCENDAIT *des monts de Norvège, des monts d'Écosse* [...]. » (238). « [...] *la forêt* DESCEND *les pentes de la montagne* [...]. ». « *Sur les deux rives du fleuve, la forêt* DESCEND. » (241). « *Des quatre bords de l'horizon*, LA FORÊT EN MARCHE DESCEND VERS TOI [Paris]. » (244). Enfin, elle ne déserte plus les batailles, mais mène au contraire la plus radicale des *batailles* : « *Elle est dans toutes nos légendes et dans toutes nos chansons* DE BATAILLES. » (238). Ses arbres sont serrés « *comme les lanciers de Paolo Ucello* À LA BATAILLE *de San Romano* » (239). « [...] *pendant que la forêt continue sa lourde marche*, SA BATAILLE, *sa dévastation des fausses richesses.* » (242). Le motif se croise avec celui du déluge : « *Une* VAGUE *de force neuve gonfle notre front de* BATAILLE. » (243).

Contre-déluge, mélange, descente, bataille : moyennant ces quatre attributs décisifs, l'armée paysanne triomphe et restaure sur terre une harmonie cosmique : « *Les gestes, les bruits, les formes, les couleurs font une énorme musique où tout s'accorde, où tout s'entraide et trouve son contentement.* » (VR, 246).

*

Or les campagnes ne suivront pas, et l'Histoire va infliger à l'utopie gionienne des *"vraies richesses"* un amer démenti. Il reste que cet essai profond et courageux aura affirmé un principe tout à fait essentiel, dont la méconnaissance effective a entraîné les catastrophes, les débâcles et les impasses du XXᵉ siècle et de ce XXIᵉ siècle commençant : aucune construction politique et sociale ne saurait réussir si elle ne prend pas pleinement en compte le *désir* des individus. Et ce désir se laisse ramener, en dernière analyse, à la définition que Giono n'a pas cessé d'en donner : désir inéluctable de réunion, de mélange, de fusion, bref, de *sacré* (le mot apparaît ici trois fois, sous forme adjectivale (*VR*, 148, 156, 245)), un sacré sans dieu pour Giono, bien entendu. La non prise en compte de ce désir entraîne toutes les frustrations, tous les désespoirs, toutes les surenchères et toutes les cruautés de l'*avarice*.

Ce dont témoigne aussi, superlativement, la suite de l'œuvre de Giono elle-même. Le renoncement, sous la pression de l'Histoire, au projet d'insurrection paysanne des *"Fêtes de la mort"*[31] va priver le désir, précisément, de tout débouché dans le réel, déterminant un repli désespéré dans l'imaginaire, puis les jouissances indirectes cherchées dans les diverses formes du « *théâtre du sang* » (*DC*, 96), qui deviendra aussi, plus que jamais, le théâtre de l'écriture.

1. Sur la genèse de l'essai, on lira Mireille SACOTTE, Notice de *Les Vraies richesses* (VII, 955–68).

2. La *Lettre aux paysans sur la pauvreté et la paix* parlera encore du « *vrai mélange avec le monde* » (VII, 544).

3. Voir « Note sur le texte » (VII, 997).

4. « Je ne peux pas oublier », *Refus d'obéissance* (VII, 264 a, p. 1059). Dans la version de ce texte placée au seuil de *Refus d'obéissance* (1937), la seconde phrase est devenue : « *Je ne le suis pas maintenant.* » (264).

5. « *Le communisme qui était d'abord un de ces efforts nobles* [pour « *affranchir l'homme de cette vulgarité capitaliste* »] *et qui a été notre espoir n'a pas réussi. Il n'a fait que changer le capitalisme de forme. Il ne s'est pas servi de la nature de l'homme. Il n'a pas poussé à l'héroïsme du difficile. Il a continué le chemin du facile.* IL N'A FAIT QUE TRANSFORMER LE CAPITALISME PARTICULIER EN CAPITALISME D'ÉTAT ; *il l'a gardé. Il faut le détruire.* » (*Lettre aux paysans sur la pauvreté et la paix* ; VII, 551).

6. J'invite le lecteur à se reporter à mon analyse de *Que ma joie demeure* : Laurent FOURCAUT, « Un Texte extraordinaire ? », pp. 185–232 in *Jean Giono 8 : "'Que ma joie demeure' — écrire-guérir ?"*, Laurent FOURCAUT ed. (Caen, Lettres Modernes Minard, 2006).

7. Voir Laurent FOURCAUT, « Un Texte extraordinaire ? » (*loc. cit.*[6]), pp. 187-188.

8. Voir « Je ne peux pas oublier », *Refus d'obéissance* (VII, 266, 268, 269).

9. Voir, par exemple, Laurent FOURCAUT, « *Naissance de l'Odyssée*, naissance de l'écrivain », pp. 71–122 in *Jean Giono 7 : "'Naissance de l'Odyssée' — enquête*

sur une fondation", Laurent FOURCAUT ed. (Paris-Caen, Lettres Modernes Minard, 2001) ; « *Un Roi sans divertissement* de Jean Giono. Une écriture de la cruauté comme remède à l'ennui », mis en ligne en janvier 2005 sur le site Internet (www.ecoledeslettres.fr) de *L'École des Lettres II*, Paris, L'École des loisirs (42 pages) ; « Un Texte extraordinaire ? » (*loc. cit.*[6]).

10. Images très voisines, et de sens analogue, dans ce même roman fondateur : « *Les cabarets* [de Mégalopolis] *dévoraient les hommes à pleine gueule.* » (*NO*, 44) ; « *la succion des gouffres de l'horizon* » (48) ; et cette comparaison de la ferme que la délicate Pénélope a dû faire marcher seule à une « *énorme bête rétive, couchée au fond du val, mangeuse de sueur et de force* » (80) ; ou encore « *la bouche sombre de l'eau* » (116).

11. Voir Jacques CHABOT, *Noé de Giono ou le bateau-livre* (Paris, P.U.F., « Le Texte rêve », 1990) ; et Laurent FOURCAUT, « *Noé* : le fond et les formes », pp. 419–39 in « Giono : lecture plurielle », *Études littéraires* (Québec, Les Presses de l'Université Laval), vol. 15, n° 3, déc. 1982.

12. Voir Laurent FOURCAUT, « Un Texte extraordinaire ? » (*loc. cit.*[6]), pp. 191–3.

13. Voir Laurent FOURCAUT, « Qu'est-ce qui se remémore dans *Le Grand troupeau* ? », pp. 143–54 in *Giono. La mémoire à l'œuvre*, Jean-Yves LAURICHESSE et Sylvie VIGNES eds (Toulouse, Presses Universitaires du Mirail, « Cribles », 2009).

14. Voir Laurent FOURCAUT, « Naturel et social chez le premier Giono », à paraître en 2011 dans *Giono politique*, sous la direction de Jean-François DURAND (Arles, éditions de la Nuit).

15. Ainsi que le fait justement remarquer Mireille Sacotte (VII, n. 1 de la p. 174, p. 1008).

16. À comparer avec l'épisode de *Que ma joie demeure* où Randoulet et le berger Le Noir dorment, à Embrun, dans une grange où sont entreposées des machines agricoles, « [*d*]*es moissonneuses-lieuses, des faucheuses, des râteleuses, des semeuses* » (*Q*, 653). L'une, une faucheuse, est garnie de lames dont Le Noir dit : « *Elles étaient froides et le bord* COUPAIT COMME LE BORD D'UN COUTEAU. ». Voir Laurent FOURCAUT, « Un Texte extraordinaire ? » (*loc. cit.*[6]), p. 217.

17. Une bouche dévoratrice toujours maternelle, ainsi que le confirme à sa manière cet étrange passage de la Préface où l'écrivain explique pourquoi, dans le titre de son roman *Que ma joie demeure*, il a supprimé le mot *Jésus* du titre du choral de Bach dont il s'est inspiré. Il célèbre ensuite « *la matière* » en ce qu'elle « *ne promet rien, elle affirme. Elle ne nous fera pas peindre sur les murs l'aile douce des anges annonciateurs, ni le visage enfantin de la Vierge, ni l'Enfant qu'elle porte dans ses bras, maintenant sorti d'elle mais toujours* DÉVORANT, *planté dans elle comme une touffe de gui dans l'yeuse.* » (*VR*, 151). Il y a là, selon moi, une sorte d'inversion, assez voisine, en somme, du transfert de la dévoration sur la société capitaliste : ce n'est certes pas l'enfant qui est « dévorant », mais bien au Mère. Cette inversion doit être comprise comme une manière d'exorcisme, ou de défense. Il s'agirait donc d'une *contre-dévoration*, analogue à celle dont je parlerai plus loin à propos de l'évocation du « *tableau représentant saint Jean-Baptiste s'en allant dans le désert* » (176).

18. Voir Laurent FOURCAUT, « *Un Roi sans divertissement* de Jean Giono. Une écriture de la cruauté comme remède à l'ennui » (*loc. cit.*[9]).

19. Il a pleinement conscience de ce lyrisme, et le revendique. On lit dans son *Journal*, à la date du 12 décembre 1935 : « *Tout va admirablement. Ce que j'ai écrit est sûrement le meilleur du livre et de tous mes livres. C'est de toutes façons, depuis (mettons Victor Hugo) ce qui a été écrit de plus direct et de plus lyrique dans la langue française avec cet avantage que ça reste populaire.* » (*J*, 84).

20. Giono usera des mêmes mots, du même procédé d'*accumulation*, lorsqu'il décrira, dans *Deux cavaliers de l'orage*, l'attitude des avares spectateurs du « *théâtre du sang* » (*DC*, 96) : « *[...] ils regardent ; ils ne sont plus timides ; ils se rétablissent ; ils reprennent leur vie, ils la serrent, ils l'attachent ; ils lui mettent un collier ; ils la mettent à la chaîne.* » (95).

21. Voir Francis PONGE, « *Le Pain* », in *Le Parti pris des choses, Œuvres complètes* (Paris, Gallimard, « Bibl. de la Pléiade », 1999), t. I, pp. 22-3. Et une analyse de ce poème dans Laurent FOURCAUT, *Le Commentaire composé* (Paris, A. Colin, « 128 », 2010. 3ᵉ éd.), pp. 83–98.

22. « Le monde muet est notre seule patrie » : c'est le titre d'une brève section (1952) de *Le Grand Recueil, II, Méthodes*, in Francis PONGE, *Œuvres complètes* (*op. cit.*[21]), p. 629. Cette même phrase conclut la section, p. 631.

23. Voir Laurent FOURCAUT, *Le Chant du monde de Jean Giono* (Paris, Gallimard, « Foliothèque », 1996).

24. Voir à ce sujet, dans cette livraison (*supra*, pp. 75–117), l'étude de Mireille SACOTTE, « De la guerre à la terre. Les idées politiques de Giono au temps des "*Vraies richesses*" (1929–1939) ».

25. Ainsi que le montre Mireille Sacotte (VII, n. 1 de la p. 176, pp. 1008-9).

26. On lisait déjà plus haut : « *Joie magnifique des travaux naturels où jamais rien n'est esclavage, où tout est à la mesure de l'homme, lui laissant son temps (ce temps qui est l'habitation de dieu).* » (*VR*, 213).

27. Freud a fait observer que « *le mot* materia *est un dérivé de* mater, mère. *La matière dont une chose est faite est comme son apport maternel.* » (FREUD, *Introduction à la psychanalyse* [Paris, Payot, « Petite Bibliothèque Payot », 1969], p. 145).

28. Jean GIONO, « Rien n'est vanité » cité in Christian MICHELFELDER, *Jean Giono et les religions de la terre* (Paris, Gallimard, 1938), p. 222. Ce texte fut d'abord publié dans *L'Intransigeant* du 18 décembre 1932, puis repris dans le numéro 2 des *Cahiers du plateau*, le 21 avril 1935 (voir III, 1156).

29. Jacques CHABOT, *L'Imagionaire* (Le Méjean, Actes Sud, 1990), p. 39.

30. Émile VERHAEREN, *Les Villes tentaculaires*, 1895 ; *Les Campagnes hallucinées. Les Villes tentaculaires* (Paris, Gallimard, « Poésie », 1987).

31. Voir Robert RICATTE, « Note sur un projet de Giono : "Les Fêtes de la Mort" » (III, 1266–76) et Pierre CITRON, *Giono 1895–1970* (Paris, Seuil, 1990), pp. 266–8.

II

BIBLIOGRAPHIE

LES VRAIES RICHESSES
BIBLIOGRAPHIE DE LA CRITIQUE

par Laurent FOURCAUT

Alors que travaux et publications sur l'œuvre de Giono se multiplient, il est frappant de constater à quel point l'essai *Les Vraies richesses* reste dédaigné par la critique, comme le montre la minceur de cette bibliographie. Pas une seule monographie jusqu'à présent, pas non plus un seul article exclusivement dédié à ce livre. Sans doute est-il encore victime d'une certaine méfiance vis-à-vis des textes de Giono que l'on peut qualifier d'engagés, comme si l'on restait peu ou prou prisonnier de l'idée selon laquelle l'immense romancier aurait été un idéologue naïf ou peu clairvoyant. Cette livraison comble donc une véritable lacune et établit d'ailleurs que *Les Vraies richesses* est une grande œuvre, à la fois puissamment lyrique et, à sa romantique façon, militante.

I. Livres traitant partiellement de *Les Vraies richesses*.

Bantel, Andrea Beate. *Jean Giono in Deutschland 1929–1945. Ein französischer Schriftsteller im Spiegel und im Zerrspiegel seiner deutschen Leser*. St. Ingbert, Werner J. Röhrig Verlag, 1992. 280 p. (Saarbrücker Beiträge zur Literaturwissenschaft ; Bd. 29).
> Notamment pp. 35, 39, 47, 134, 172, 230, 234–7, 239, 240, 245–7, 265-6.

Boisdeffre, Pierre de. *Giono*. Paris, Gallimard, 1965. 285 p. Coll. « La Bibliothèque idéale ».
> P. 117.

Campozet, Alfred. *Le Pain d'étoiles : Giono au Contadour*. Périgueux, Pierre Fanlac, 1980. 127 p.

Carité, Jean-Marc. *Jean Giono, homme du Contadour*. Lys [64260], éditions d'Utovie, 1972, 2ᵉ édition 1979. 124 p. Coll. « Essais pour que ma joie demeure ».

Citron, Pierre. *Giono 1895–1970*. Paris, Seuil, 1990.
> Pp. 244–7.

Citron, Pierre. *Giono*. Paris, Seuil, 1995. 190 p. Coll. « Écrivains de toujours ».
> Pp. 53–7.

Durand, Jean-François. *Les Métamorphoses de l'artiste : l'esthétique de Jean Giono — de "Naissance de l'Odyssée" à "L'Iris de Suse"*. Préface de Jacques Chabot. Aix-en-Provence, Publications de l'Université de Provence, 2000. 484 p.
> Pp. 208–18 : « *Les Vraies richesses* ou la tentation du référent ».

Giono, Jean. *Entretiens avec Jean Amrouche et Taos Amrouche*. Présentés et annotés par Henri Godard. Paris, Gallimard, 1990. 334 p.
> Pp. 217, 221, 232.

Godard, Henri. *D'un Giono l'autre*. Paris, Gallimard, 1995. 203 p.
> Pp. 62-3.

Heller-Goldenberg, Lucette. *Jean Giono et le Contadour. « Un foyer de poésie vivante » 1935–1939*. Nice, Publications de la Faculté des Lettres et Sciences humaines de Nice, 9, Les Belles Lettres, 1972. 392 p.
> Pp. 119–21.

Michelfelder, Christian. *Jean Giono et les religions de la terre*. Paris, Gallimard, 1938. 236 p.
> Pp. 166–9.

PRADEAU, Christophe. *Jean Giono*. Paris, Ellipses, 1998. 116 p. Coll. « Thèmes et études ».
Pp. 35-6.

SACOTTE, Mireille. Notice de *Les Vraies richesses*, pp. 955–95 in Jean GIONO, *Récits et essais*, édition publiée sous la direction de Pierre CITRON avec la collaboration de Henri GODARD, Violaine DE MONTMOLLIN *et* Mireille SACOTTE (Paris, Gallimard, 1989. 1335 p. Coll. « Bibliothèque de la Pléiade »).

II. ARTICLES TRAITANT PARTIELLEMENT DE *LES VRAIES RICHESSES*.

ARROUYE, Jean, « Sur la terre comme au ciel : Giono et la photographie », *Bulletin* (Association des Amis de Jean Giono), n° 16, automne-hiver 1981, pp. 21–36.
Repris, sous le titre « Sur la terre comme au ciel », pp. 215–29 in *D'un seul tenant (Manières et matières gioniennes)* (Aix-en-Provence, Publications de l'Université de Provence, 2003. 284 p.).

CITRON, Pierre, « Espoir et désespoir chez Giono pacifiste, de 1934 à 1939 », *Bulletin* (Association des Amis de Jean Giono), n° 24, automne-hiver 1985, pp. 71–5.

CITRON, Pierre, « Pacifisme, révolte paysanne, romanesque : sur Giono de 1934 à 1939 », pp. 25–44 in *Jean Giono, imaginaire et écriture*, Alan J. CLAYTON *ed.* (Aix-en-Provence, Édisud, 1985. 255 p.).

CLARKE, Katherine Allen, « Giono's *Colline* : Pantheism or Humanism ? », *Forum for Modern Language Studies*, Vol. VII, no. 2, avril 1971, pp. 109–20.

GLEIZE, Jean-Marie *et* Anne ROCHE, « "Roman", "poésie", "peuple" : situation du lexique gionien dans les années Trente », pp. 11–30 in *Giono aujourd'hui*, Jacques CHABOT *ed.* (Aix-en-Provence, Édisud, 1982. 291 p.).

GUEREÑA, Jacinto Luis, « Espigando en el hombre mediterráneo (N. Kazantzaki y J. Giono) », *Cuadernos hispanoamericanos* (Madrid, Centro Iberoamericano de Cooperacion), n° 195 (marzo de 1966), 1966, pp. 539–49.

LABOURET, Denis, « L'Écriture polémique de Giono », pp. 20–33 in *Giono l'enchanteur*, Mireille SACOTTE *ed.* (Paris, Grasset, 1996. 296 p.).

NEVEUX, Marcel, « De l'artisanat considéré comme une danse », *Bulletin* (Association des Amis de Jean Giono), n° 29, printemps-été 1988, pp. 40–67.

POURRAT, Henri, « La Pensée magique de Jean Giono », *La Nouvelle revue française*, n° 301, 1ᵉʳ octobre 1938, pp. 646–58.

Étude republiée sous le titre « La Maison magique du monde » dans *Le Blé de Noël* (Marseille, éditions du Sagittaire, 1942). Le texte de cette seconde version est reproduit (pp. 75–84) dans Jean GIONO–Henri POURRAT, *Correspondance (1929–1940)*, hors série de la *Revue Giono*, édition établie, présentée et annotée par Jacques MÉNY (Manosque, coédition Les Amis de Jean Giono-La Société des Amis d'Henri Pourrat, 2009. 91 p.), dont il est rendu compte dans cette livraison (*infra*, pp. 190-1).

III

CARNET CRITIQUE

GIONO, Jean. *J'ai ce que j'ai donné*. Lettres établies, annotées et préfacées par Sylvie DURBET-GIONO. Paris, Gallimard, 2008. 225 p. Coll. « Haute enfance ».

Il faut saluer l'entreprise de Sylvie Durbet-Giono qui publie une centaine de lettres de son père, issues des archives familiales de la maison du Paraïs. Giono s'y adresse essentiellement aux siens : à ses parents, dans une sélection de treize lettres de guerre écrites entre 1916 et 1918, puis, dans toutes celles qui courent de 1931 à 1970, à sa femme, Élise, et ses filles, Aline et Sylvie. Comme cette dernière s'en explique dans une très belle préface dédiée à ses petits-enfants, elle entend ici transmettre et restaurer le portrait intime et familier d'un père, « *certaines facettes de sa personnalité, certains côtés de notre vie qui n'ont pas retenu l'attention des biographes* » (p. 8).

C'est bien la voix d'un « *cœur tendre* » (p. 122) qui résonne dans toute cette correspondance. Giono y prodigue les déclarations d'amour, les « *tonnes de caresses* » (p. 90), les « *pitrognades les plus affectueuses* » (p. 103). Débordant de sollicitude, il se préoccupe avant tout des santés, du bien-être des correspondants mais aussi de tous les habitants du Paraïs : les trois aïeules, Fine, tous les familiers et protégés, les hôtes attitrés comme Lucien Jacques, *dit* « le Kakoun », les chats et les chiens. Au jour le jour, ses lettres restituent la vie nombreuse de la grande maisonnée : les travaux, les visites, les repas, la musique et le cinéma, le temps qu'il fait, les confitures d'abricots, la vie des bêtes. Giono délivre aussi la chronique de Manosque dont il se fait « *le concierge* » (p. 138) ou « *l'historiographe* » (p. 105), avec une prédilection pour la rubrique nécrologique et les morts spectaculaires. L'épistolier confirme ici les délicieux souvenirs d'Aline[1]. Il veille, garde « *l'équilibre de toute la bande* » (p. 123), fleurit de mimosa les tombes du cimetière. Seigneur du Paraïs, il apparaît bien comme un *roi* au cœur de son « *milieu de paix et d'affection* » (p. 60).

Giono rassure : dans les tranchées de la Grande Guerre, toujours ensuite, il se porte invariablement « *comme le Pont-Neuf* » (p. 46). Comme celle de l'opulente Mme Tim (*Roi*, 519), sa générosité est inépuisable. « *Dépensez de l'argent* », « *profitez* » (p. 97), recommande-t-il. Non que la famille soit riche : la menace régulière des impôts atteste du contraire, mais le détachement de Giono est parfait. Les périodes de gêne n'altèrent en rien les aides prodiguées : « *Nous n'en serons pas plus pauvres.* » (p. 150). Si toutefois la prospérité survient, il passe alors « *aux choses sérieuses* », attribue les subventions décidées par « *le Grand Conseil de Principauté du Paraïs* » et, tout comme la duchesse Ezzia, *« *exige* » (p. 168) que l'on en fasse « *une belle* folie » (p. 169). Il veut le « *bonheur* » d'autrui (p. 184), attend les lettres, s'inquiète : « *Attention à la vitesse du cheval au galop* », prévient-il lorsque sa famille est en vacances en Bretagne (p. 90). Manifestement, il prend plaisir à cette correspondance : « *Je languis, je suis ravi, je suis ravi et je languis.* » (p. 93). Son allant, son talent, son humour étincellent comme lorsqu'il conte la réception du Prix de Monaco en 1953 (pp. 166-7).

Pendant près de quarante années d'une création ininterrompue, il informe ses toutes premières lectrices de ses progrès, de ses projets. Car l'œuvre — ogresse, égoïste — le « *réclame* » (p. 86), exige un travail acharné qu'il accomplit « très *volontiers* » (p. 132), que rien n'entrave, ni les importuns, ni les facéties du « Kakoun », et dont il s'émerveille lui-même. L'enthousiasme, l'euphorie créatrice soulèvent aussi les textes « alimentaires » où Giono ajoute ce qu'il faut de ruse malicieuse, « *ce qu'il faut d'amertume pour que ces messieurs de la critique puissent parler de Shakespeare !* » (p. 150). Jusqu'à la fin, il maintient cette prodigieuse effervescence créatrice. En 1970, attendant le retour de la force physique, il écrit : « *Je prépare, je construis, j'envisage très loin dans* Les terres du Boër [...]. » (p. 207).

Oui, solidement enraciné dans la vie paisible du Paraïs, cultivant le goût de la solitude et le génie de l'évasion intérieure, Giono fut un homme profondément heureux. Le mot « *Joie* » (p. 209) est le dernier qu'il trace dans un ultime message écrit le jour de sa mort. Il y a une « philosophie Giono » que nous voyons s'élaborer dès les années de jeunesse en pleine guerre (p. 48). Toutes ses lettres, joyeusement, déclinent les éléments d'un art essentiel de « *bien vivre* » (p. 186) : les « *chers livres* » (p. 53), les saveurs du monde, le beau temps qui incline « *à la paix* » (p. 130), la splendeur des paysages, la floraison des crocus, l'élégance des étoffes, l'amour du travail bien fait.

Parmi les documents reproduits, se trouve l'émouvante carte postale de mai 1945 où Giono salue le retour de la Paix : « *Je donnerai mon grand livre.* », écrit-il (p. 82). Ce verbe, si fréquent, rejoint le beau titre du recueil que Sylvie Durbet-Giono emprunte à l'*ex-libris* de son père : « J'ai ce que j'ai donné ». La devise résume toute une existence et sa profonde sagesse : la joie du don est la *vraie richesse*. Sylvie Durbet-Giono continue ainsi le geste de son père en nous donnant à mieux entendre ce cœur « *un peu extravagant* » (p.208) à qui — avec sa famille — toute la famille des lecteurs doit tant.

Agnès CASTIGLIONE

1. Aline GIONO, *Mon père. Contes des jours ordinaires* (Paris, Philippe Auzou, 1986).

GROSSE, Dominique. *Jean Giono. Violence et création.* Paris, L'Harmattan, 2003. 316 p. Coll. « Critiques littéraires ».

Dominique Grosse reprend dans cet ouvrage sa thèse de doctorat, soutenue en 2000 à l'Université Marc Bloch de Strasbourg et consacrée à un aspect fondamental de l'œuvre gionienne. Il s'efforce en effet de rendre compte de la présence démesurée de la violence dans l'univers romanesque de l'écrivain en la reliant de façon dynamique à l'activité créatrice elle-même. Rappelant dans un premier temps le contexte biographique et idéologique de la production gionienne, il souligne l'expérience de la violence et du traumatisme de la Première Guerre mondiale puis l'engagement de l'écrivain et son pacifisme intégral à la veille du deuxième conflit mondial. L'évolution du traitement de la violence et la fascination croissante pour la cruauté dans l'œuvre romanesque ne peuvent alors que rendre perplexe le lecteur. Dominique Grosse entreprend d'étudier cette évolution à travers cinq jalons majeurs : *Le Grand troupeau*, roman de la guerre, *Le Chant du monde*, *Deux cavaliers de l'orage*, *Un Roi sans divertissement* et *Ennemonde*.

Si, dans l'univers romanesque de Giono, l'homme exerce individuellement ou collectivement la violence, il est d'abord soumis, comme la nature dans son ensemble, aux lois de la violence cosmique, d'où le déchaînement des éléments dès les romans du cycle « panique » où s'exprime le jaillissement de la vie à travers des images de bouleversement, d'éclatement ou d'explosion. La brutalité, la monstruosité et la sauvagerie ne sont donc pas absentes des premières œuvres de l'écrivain. L'homme est à la fois soumis aux grandes forces cosmiques et séparé de la nature par la « *grande barrière* » (*SP*, 523), condamné de ce fait de façon tragique à « *l'affrontement de la solitude irrémédiable et du monde* » (*Enn.*, 255), à l'ennui et au vide existentiel. Il aspire alors à guérir des souffrances liées à sa condition et cherche parfois à réintégrer de façon violente l'ordre naturel du monde (d'où les suicides de Bobi et de Langlois par exemple). La violence tend ainsi à gagner l'intériorité humaine au fil des romans. Elle s'exerce souvent à travers l'errance de personnages en quête du sens profond de l'existence

175

qui découvrent en eux-mêmes une part de sauvagerie et de monstruosité. Giono approfondit dans les *Chroniques romanesques* sa réflexion sur la violence, les pulsions et les passions humaines, réflexion qui se cristallise autour de certains motifs récurrents. Le sang versé sur la neige est ainsi un divertissement spectaculaire et fascinant qui vient combler le vide.

Dominique Grosse montre aussi comment la violence est liée dans les romans à une géographie particulière, celle du Haut Pays, où vivent des personnages marqués par la force des passions et le besoin de domination jusqu'à la démesure. La violence est le moyen d'expression de ces individus d'exception, âmes fortes ou « rois » qui transgressent les limites de l'espace quotidien pour découvrir « [*l*]*a géographie d'un nouveau monde* » (*Roi*, 492), comme Frédéric II quand il arrive au sommet de l'Archat. Toute une typologie de personnages peut alors se constituer où coexistent ces deux mondes, des villageois à l'esprit terreux et marqués par la peur aux personnages, plus aériens, qui accèdent à cette double réalité et perçoivent l'origine de la violence dans la nature profonde de l'homme. D'autres personnages enfin commencent à s'initier au mystère de la violence, comme Bergues dans *Un Roi sans divertissement*, dont la prise de conscience limitée est qualifiée de « *petit* démarrage » (465), à la fois spatial et herméneutique. Le lecteur est conduit à s'interroger sur le caractère ambivalent et ambigu d'une violence qui se présente sous un jour différent suivant le regard que l'on adopte, guidé en cela par le double sens d'expressions en italique dans le texte ou par l'usage de l'ironie et du non-dit dans la narration. La violence est de ce fait davantage intellectualisée, dans *Ennemonde* particulièrement, où elle devient plus subtile et secrète : les références explicites aux crimes s'effacent dans le langage, ne laissant filtrer que le bonheur souverain du personnage éponyme qui perturbe les valeurs communément admises. La représentation de la violence devient donc plus complexe au fil des romans : la réflexion qui prend en compte le caractère sacré d'une violence ritualisée et sacrificielle ou la recherche d'un équilibre, « *la paix dans la bataille* » (*DC*, 175), sans cesse menacé, se double d'une esthétique. La violence s'immisce dans l'écriture : le romancier cherche à prendre ses distances avec une représentation convenue de la réalité, en bousculant la chronologie, la focalisation ou les différents degrés de narration par exemple. De cette façon, Giono « *finit par faire de la violence l'arme de son combat* » (p. 221). En exprimant la violence des sensations ou des passions, en menant ses personnages jusqu'au bout de leur condition où ils finissent par rejoindre « *les dimensions de l'univers* » (*Roi*, 606) ou le magma cosmique, l'écrivain use des moyens détournés de la création (de moyens qui le divertissent), « *violence symbolique* » (p. 242) qui se substitue à la « *violence réelle* ». La maîtrise dont il fait preuve en créant un espace vide, « *vierge* » (p. 243) (celui de la page blanche) par destruction, écrasement du monde, lui permet de retrouver l'essentiel par et dans l'écriture, où l'encre est un substitut du sang. Giono lie donc étroitement violence et écriture, exprimant par cet acte créateur son « *attachement au monde et à la vie* » (p. 270). Or, la violence est bien « *une expression de cette vie universelle* » (p. 279).

Le livre de Dominique Grosse souligne de ce fait la grande cohérence de l'imaginaire gionien tout en montrant l'évolution de l'œuvre dans sa réflexion sur la violence. Sa dernière partie rappelle que la violence est pour Giono « *une réalité incontournable de la condition humaine* » (p. 286) avec laquelle chacun doit faire son compte. Cette conception s'accorde d'ailleurs avec le pacifisme par lequel l'écrivain refuse une violence artificielle qui détruit les liens entre l'homme et la nature, anéantit toute expression de « *l'énergie de la vie* » (p. 289), alors que la violence naturelle est pour lui création, d'où son rapport étroit à l'écriture !

L'un des mérites de cet ouvrage est donc sans nul doute de montrer comment l'expression de la violence se met au service de la création d'une grande œuvre littéraire. On peut toutefois regretter l'absence de certaines références majeures (les œuvres de transition, capitales pourtant pour mesurer l'évolution de la réflexion de l'écrivain, sont ici peu exploitées), tout comme le traitement trop rapide de notions clés de l'imaginaire gionien, la tension entre la perte et l'avarice, si importante pour la question de la violence, par exemple.

Jean-Paul PILORGET

PILORGET, Jean-Paul. *Le Compagnonnage souverain de Jean Giono. Intertextualité et art romanesque.* Paris, L'Harmattan, 2006. 308 p. Coll. « Critiques littéraires ».

Je veux dire d'emblée le plaisir pris à la lecture de ce travail, un véritable *"plaisir du texte"*. Son écriture se caractérise en effet par un mélange tout à fait plaisant, et même réconfortant : elle est à la fois mesurée, discrète, probe, et précise, plastique et rythmée, finement articulée : serrant toujours de près son objet et comme le caressant — ce dont témoigne aussi cette façon que Jean-Paul Pilorget a de recourir périodiquement et pertinemment à l'étymologie de tel ou tel terme, pour bien signifier comme il l'aide à penser et à décrire tel fonctionnement du texte auquel alors il s'attache.

Ces qualités d'écriture sont évidemment indissociables du caractère minutieux, méthodique et maîtrisé de l'analyse à laquelle il a procédé du vaste corpus que son travail embrasse. À savoir non seulement les *Chroniques romanesques* de Giono, leur en-deçà et leurs marges, mais les travaux critiques dont il a nourri son exploration et sa réflexion, à la fois ceux portant sur l'œuvre de Giono en tant qu'elle devient, avec le temps, profondément dialogique, et ceux qui se sont intéressés à l'intertextualité comme telle. L'auteur semble avoir tout lu là-dessus, de Gérard Genette à Antoine Compagnon en passant par Mikhaïl Bakhtine. Et ces derniers travaux, qu'il a si bien assimilés, il les résume, les classe, au besoin les discute, il les exploite avec beaucoup de méthode, de netteté, d'efficacité, et pour finir il fait apparaître que la pratique intertextuelle de Giono, si complexe et si subtile, déborde ou bouscule parfois ces taxinomies, de sorte que son travail n'est pas seulement une contribution de valeur à la recherche gionienne, il enrichit aussi l'approche théorique de l'intertextualité.

Cette intertextualité — jeu citationnel, allusions et références, dont l'abondance, la diversité et l'intrication conduisent, ainsi que l'établit Jean-Paul Pilorget, à la constitution de réseaux intertextuels où se produit une « *circulation incessante des références* » (p. 177) à partir de « *véritables références-noyaux* » —, qu'il qualifie avec juste raison d'« *élément majeur de la poétique gionienne* » (p. 178), cette intertextualité si bien étudiée dans sa thèse, depuis ses apparitions timides dans les œuvres de la « première manière », puis son développement plus franc dans les essais, jusqu'à son plein épanouissement dans les *Chroniques* dont il montre qu'elle en fait intimement partie, n'est cependant qu'un aspect, assurément parmi les plus décisifs, d'un phénomène à la fois plus général et plus central, d'un mécanisme qui fonde véritablement l'œuvre tout entière de Giono, de son début à sa fin, et dont ce travail ne contribue pas peu à faire mesurer l'extrême importance : son *autoréférentialité* foncière.

Au point qu'on est tenté de dire que la première partie, « Variété des pratiques et des formes [intertextuelles] : essai de typologie » (p. 43), qui porte sur le corpus des *Chroniques*, est parfaitement informée, rigoureuse et dominée, et par conséquent fort utile à la connaissance de l'œuvre gionienne ; mais que la deuxième partie, « Intertextualité, réflexivité et imaginaire » (p. 183), où sont étudiés les enjeux de cette pratique intertextuelle généralisée, du point de vue de la *réflexivité* de la création gionienne, elle, est capitale. Car Jean-Paul Pilorget a fort bien perçu et habilement démonté cette structure réflexive, que j'appelle, pour ma part, « autoréférentielle ».

Je crois à ce propos pouvoir ajouter ceci : à partir du moment où l'auteur a pris conscience en plein de cette dimension des œuvres de Giono — et pas seulement des *Chroniques* —, il a dû aller de découverte en découverte, car alors, littéralement, il n'y a plus de raison ni d'ailleurs de moyen de s'arrêter. C'est très net et très spectaculaire dans la lecture tout à fait convaincante qu'il propose du personnage de Frédéric II dans *Un Roi sans divertissement*, figure de l'écrivain, ou plutôt une des figures de l'écrivain, car plus on relit Giono — et, en particulier, plus on le relit avec l'auteur de ce livre —, plus on a la conviction qu'il convient de dire de cette démultiplication et de l'emboîtement des mises en abyme de l'instance du romancier dans les fictions qu'il crée ce que Freud dit quelque part du rêveur dans son rêve, à savoir qu'il est « égoïste », en ce sens qu'il se cache peu ou prou derrière tous les personnages du rêve. Jean-Paul Pilorget le dit d'ailleurs lui-même à propos de l'épisode de la traque du loup dans *Un Roi sans divertissement* et singulièrement du récurrent « *thème de la trace* » (p. 188) qui « *renvoie de façon indubitable à l'écriture* » : « *Les personnages du roman, tour à tour traqueurs et traqués, sont autant d'images de l'écrivain, en quête du sens angoissant de la condition humaine, en proie, comme tout un chacun, à l'ennui, et qui s'en divertit dans les jeux subtils de l'écriture* [...]. » (p. 189). Il le montre aussi des deux personnages principaux de *Les Grands chemins*, l'Artiste et le narrateur (p. 192).

Il s'est bien sûr posé la question de savoir quelle place particulière, spécifique, tenait l'intertextualité dans cette structuration réflexive de l'œuvre. Il a observé et démontré la fréquence et l'importance de l'autoportrait de l'écrivain en « *bricoleur* » (pp. 184 et sq.), ce bricolage d'objets hétéroclites, par définition détournés par le bricoleur de leur usage ordinaire, étant métaphore de la manipulation des intertextes par l'écrivain qui les glane et les fond dans son texte propre (sur cette façon qu'il a d'ingérer et de transformer les textes des autres, on apprécie beaucoup la citation, parfaitement adéquate, qui est faite page 177 d'un passage de Julien Gracq).

Mais il a également proposé, à ce moment de sa démonstration, un très pertinent, très utile recensement des métaphores ou mises en abyme de l'écriture (et corrélativement de l'écrivain) dans la fiction : bricolage inspiré, donc, cueillette (dans *Noé*) — cela avait déjà été repéré, comme l'on sait —, tissage, tricot et broderie, tapisserie même (n. 1, p. 194), cuisine (p. 218), mais aussi « [é]*chafaudages ou passerelles* » (p. 218) jetés en travers du vide (de la page blanche, et plus largement du "*contre monde*" qu'est l'œuvre littéraire : car ce n'est pas le monde qui est vide pour Giono, au contraire, il est caractérisé par un trop-plein, une "*monstrueuse accumulation*" ; ce qui est désespérément "*vide*", c'est le monde factice dans lequel le déserteur-avare qu'est l'écrivain se retire), voyage enfin : faire de la route, faire son chemin — de là sans doute *Les Grands chemins* —, c'est-à-dire cheminer sur une route ou à travers un paysage, en particulier de neige (dans "*Un Roi*"), à pied, à cheval ou en voiture (l'auteur en donne bien des exemples, entre autres, celui du camionneur de *Faust au village*). Cette dernière image, celle du chemin que l'on fait, me paraît être la métaphore majeure de l'écriture, car elle est présente dès l'origine, au moins depuis *Naissance de l'Odyssée*.

Or Jean-Paul Pilorget insiste évidemment sur le fait que, parmi ces diverses métaphorisations du texte en train de s'écrire, plusieurs englobent en quelque sorte cet ingrédient capital de l'écriture — c'est lui qui le dit et qui le démontre d'un bout à l'autre de son ouvrage — qu'est la réécriture (p. 184), la reprise, l'incorporation d'autres textes, ceux des autres, mais aussi les siens propres, non seulement passés, mais même, parfois, à venir (fragments de *Angelo* non publiés dans *Noé*), dans le texte en cours, en travail. C'est très net du bricolage : encore une fois, l'exemple de Frédéric II dans *"Un Roi"* est à cet égard des plus éclairants, ou de la cuisine, bref, de toute activité qui consiste à mettre ensemble et à transformer des éléments hétérogènes.

On est très sensible également à la substantielle mise au point sur la présence du livre dans le livre et sur celle, concomitante, des personnages de lecteurs. Est montré alors le lien thématique, souvent très subtil, qui s'établit entre le livre lu dans la fiction et certains thèmes essentiels développés par cette fiction, thèmes que le livre en question peut annoncer discrètement. L'auteur démontre aussi, de convaincante façon, que l'écrivain, toujours lui, se profile derrière ces fictifs lecteurs, à la fois parce qu'il met alors en scène le divertissement qu'il cherche et trouve dans les livres (p. 291), parce qu'il n'écrit jamais *ex nihilo* mais toujours à partir des livres dont il s'imprègne — et revoilà donc, comme de juste, l'intertextualité —, et enfin et surtout parce que, judicieux rappel, l'écrivain est son premier lecteur. S'agissant de Giono, ce principe-là est d'une conséquence incalculable. C'est en particulier une source du dédoublement (ou détriplement, etc.) de l'instance de l'écrivain en plusieurs personnages dont il était question tout à l'heure. Par exemple, Frédéric II suivant à la trace M. V. dans la neige immaculée et mettant ses pas dans les siens, c'est l'écrivain qui assiste, éberlué (il nous le dit et il faut le croire : c'est vrai), à la naissance (sur le papier comme sur de la neige), à la croissance et à l'embellissement de lui-même, lui simple père de famille qui tout à l'heure encore crevait d'ennui, comme assassin et qui, à ce jeu de piste vertigineux, graduellement, change de peau, devient loup.

Dès lors qu'est clairement établie cette dimension réflexive de l'œuvre, en particulier dans les *Chroniques*, ce à quoi ce travail aura grandement contribué, deux questions essentielles se posent, selon moi :

1. Pourquoi cette affirmation de la pratique intertextuelle à partir, en gros, de ce qu'on a pu appeler les œuvres de transition, c'est-à-dire de *Deux cavaliers de l'orage* et de *Pour saluer Melville*, et sa généralisation dans les *Chroniques* ? Car ce qui est nouveau, ce n'est en aucune façon l'auto-référentialité des textes ; on peut en effet la voir déjà à l'œuvre dans *Naissance de l'Odyssée* ou *Un de Baumugnes*, par exemple, ou encore dans *Le Chant du monde*. En d'autres termes, pourquoi cette autoréférentialité, à partir de ce moment-là, a-t-elle eu besoin de s'alimenter à l'énorme gisement des intertextes ?

Certes, Pilorget n'a pas manqué de s'interroger là-dessus. Mais, sauf erreur, il n'évoque qu'une fois cet aspect de l'intertextualité chez Giono, tout à la fin de son livre : «*Le recours à l'usage massif de l'intertextualité dans son œuvre romanesque accompagne le retrait de l'écrivain dans*

180

l'univers de la littérature, une "désertion" qui lui permet de surmonter l'épreuve de l'Histoire, la blessure infligée par les deux emprisonnements de 1939 et 1944, et la crise personnelle qui l'accompagne, marquée par l'abandon des projets romanesques qui tentaient de lier la fiction aux données du réel immédiat (Fêtes de la mort, Chute de Constantinople). » (p.297). Ce qu'il en dit là, en quelques lignes, est excellent, mais forcément un peu court. De toute évidence, il a fait un choix, le choix de concentrer sa recherche sur les enjeux de ce recours à l'intertextualité, sur la place qu'elle occupe et le rôle qu'elle joue dans ce recourbement réflexif, de plus en plus accentué, de l'œuvre sur elle-même. Et ce choix se justifie assurément. Reste que cette question mérite d'être approfondie.

2. L'autre question, encore plus décisive, est celle-ci : comment se fait-il que l'œuvre de Giono, la plus réflexive qui ait été, soit en même temps, comme chacun sait, la plus foisonnante, la plus proche des choses et des êtres, la plus sensuelle (et pas seulement avant-guerre : voir *Ennemonde*), la plus génialement greffée sur le monstrueux bouillonnement informe du monde, c'est-à-dire sur le réel ? Comment Giono peut-il tenir si totalement les deux bouts de la ficelle ?

Or Jean-Paul Pilorget s'est posé cette question, dans les dernières lignes de son livre, où il écrit : « *Ce dialogue élargi* [avec l'ensemble des discours et des arts, tel qu'on le rencontre dans l'œuvre de Giono], *dans lequel l'intertextualité occupe une place déterminante, permet à l'écrivain de réunir dans un compagnonnage souverain le même et l'autre, l'étrange et le familier, la conversation désinvolte (mais élégante) et le brouillage souterrain, pour exprimer d'une façon généreuse et alerte les grandes tensions de l'œuvre et, dans un univers où la littérature renvoie avant tout à elle-même, restituer paradoxalement la présence sensuelle et savoureuse du réel, dans toute sa profusion et sa richesse.* » (pp.301-2).

Tournons alors le problème autrement, en espérant en mieux manifester tenants et aboutissants.

À plusieurs reprises, l'auteur livre cette conclusion, qui se dégage en effet fortement de ses analyses : le référent du texte gionien, dans les *Chroniques*, est devenu la littérature. Dans les écrits sur la Provence, « *il n'y a pas d'autre réalité que celle de l'œuvre* » (p.268). « *[...] il n'y a pas d'autre réalité pour lui* [l'écrivain] *que celle du texte.* » (p.192). Dans *Voyage en Italie*, « *Giono déréalise l'espace référentiel en le transformant en paysage littéraire* » (p.276). Il est vrai qu'il a soin de préciser que ce n'est que « *à la limite* » (p.279), dans des œuvres comme *Bestiaire* ou *Le Badaud* qu'il a judicieusement choisi de considérer, que Giono « *fait disparaître tout référent réel* ». Hors même de ces cas limites, il reste qu'il conclut à un effacement tendanciel du référent, sous la pression d'une pratique intertextuelle complètement débridée.

Mais en même temps — c'est à propos du portrait de l'écrivain en vigneron dans *Arcadie ! Arcadie !*, dont il cite un très beau fragment —, il écrit ceci, qui met l'accent, non plus sur un *"contre monde"* déréalisé, mais bien sur cette idée capitale que le *"contre monde"* n'a jamais eu d'autre but que de procurer le vertige de la perte (tant il est vrai qu'au bout du compte, il n'est pas d'autre désir chez Giono), la perte étant éclatement libérateur mais mortel, retour au réel informe, indifférencié, aux « *dimensions de l'univers* » (*Roi*, 606) : « [...] *Giono nous entraîne ici dans un voyage magique à travers les formes, pour nous dire que la vérité de l'art renvoie l'homme à l'ivresse de la perte, qu'il est une chevauchée fantastique (jouissive et indirecte) de la mort.* » (p. 271). On ne saurait mieux dire. Oui, *"indirecte"*, forcément, la perte que l'écrivain se procure dans l'écriture, puisque, par définition et en dernière instance — ça l'ennuie toujours beaucoup, mais c'est ainsi —, elle se produit dans des formes.

Mais pour que ces formes littéraires, et en particulier celles que Giono bricole à coup d'intertextes, permettent à l'écrivain de goûter à cette jouissance de la perte, il faut que, d'une manière ou d'une autre, elles aient su s'incorporer, peu ou prou, les propriétés mêmes du réel. Sans quoi elles seraient creuses, coupées des choses, sans racines, elles ne procureraient que désillusion et ennui. J'ai donc entrepris de relever dans cet ouvrage et de regrouper (ce que curieusement Pilorget n'a guère cherché à faire), les diverses ressources de cet ordre que l'intertextualité, dûment travaillée par Giono dans ce but, offre au désir de l'écrivain, à son désir de se perdre à blanc, noir sur blanc. Le point de départ est donc toujours, c'est entendu, celui-ci : le *"contre monde"* du texte étant le produit d'une désertion originaire loin du réel, il est vide, inerte et désolé, il est mort ; comment faire, encore une fois, pour lui conférer les attributs mêmes du réel dont il n'est qu'un factice duplicata ?

L'intertextualité y contribue puissamment — c'est ce que montre l'auteur —, de quatre façons complémentaires, au moins :

— La prolifération des intertextes, leur imbrication, leurs entrecroisements, donnent au texte une épaisseur, une consistance, une assise et une profondeur de champ. Car la bibliothèque universelle, en devenant ainsi l'arrière-plan des fictions, les ouvre sur un espace quasi infini.

Le jeu intertextuel incessant auquel il se livre esthétise [...] l'espace de l'œuvre qu'il enracine dans le terreau de la littérature. Les références littéraires lui permettent de colmater le vide sur lequel il avance. Elles visent à saturer le texte de multiples parcours, enrichissent et potentialisent l'espace de la fiction, lui assurent sa consistance, le « garantissent » en quelque sorte. Le « contre-monde » ainsi créé tend à s'élargir aux dimensions de la littérature universelle. (p. 213)

C'est assurément à cette fonction des intertextes qu'il faut rattacher l'image des passerelles entrecroisées sur le vide, tissant comme une toile, à la fois filet de protection pour acrobate et pellicule pertuisée, dispositif troué, ouvrant sur son Dehors. Car Giono traite toujours son texte comme Pénélope

182

sa toile : s'arrangeant pour le défaire, *tramant sa perte* à mesure qu'il le tisse.

— Pilorget parle très opportunément de *"réseaux intertextuels"* : autre façon de nommer cette toile d'araignée. Ils permettent au désir d'accomplir, d'une manière il est vrai très particulière, sa vocation la plus pressante : circuler, circuler librement, s'épancher, aller et venir sans fin, les réseaux étant devenus à la longue si imbriqués, si étendus, si labyrinthiques enfin, qu'on peut *penser s'y perdre. « Cette intériorisation de l'univers de la littérature dans le monde construit par la fiction permet à l'écrivain d'être partout en pays de connaissance, de baliser ses parcours, de circuler librement dans l'espace démultiplié par les annexions et les emprunts de toutes sortes qui confinent à la démesure par leur prolifération monstrueuse. »* (p. 292).

— Il montre que l'utilisation gionienne de la référence est constamment parodique, qu'elle procède par rabaissement, par carnavalisation — il s'appuie alors bien sûr alors sur Bakhtine —, par ce qu'il appelle très justement *"naturalisation"*, les références étant fondues dans la parole le plus souvent familière, voire triviale, des personnages, ou transplantées dans des contextes qui en travestissent la tonalité primitive. Cette opération permanente de rabaissement aide Giono à réduire le fossé décourageant, désespérant qui, par définition, sépare la littérature du réel. C'est ce que Pilorget explique très clairement :

Réfugié dans les hauteurs de la littérature, l'écrivain veut « retremper » son écriture dans le monde de l'« en-bas », cherchant une assise pour son « contre-monde » dans la réalité la plus matérielle, de façon à lui donner les caractéristiques du monde réel. C'est ce qui explique d'ailleurs sur un plan général sa jouissance du rabaissement, du trivial, et la dimension parodique de sa pratique intertextuelle qui subvertit les références et manie l'irrévérence dans une carnavalisation généralisée. (p. 217)

— Il y a enfin ce motif très curieux du livre vide, ou nul. Il s'agit du livre d'Alexandre (p. 241) dans *L'Iris de Suse*, qui ne comporte que des chiffres, du Catalogue des Armes et Cycles de Saint-Étienne, unique lecture, dans *Crésus*, de Jules Sauvat (n. 1, p. 242), et plus encore du livre lu à l'envers en prison et dont la lecture procure étrangement à l'écrivain un contentement parfait[1]. L'épisode est narré dans *Noé*, mais aussi dans *Virgile*, dont est cité (pp. 246-7) à ce propos un passage proprement extraordinaire. Giono n'a pu se procurer qu'un *Manuel du canon de tranchée*. Qu'à cela ne tienne :

J'ouvris mon livre. Mon pouce qui le tenait ouvert, ma main qui supportait le poids familier se mirent à jouir d'une façon indicible. Mes yeux enfin nourris de constructions typographiques baignaient dans l'eau de rose. Dès les premières pages, le livre donnait des instructions pour le graissage des diverses parties d'un crapouillot. Alors, simplement, je tournai le livre à l'envers et, débarrassé du sens des mots, je me promenai, cramponné aux formes pures du livre, dans un état de bonheur et de calme tel que j'en rêve encore maintenant avec délice. (III, 1046)

Pilorget écrit : « *Le livre tenu à l'envers dans la cour de la prison renverse les entraves liées au réel, permet de découvrir l'envers des choses, leur aspect caché, parce qu'il ouvre sur le monde imaginaire de l'artiste.* » (p. 248). Je ne partage pas tout à fait son interprétation de ce motif étrange. Quand il parle des *"entraves liées au réel"*, il pense sans doute aux contraintes un peu sordides que l'écrivain subit en prison. Car, pour ce qui est du *réel* au sens plein du mot, c'est précisément parce que les formes du livre ainsi carnavalisé se trouvent alors directement branchées sur le réel — le gisement informe du désir — qu'elles sont *"pures"*, étant du coup *"débarrassées du sens des mots"* — car le sens est de trop dans le monde (le « *monde muet* » qui est « *notre seule patrie* »[2], écrit Ponge, à peu près au même moment), il est ce qui, étant de l'ordre du langage, du symbolique, coupe l'homme du réel et le voue au vide, à l'ennui, bloquant et dénaturant le pur jaillissement de son désir.

On peut donc dire que ce livre renversé, ce livre *sur rien*, met génialement en abyme l'intertextualité dans sa fonction la plus pure, justement. Car alors le sujet du livre n'interfère plus avec celui du texte qui l'intègre, comme c'est en revanche le cas, Pilorget le montre très bien, de *Sylvie* de Nerval dans *Un Roi sans divertissement* ou de *L'Esprit des lois* de Montesquieu dans *Les Grands chemins* (p. 239). Non. Le livre devient une pure forme, délivrée du sens. À travers lui, Giono nous donne la clé absolue de son œuvre (de sa morphologie et de sa fonction), du moins de la dimension radicale qu'elle a tendu à prendre avec le temps, ou plutôt telle qu'elle était dès le début dans sa structure la plus profonde, structure qui a émergé peu à peu, de livre en livre : elle est, elle entend être *forme libre*, libre de toute détermination qui la fixerait, la figerait, la tuerait, faisant d'elle une *nature morte*, une forme telle que la Force (le désir) puisse s'y épancher sans s'altérer ni se bloquer, s'y dilater *ad libitum*, s'y *exprimer* sans s'y *dénaturer*.

C'est en somme la fonction *plastique* de l'œuvre d'art qui est ainsi suggérée, comme efflorescence ou, mieux, *fioriture* d'autant plus efficace — en ce qu'elle autorise la libre expression, la libre circulation, l'allègre expansion du désir, donc une *perte*, indirecte sans doute, mais vivante — d'autant plus efficace qu'elle est plus neutre, plus indéfinie, plus proche de l'indifférencié, moins séparée de ce dont elle veut être la forme. Ce serait donc au total un livre sur rien, sur le rien, la *rem*, la Chose. Et c'est une des façons, la plus radicale sans doute, dont « *l'écrivain joue [...] à perdre le "contre-monde" qu'il échafaude, comme il disperse ou dilapide les emprunts qu'il amasse* » (p. 292), ou, si l'on préfère, la plus parfaite formulation de « *la dialectique perte-avarice qui structure son œuvre en profondeur* ».

On pourrait donc dire que le livre lu à l'envers met en abyme la fonction ultime de l'intertextualité chez Giono, fonction qu'on va retrouver paradoxalement dans ce « *papillonnement* » (*Roi*, 459) d'intertextes « *purgé du mal* [c'est-à-dire du sens], *vidé d'espoir* »[3] que sont les *Marginalia* de *Bestiaire*. Le paradoxe étant qu'on n'est donc pas alors, contre toute attente, dans le comble du jeu littéraire (pas plus que ne l'était déjà, « jeu littéraire »[4], n'en déplaise à Grasset, *Naissance de l'Odyssée*), mais bien dans un frétillement, un papillonnement allègre de formes qui s'entre-débarrassent de leur sens, lustrales comme du Bach.

Je peux donc maintenant préciser ma question, tout en m'apercevant que l'auteur y a déjà largement répondu, mais *en ordre dispersé*, comme s'il n'avait pas encore bien perçu l'intérêt d'une telle synthèse, qui est pourtant, en puissance, dans son ouvrage : peut-on vraiment parler d'une œuvre qui ne serait plus que littérature et jeu avec la littérature ?

Je voudrais pour finir mentionner d'autres réussites, et même d'autres beautés dans ce livre. Les pages sur « Camargue » (pp. 214 et suiv.), notamment, avec ce calembour si juste d'« *allusions-alluvions* » (p. 214), à propos du "fleuve" du texte au moment où, en fin de parcours, quand l'œuvre s'achevant se réfléchit dans sa propre surface, son propre miroitement, il va se perdre dans la mer. Et surtout saluer ce travail dans son ensemble, et dire qu'il a mis en lumière et en valeur l'envers de cette œuvre extraordinaire, de façon telle qu'on ne pourra plus l'ignorer.

Laurent FOURCAUT

---

1. Voir aussi deux autres mentions, dans cet ouvrage, du livre qui procure une jouissance quoique (ou plutôt parce que) on ne le lise (on ne le lit) pas : *Angelo* (IV, 138), cité p. 260, et de nouveau *Virgile* (III, 1047), cité p. 244, note 2.

2. « Le monde muet est notre seule patrie » : c'est le titre d'une brève section (1952) de *Le Grand recueil, II, Méthodes*, in Francis PONGE, *Œuvres complètes*, t. I (Paris, Gallimard, « Bibl. de la Pléiade », 1999), p. 629. Cette même phrase conclut la section, p. 631.

3. Albert CAMUS, *L'Étranger* in *Théâtre, récits, nouvelles* (Paris, Gallimard, « Bibl. de la Pléiade », 1962), p. 1209.

4. Réponse à Giono, qui leur avait envoyé le manuscrit de *Naissance de l'Odyssée*, des éditions Grasset, en date du 11 janvier 1928.

Giono, Jean. *Colline*. Édition critique et édition diplomatique du manuscrit ms A 9811 établies par Michel Gramain. Paris, Honoré Champion éditeur, 2006. 535 p. Coll. « Textes de littérature moderne et contemporaine ».

Michel Gramain propose, dans ce fort volume, un précieux travail de nature à réjouir les gionistes. *Colline*, le premier roman publié de Giono, celui qui le fit naître à l'existence littéraire, dispose enfin grâce à lui d'une véritable édition critique, avec un relevé systématique des variantes du texte, et même d'une « édition diplomatique », consistant en *« une version intégrale du manuscrit autographe respectant le texte à la fois dans son écriture (orthographe, ponctuation, accentuation, soulignements...) et dans sa disposition (alinéas, espaces blancs...) »* (p. 24), autrement dit en *« une restitution [...] la plus fidèle possible de l'original »* (pp. 24-5). L'édition du roman dans la « Bibliothèque de la Pléiade » (I, 127–218) par Luce Ricatte avait dû, en l'absence du manuscrit, se borner au très maigre relevé des variantes entre les états imprimés du texte. Michel Gramain a pu, lui, disposer du manuscrit autographe de l'œuvre (162 feuillets) ainsi que d'un tapuscrit (147 feuillets) ayant servi pour la prépublication (partielle) du roman dans la revue *Commerce*, en 1928, puis pour sa publication dans la série des « Cahiers verts » chez Grasset, en 1929, l'ensemble ayant été fort heureusement acquis par la Bibliothèque nationale de France (auprès de qui ? On aimerait le savoir...). Notre éditeur a effectué, à partir de ces documents inestimables, un authentique travail de bénédictin, grâce auquel nous disposons donc désormais, et dans les plus infimes détails, des strates successives de la conception et surtout de la rédaction de ce livre hors du commun, si important puisqu'il comporte déjà, en germe, bien des développements futurs, plusieurs étant judicieusement signalés par l'auteur — mais il est sans doute excessif de conclure, comme il le fait, que *« tout ce qui constitue l'œuvre de Jean Giono, tant par son contenu que par les choix esthétiques et stylistiques qui président à sa rédaction, apparaît de façon très lisible dans le manuscrit de* Colline *»* (p. 92). Édition critique et édition diplomatique sont précédées d'une substantielle Introduction (pp. 9–92) de Michel Gramain. Il y expose la genèse de l'écriture du roman, après *Naissance de l'Odyssée*, les affres du jeune romancier contraint de mutiler son texte pour prépublication en revue, son impatience de voir le roman imprimé pour de bon (il devra attendre près d'un an après l'achèvement du livre, le 13 février 1928), enfin l'attribution à son auteur du prix Brentano. Suit une très minutieuse description du manuscrit (lequel comporte également « *un plan dactylographié du roman en deux états [...] avec des corrections manuscrites autographes* » (p. 27)) et du tapuscrit. Certains indices laissent « *supposer l'existence d'un tapuscrit non conservé, constituant une étape intermédiaire entre le manuscrit et le tapuscrit ayant servi pour l'édi-*

tion originale » (p. 33). L'auteur procède ensuite à un rapide inventaire global des principaux types d'écarts entre texte manuscrit et texte imprimé.

Le reste de cette Introduction (pp. 39-91) est consacré à une « Poétique du récit » (p. 39), justifiée en ces termes : « *L'approche génétique du texte ne saurait être séparée d'un ensemble de remarques concernant la poétique du récit. Il serait bien sûr tout à fait vain* [ajoute non sans raison l'auteur] *d'avoir l'ambition de présenter, en quelques pages, ce qui nécessiterait un volume entier. Nous nous bornerons à donner quelques aperçus, permettant d'éclairer le roman, en nous référant à la fois au manuscrit et au texte imprimé.* ». À partir de là, il s'attache en effet à entrer dans le détail des différences entre manuscrit et texte imprimé, en considérant et les principaux ingrédients de la fiction qui s'élabore, et les modalités d'écriture qui, moyennant tâtonnements, corrections et repentirs, la font graduellement naître à l'état que nous lui connaissons. Sont ainsi envisagées l'image d'une Nature fortement personnifiée, féminisée, plus « *monstrueuse* » (p. 40) dans les ébauches que dans la version actuelle — image rapprochée de façon fort intéressante de celle qu'on peut lire dans *La Faute de l'abbé Mouret* de Zola (p. 42) — et la représentation des quatre éléments, de l'eau en particulier, « *l'élément majeur de* Colline » (p. 49). Viennent alors des observations sur l'oralité du récit, avec notamment un présent généralisé qui l'a emporté sur l'imparfait choisi dans les premières lignes du manuscrit (p. 51), sur la métrique et la prosodie du « *poème en prose que constitue* Colline » (p. 53), sur le traitement de l'espace et du temps, avec ce « *pays des hauteurs, coupé du monde de la plaine,* [*qui*] *constituera l'espace romanesque de plusieurs textes ultérieurs :* Regain, Un de Baumugnes, Batailles dans la montagne... » (pp. 54-5), mais aussi le renoncement à toute « *datation précise* » (p. 56) ; sur les personnages, sur « *la vie passée* » desquels le romancier choisit de « *limiter les données* » (p. 58), quand il ne décide pas de réduire le rôle auquel il avait d'abord songé pour eux (c'est le cas du docteur Vincent (p. 61)), atténuant « *le lien de Janet avec le monde chtonien qui* [*était*] *particulièrement développé dans le manuscrit* » (p. 62), et surtout faisant de lui « *un personnage absolument négatif* » (p. 63), quand le manuscrit montrait, pour sa part, « *l'ambivalence du personnage* ». Michel Gramain s'intéresse pour finir aux *« [t]echniques d'écriture* » (p. 68). Il signale que « [*p*]*lus nombreuses dans le texte imprimé que dans le manuscrit, les ellipses contribuent à accentuer la dimension mystérieuse du récit* » (p. 68) ; que « *certains passages ont été travaillés à plusieurs reprises. Ils sont peu nombreux et concernent les moments essentiels de la narration* » (p. 70) : par exemple la description du village abandonné. Il souligne le travail stylistique du romancier, qui s'attache à adapter le niveau de langue, le lexique en particulier, à la réalité des personnages qui s'expriment, « *surveille* [...] *sa tendance à multiplier les adjectifs substantivés* » (p. 75), mais aussi à recourir à un lexique trivial (p. 76) ou

187

trop marqué par le parler provençal (p. 77). Giono opte pour la *« sobriété » (p. 78), supprimant les mots inutiles, beaucoup de relatives, raccourcissant les métaphores filées. Mais voici que, bizarrement, l'auteur décèle dans le manuscrit une image qui pourrait sembler coïncider avec celle, trop *« idyllique » (p. 79), du monde paysan, qui lui fut beaucoup reprochée, dans les années Trente, par la critique ; c'est pour mieux en récuser l'existence : « [...] la conception de la nature, dans Colline, n'a rien d'idyllique. Le Mal métaphysique est inhérent à la création : l'"horrible vie" des rochers en témoigne. » (p. 80). J'avoue ne pas voir, dieu merci, la moindre trace de "mal métaphysique" dans l'œuvre de Giono. Il y a un problème avec la parole, sans aucun doute, en ce qu'elle anéantit le rapport immédiat au monde mère, engendrant toutes sortes de graves dérèglements, et j'en ai beaucoup parlé, notamment à propos de Colline. Après ce surprenant excursus (*« démarrage » (Roi, 465) ?), l'auteur revient curieusement à l'*« oralité du récit » pour insister sur ce qui fait du narrateur « un conteur » (p. 81), et sur le souci qui se manifeste chez le romancier de tenir en bride le « registre lyrique » (p. 83), notamment dans le travail exigeant des comparaisons et des métaphores et dans le *« [r]efus de l'écriture littéraire » (p. 86) de ses débuts, avec une vigilante « chasse à l'adjectif » (p. 88) et un « parti pris de concision » (p. 89). Il conclut que la « poésie naît de l'harmonie entre le dire et le dit » (p. 91).

En somme, Michel Gramain met à la disposition des gionistes un matériau considérable, et en dégrossit l'approche. On ne peut que lui en savoir gré.

On doit toutefois émettre deux réserves à propos de ce notable travail.

La première a trait à certaines négligences surprenantes dans un travail justement consacré à l'établissement méthodique et scrupuleux d'un texte. On note de fâcheuses redites. La note 1 de la page 24 répète la note 4 de la page 23. L'existence d'un tapuscrit intermédiaire est suggérée deux fois, dans des termes identiques (pp. 27 et 33). À deux reprises (pp. 74 et 85) est signalée la volonté de Giono de se défaire du maniérisme de ses premiers poèmes. Il y a aussi de curieuses bévues : les derniers feuillets du manuscrit sont déclarés « typographiés » (p. 35), pour dactylographiés ; le texte du roman est cité de façon fautive : « Tu vois le vent, toi qui est [sic] fort ? » (I, 138) ; une assonance « en [è] » (p. 53) (on attendait [ɛ]) est notée dans le couple « bâche [sic, pour bêche]/pierres » ; le nom de « Jaume » (p. 58) figure tout seul, entre deux points, deux phrases ; on lit : « Mais pourtant [sic], rien n'est résolu pour autant. » (p. 69) ; et, à deux reprises, p. 74, « vraisemblabilité » (on attendait vraisemblance). Simples coquilles ? Assurément. Il reste qu'un travail éditorial digne de ce nom aurait dû relever redites et coquilles et attirer sur elles l'attention de l'auteur, qui aurait eu à cœur de les corriger.

Je ne vois pas comment je pourrais me dispenser de formuler la deuxième réserve, quelque répugnance que j'éprouve à le faire. J'ai relevé en effet de très nombreux emprunts, parfois littéraux, à la monographie que j'ai publiée sur *Colline*[1] voici près de vingt ans, sans que ce livre soit seulement mentionné. Voilà qui me paraît s'accorder mal avec la démarche scientifique que l'auteur revendique légitimement par ailleurs.

Quoi qu'il en soit, l'ouvrage se clôt sur une série d'utiles annexes, notamment : les diverses éditions de *Colline* ; comparaison systématique du texte donné en préoriginale dans *Commerce* avec celui de l'édition originale ; choix de comptes rendus critiques parus dans la presse lors de la publication de *Colline*, ce qui nous rappelle, si besoin était, que Michel Gramain est spécialiste de la réception des œuvres de Giono, à laquelle il a consacré sa thèse.

Laurent FOURCAUT

1. Laurent FOURCAUT, *Résumés et commentaires de* Colline. *Jean Giono* (Paris, Nathan, « Balises », 1992. 128 p. Épuisé). Jacques Le Gall en a fait une recension dans le Carnet critique de *Jean Giono 6* (pp. 256-9).
Voici ces emprunts : la problématique de la parole se combinant avec le motif de l'eau (Michel GRAMAIN, pp. 50, 51 ; Laurent FOURCAUT, pp. 30, 33, 92) ; *Colline*, «*poème en prose*» (M. G., p. 51) ; «*Un poème en prose*» (L. F., pp. 106-8) ; déictiques spatiaux et temporels, présentatifs dans le discours du narrateur (M. G., p. 51 ; L. F., p. 24) ; rythme et anaphores dans le discours de Janet (M. G., p. 54 ; L. F., p. 74) ; métaphores minérales et végétales pour décrire Janet (M. G., p. 60 ; L. F., pp. 30 et 34) ; reprise de l'incipit dans l'excipit (M. G., p. 69 ; L. F., p. 96) ; Jaume à la fin prend la place de Janet (M. G., p. 69 ; L. F., pp. 95 et 96) ; statut du narrateur (M. G., p. 72 ; L. F., p. 23) ; narrateur-conteur (M. G., p. 81 ; L. F., p. 23) ; fréquence de la parataxe (M. G., p. 82 ; L. F., p. 107) ; «*L'action se déroule dans un perpétuel présent et tout se passe comme si le narrateur-conteur rendait compte des événements au fur et à mesure de leur apparition* [...]. » (M. G., p. 82) ; «*C'est le présent (factice) de l'énonciation narrative, le narrateur-conteur affectant de décrire un monde et de raconter des faits qui se produiraient au moment même sous ses yeux* [...]. » (L. F., pp. 23-4) ; utilisation abondante des présentatifs (M. G., p. 83 ; L. F., p. 24) ; abondance des images, métaphores et comparaisons (M. G., p. 84 ; L. F., p. 106) ; «*Il se méfie aussi des images qui renvoient à l'antiquité gréco-latine. Certes, il en reste quelques-unes, et "l'ombre aux mains molles" ([I,] 144) rappelle l'homérique "aurore aux doigts de rose"* [...]. » (M. G., p. 84) ; «*telle épithète à la manière homérique : "l'aube aux mains molles"* [...], *réminiscence de "l'aurore aux doigts de rose" des traductions d'Homère* » (L. F., p. 106).

Jean GIONO–Henri POURRAT. *Correspondance (1929–1940)*. Hors série de la *Revue Giono*. Édition établie, présentée et annotée par Jacques MÉNY. Manosque, coédition Les Amis de Jean Giono - La Société des Amis d'Henri Pourrat, 2009. 91 p.

En éditant la correspondance entre Jean Giono et Henri Pourrat, Jacques Mény continue le considérable et précieux travail accompli dans ce domaine par Pierre Citron, à qui l'on doit la publication, scrupuleusement et savamment établie, de la correspondance entre Giono et Lucien Jacques (1981 et 1983), Jean Guéhenno (1991), Henri Poulaille (1996), Jean Paulhan (2000), celle avec André Gide ayant quant à elle été publiée par Roland Bourneuf et Jacques Cotnam (1983). Après une substantielle introduction de l'éditeur, « *Jean Giono-Henri Pourrat ou l'amitié impossible* » (pp. 1–27), on lit cinquante et une lettres (plus deux télégrammes) retrouvées et conservées : trente et une de Pourrat, vingt de Giono, ce qui marque un certain déséquilibre. Quarante-trois de ces lettres sont échangées au cours des seules années 1929 et 1930. La correspondance s'interrompt entre 1933 et 1940, date à laquelle elle reprend très fugitivement, avant de cesser complètement. Séduit par la lecture de *Colline*, et en particulier par l'empreinte forte d'un terroir qu'il est heureux d'y déceler, Pourrat écrit une première fois à son auteur en juin 1929 ; il lui demande un manuscrit pour la « *collection régionale, ou plutôt terrienne* » (p. 29) — ce sont ses termes — qu'il est en train de créer aux éditions Horizons de France, et qui devrait comprendre, annonce-t-il, des livres de Claudel, Francis Jammes, Montherlant, entre autres (il y aura aussi Ramuz). Tenu par le contrat qui le lie à Grasset — c'est du moins la raison qu'il invoque —, Giono ne donnera aucun livre à cette collection qui va prendre le nom de *Champs*, après avoir laissé espérer à Pourrat qu'il lui confierait *Le Serpent d'étoiles*, finalement publié chez Grasset en 1933. En revanche, il promet quelque chose pour l'almanach que Pourrat lance en même temps, et qui sera baptisé *Almanach des champs*. Il faut toutefois les pressantes instances de Pourrat pour que Giono écrive, en deux jours, fin août 1929, « Prélude de Pan », qui figurera donc dans la première livraison de l'*Almanach*. Mais les audaces du texte (accouplements *paniques* avec des bêtes) font craindre à Pourrat les réactions horrifiées de Claudel, et surtout de Jammes. Il demande donc à Giono quelques coupures, que celui-ci accepte de très bonne grâce. Jacques Mény fait remarquer très justement que les recommandations prudentes d'un Pourrat échaudé, qui suggère cette fois « *des choses vues, notes, faits, remarques, réflexions, tenant encore au fait* » (p. 49), ont pu influer sur l'écriture, en effet plus dépouillée, « *collant au plus près du vécu* » (p. 15), observe Mény, des quatre autres nouvelles écrites par Giono pour l'*Almanach* (« Jofroi de la

190

Maussan », « Babeau », « Annette ou une affaire de famille », « Le Mouton », surtitrées « Graines »), et qui seront recueillies, avec la première, dans *Solitude de la pitié* (1933).

Jacques Mény s'interroge sur le caractère éphémère des relations entre les deux écrivains. Il estime que la « *très dure crise morale* » (l. à Pourrat, 25 janv. 1932 ; p. 67) que traverse Giono depuis la fin de 1930 a pu infléchir cette relation, puisque aussi bien elle a perturbé ses liens avec des amis bien plus proches. Et il assigne pour cause à cette crise « *sa liaison passionnée et tumultueuse avec la romancière et journaliste Simone Téry* » (p. 3). Assurément, cet épisode privé aura joué un grand rôle ; mais on peut penser que cette crise, qui affecta le rapport de l'écrivain avec le réel même (il le dit ailleurs), avait des racines plus profondes. Quoi qu'il en soit, les deux principales raisons, explique l'éditeur, de l'affaissement assez rapide de l'amitié entre les deux hommes (qui ne se rencontrèrent qu'une fois, à Manosque, en décembre 1930) sont, d'une part, l'agacement que Giono dut bientôt éprouver de se voir enrôler par son correspondant — avec ferveur, il est vrai — sous la bannière d'un nouveau régionalisme, quand lui avait conscience de produire, comme Faulkner, une œuvre autrement plus universelle ; d'autre part, écrit Mény, la « *survie de cette amitié a certainement été rendue impossible par des regards opposés sur le réel, une conception différente du métier d'écrivain, et plus encore par de profondes divergences esthétiques, philosophiques, religieuses* » (p. 2). Oui, c'est certainement là que le bât blessait le plus. Disons-le même plus carrément. Pourrat admirait sincèrement les romans de Giono, en particulier *Batailles dans la montagne*, mais aussi *Les Vraies richesses*. Le volume comporte, très judicieusement, deux textes de lui en annexes : « Une Vraie rencontre » (pp. 73-5) qui narre l'unique rencontre de 1930, et surtout « La Maison magique du monde » (pp. 75-84), version revue et corrigée de l'étude « La Pensée magique de Jean Giono » parue en octobre 1938 dans le nº 301 de *La NRF*, où Pourrat effectue par exemple un très juste rapprochement entre Giono et Hugo, écrivant : « [...] *le même esprit panique, le même sens épique, halluciné, la même façon d'aller à la vision, de voir les hommes changés en leur personnage, en ce songe où ils ont mission de devenir leur propre mythe.* » (p. 79), mais où il laisse également entendre qu'il espère que Giono s'ouvrira à la foi chrétienne, condition selon lui d'une joie pérenne. Giono, de son côté, en revanche, malgré les éloges qu'il prodigue à *Gaspard des montagnes*, notamment, n'a pas dû se sentir longtemps en phase avec l'écrivain auvergnat, estimant sans doute au fond de lui qu'il n'y avait guère de véritables affinités, ni finalement de commune mesure entre leurs deux œuvres. Un utile Index des noms cités clôt le volume (pp. 88-9).

Laurent FOURCAUT

GODARD, Henri. *Giono. Le Roman, un divertissement de roi*. Paris, Gallimard, 2004. 127 p. Coll. « Découvertes », n° 455.

Henri Godard est l'un des meilleurs spécialistes de Giono. Il a, dès le troisième tome, participé à l'édition critique des *Œuvres romanesques complètes* ainsi qu'aux deux volumes qui ont suivi (*Récits et essais* puis *Journal, poèmes, essais*) dans la « Bibliothèque de la Pléiade ». On lui doit ainsi treize remarquables notices, parmi lesquelles, ne fût-ce que pour mesurer la différence avec le bavardage d'Annick Stevenson dans son *Blanche Meyer et Jean Giono* dont il est rendu compte dans ce Carnet critique, on citera celle de *Pour saluer Melville*. On lui doit aussi, outre de très nombreux articles défricheurs de pistes nouvelles (Giono lecteur des littératures extrême-orientales, Giono et Faulkner...), un important essai paru en 1995 dans la collection « Blanche » chez Gallimard : *D'un Giono l'autre*. Jusque dans ce titre, Henri Godard ne fait pas mystère qu'il souhaite élargir son point de vue : à Céline ici, sur qui il a écrit sa thèse puis tant de livres et d'articles, de qui il a aussi publié quatre volumes de *Romans* en « Pléiade » ; ailleurs aux grands romanciers français du XXe siècle dans deux ouvrages qu'il faut lire : *Une Grande génération. Céline, Malraux, Guilloux, Giono, Montherlant, Malaquais, Sartre, Queneau, Simon* (Paris, Gallimard, « Blanche », 2003) et *Le Roman, modes d'emploi* (Paris, Gallimard, « Folio », 2006 [Coll. « Essais », n° 479]).

Comme toujours dans la collection « Découvertes », l'iconographie est magnifique en dépit du format de poche : portraits de l'auteur et de ses proches, paysages provençaux et italiens, moments d'une vie (Grande Guerre, Contadour, académie Goncourt, procès Dominici...), cartes, photos de films, de presse, d'époque ou de livres, pages manuscrites extraites de brouillons ou de carnets, fragments divers, *ex libris*... Là encore, Henri Godard était particulièrement bien placé pour réunir et choisir le plus intéressant ou le plus émouvant : il avait déjà publié l'*Album Giono* de la "Pléiade" en 1980 et pouvait compter sur le soutien de Sylvie Durbet-Giono ainsi que de l'Association des Amis de Jean Giono, du Centre Jean Giono à Manosque et de tous ceux qui disposent ou ont la responsabilité d'originaux. Bien sûr, beaucoup de ces illustrations figuraient déjà dans l'*Album Giono* de 1980. Mais on découvrira quelques belles nouveautés : par exemple, la première page du manuscrit de *Naissance de l'Odyssée* ; celle aussi, et entière cette fois (ce n'était pas le cas dans l'*Album Giono*), de *Le Hussard sur le toit*. En attendant qu'un livre rassemble les autographes de tous les *incipit* et *explicit* gioniens, ce dernier document montre avec quelle heureuse désinvolture le romancier a rayé d'un trait de plume le premier chapitre primitif pour faire du second l'« attaque » que nous connaissons :

une désinvolture bien digne d'Angelo dont le nom, par voie de conséquence, se trouve substitué au pronom personnel de la première version.

À qui ce livre est-il d'abord destiné ? Comme celui déjà ancien de Claudine Chonez, comme celui plus récent de Pierre Citron (ces deux ouvrages publiés au Seuil dans la collection « Écrivains de toujours »), aux lecteurs désireux d'approfondir leur connaissance de l'homme et de ses écrits romanesques. Ils sont nombreux, même parmi ces lecteurs, à croire connaître Giono, parfois à le juger, et qui n'ont perçu qu'un pan de l'œuvre ou une facette de l'auteur. Ce qui ne va pas sans provoquer quelques erreurs majeures : Giono écrivain régionaliste, collaborationniste, imperméable à la modernité, etc. C'est à tous ceux-là que s'adresse d'abord Henri Godard. Avec, peut-être, le dessein de tordre le cou à des idées reçues, de rendre justice à un créateur mal connu plutôt que méconnu, de donner l'envie de goûter à ce *"divertissement de roi"* que prodigue un roman de Giono. Quant aux lecteurs qui ont arpenté en long et en large le monde Giono, le livre ne leur est sans doute pas adressé en priorité, mais ils ne bouderont pas le plaisir d'y retrouver telle phrase oubliée, telle photo perdue de vue, le tout ressaisi et mis en perspective par un texte clair et juste, dans son contenu comme dans sa forme.

Jacques Le Gall

STEVENSON, Annick. *Blanche Meyer et Jean Giono*. Arles, Actes Sud, 2007. 253 p. Coll. « Un endroit où aller ».

Journaliste onusienne et globe-trotteuse retirée près de Genève, Annick Stevenson a découvert (ou cru découvrir) le pot aux roses (sans doute ajouterait-elle ici que les roses furent blanches) : Jean Giono et Blanche Meyer, jeune épouse d'un notaire installé à Manosque à partir de 1925-1926, entretinrent pendant près de trente-cinq ans relation et correspondance amoureuses. Le tout passionné, tourmenté, occulté. Enquêter sur cette « *liaison* » (p. 88) tue par la critique « *académique* » ne pouvait qu'émoustiller un folliculaire assez hardi pour ne pas craindre « *les lames de la vérité dure et crue* » (p. 109). Briser cette conspiration de « *soixante-dix années de silence* » (p. 15) devait incomber à une « *profanatrice de secrets enfouis dans le sable, au pied des falaises tenaces de l'amnésie* » (p. 107).

De ce livre, que pourra-t-on retenir ? Que la personnalité de Giono était « *extraordinairement complexe* » (p. 114) (mais ne le savions-nous déjà ?) : « *Ses vies s'imbriquaient très bien les unes dans les autres, et il y était très à son aise, mais il n'en montrait qu'une face à la fois, à l'un, à l'autre, et chacun avait l'impression de bien connaître le vrai Giono et d'avoir son amitié protectrice, car il étendait toujours ses ailes sur vous.* » (p. 110). Que les trois mille pages de la correspondance de Giono à Blanche Meyer sont « *aujourd'hui la propriété de la bibliothèque Beinecke de l'Université de Yale, aux États-Unis* » (p. 22) et qu'un millier de lettres sont aujourd'hui accessibles à des fins de recherche, certaines d'entre elles constituant des documents importants sur la genèse de plusieurs romans, dont ceux du cycle du Hussard. Que *Pour saluer Melville* contient des fragments littéralement recopiés de lettres que Blanche adressa à Giono. Annick Stevenson en donne trois exemples intéressants (pp. 100, 105, 199), au demeurant empruntés à un article de Jolaine Meyer, la fille de Blanche : après la mort de Gaston Pelous, Giono a « *fait brûler les milliers de lettres* » (p. 16) qu'il avait reçues de Blanche, mais l'une d'entre elles a été sauvée (p. 200) et quelques brouillons semblent avoir été conservés ou recopiés. Que, publiés en 1995 dans le *Bulletin* numéro 44 de l'Association des Amis de Jean Giono sous le titre « Portrait de l'artiste par lui-même », les carnets écrits dans la prison de Saint-Vincent-les-Forts auraient été « *atrophiés, blanchis de toute mention de la femme aimée, réécrits même partiellement pour s'assurer qu'il n'en reste aucune trace* » (p. 148) : mais l'opération ne se fit pas sans raison[1]. Que l'autodafé des lettres de Blanche Meyer a été voulu par Giono lui-même[2]. Que les Mémoires inédits et inachevés qu'elle écrivit d'avril à août 1998 ont désormais leur place dans l'abondante bibliographie gionienne. Que le temps, en somme, est venu de parler plus librement de cette « histoire d'amour » dont les traces multiples et contrastées fourmillent en effet dans ce que Giono écrivit à partir de 1940 : d'abord et surtout dans *Pour saluer Melville*, mais aussi dans *Noé* et dans le cycle du Hussard, jusque dans *Triomphe de la vie* (Annick Stevenson en fournit une illustration incidente, p. 89) et dans *Le Moulin de Pologne*, à vrai dire jusqu'à la fin, c'est-à-dire (on en donnera un exemple non dépourvu d'humour) jusqu'à *L'Iris de Suse*.

Nonobstant, Annick Stevenson a commis un très mauvais livre.

D'abord parce que « *le colossal mystère de toute une vie* » (p. 19) n'était à bien des égards qu'un secret de polichinelle. Comme d'autres épisodes du même type, dont, et il fut peut-être plus important, celui qui conduisit à la « grave crise morale » que traversa Giono entre 1930 et 1934. La journaliste admet d'ailleurs que son « scoop » n'en est pas un puisqu'elle cite elle-même plusieurs travaux sur la relation et la correspondance en question : dès 1996, publié chez Klincksieck et déjà mentionné, l'article de Jolaine Meyer, auprès de qui Annick Stevenson est allée recueillir les principaux éléments de son enquête (en particulier les deux-cent quarante-sept pages que Blanche rédigea peu avant de mourir et qu'elle intitula : *Le Giono que j'ai connu*) ; commencée en 2000 et soutenue en 2004 à l'université de

Maryland, une thèse (de Patricia Le Page) sur la correspondance amoureuse Giono–Meyer ; prononcée le 10 janvier 2004 devant l'Académie royale de langue et de littérature françaises de Belgique, une communication intitulée « Enquête sur trois mille pages de Giono soustraites à l'édition » (Hubert Nyssen, son auteur, est le directeur de la collection dans laquelle se trouve aujourd'hui publié le livre d'Annick Stevenson) ; en 2005, un article de l'universitaire Jacques Viard[3] (Blanche Meyer y était présentée comme le modèle d'Adelina et de Pauline, l'existence des lettres s'y trouvait confirmée, quelques-unes étaient citées).

Ensuite parce que le livre, même quand on adopte le point de vue très restrictif de son auteur, est en de multiples endroits incomplet et erroné. Une lacune étrange chez quelqu'un qui voit son héroïne partout ? Annick Stevenson glisse sur *Le Moulin de Pologne* et en particulier sur des pages qui, certes, furent écartées du roman publié, mais noirciraient beaucoup le portrait qu'elle fait de Blanche[4]. Corollairement, et sans que l'on sache si c'est de propos délibéré (il ne semble pas), elle finit par donner (surtout dans le chapitre III) une image assez sombre[5] de celui qu'elle n'en appelle pas moins benoîtement « *le maître* » (p. 15) : colérique, boudeur, mauvais joueur, envieux, haineux, mesquin, égoïste, avare, séducteur, infidèle, menteur, excessif, « *né jaloux* » (p. 169)... Deux erreurs parmi d'autres ? Non, Blanche Meyer n'est pas « *la clef de l'accès à l'univers stendhalien* » (p. 117) puisque bien avant de la connaître, pendant toute la Première Guerre, Giono a toujours gardé sur lui un exemplaire (conservé) de *La Chartreuse de Parme* ; non, ce n'est pas par la seule Blanche Meyer (pp. 90-1) qu'on peut expliquer le blanc dans les romans gioniens puisque cette couleur est déjà tellement présente dans les textes antérieurs à la rencontre (pour s'en tenir à *Colline*, publié en 1929, songeons au village des Bastides Blanches et aux descriptions de la montagne de Lure). Le livre n'est d'ailleurs pas seulement incomplet et erroné, il est surtout extrêmement réducteur. Les rapportant à la correspondance conservée à Yale et aux Mémoires de Blanche Meyer, Annick Stevenson affirme que tout est vrai dans les romans de Giono postérieurs à 1940. On aimerait tout de même savoir, par exemple, comment elle articule cette proposition à la déclaration liminaire du romancier de *Noé* : « *Rien n'est vrai. Même pas moi ; ni les miens ; ni mes amis. Tout est faux.* » (*Noé*, 611).

En troisième lieu parce que, signe des temps, la vertueuse journaliste force sur le compassionnel et s'arroge le beau rôle en faisant la leçon aux lâches universitaires qui auraient trahi la mémoire de Blanche en gommant son existence. À travers eux (il y a de bons avocats en Suisse), il semble d'ailleurs que la justicière vise surtout les « *ayants droit de l'écrivain* » (p. 23). Comment, sinon, interpréter l'étonnement feint et récurrent devant

« *la quasi-totale absence, dans les multiples souvenirs, biographies, éditions, critiques, mémoires, expositions et toute autre référence à l'œuvre du maître, d'un être qui fut à ce point pour lui déterminant* » (p. 15) ? La discrétion des « *biographes* » (p. 19) — sont rangés dans cette catégorie Henri Godard (p. 18) et Jacques Chabot (p. 147), qui apprécieront — n'est-elle pas à porter à leur crédit ? À n'en pas douter, Annick Stevenson s'instruira en lisant, quand elles paraîtront, certaines pages que Pierre Citron, nommément attaqué (p. 85), a déjà écrites et dont il a seulement différé la publication pour d'évidentes et légitimes raisons. Elle sera également rassérénée par la carte de vœux adressée aux Amis de l'écrivain en 2009 : s'y trouve reproduite la fresque que Lucien Jacques peignit dans la maison du boulevard Élémir-Bourges où Blanche Meyer habita et qui est devenue le Centre Jean Giono de Manosque.

Enfin parce que la lectrice des Mémoires de Blanche (de qui elle suggère qu'elle « *se verrait volontiers une concurrente, par-delà les âges, au mépris de toute logique* » (pp. 39-40)) semble se satisfaire d'une conception bien triviale de ce que Barthes appelait "le plaisir du texte" : « *De chair, enfin ! Il était temps de se souvenir qu'il fut question de chair, de sexe, de plaisir.* » (p. 47). De là ce questionnement sommaire et racoleur : « *Faisaient-ils aussi l'amour au domicile conjugal ?* » (p. 150) ; « *Au fait, fait-elle encore l'amour avec lui ? Où, dans quelles circonstances, quand tant de choses les séparent désormais... Mais les souvenirs inachevés n'en diront rien.* » (p. 175). Et, en effet, Annick Stevenson déplore à longueur de page que Blanche soit restée « *si pudique, trop pudique* » (p. 93) dans ses Mémoires : « *Elle n'évoquera que trop peu les moments d'intimité [...].* », elle ne dit « *rien de l'essentiel, des étreintes à la nuit tombée quand enfin, depuis longtemps, ils partagent de nouveau le même lit* » (p. 126). « *Pour une fois qu'on la sentait prête à livrer ces petits secrets grivois qu'on espérait ailleurs [...].* » (p. 223), elle ne parvient pas à lever « *la barrière du silence* » (p. 54). Elle ne fournit même pas le moindre détail « *sur l'anatomie la plus intime* » (p. 223) de Giono, ni sur celle « *de ses amants ou époux précédents* ». Encore que sur un certain D., il en soit suffisamment dit pour qu'Annick Stevenson puisse enfin s'octroyer le plaisir de recoudre le récit d'un « *fiasco à la Stendhal* » (p. 223), un récit de cape sans épée : « *On apprend seulement qu'avant de passer aux choses sérieuses, il prend le temps de déposer sa cape sur un grand fauteuil pour y installer le chien.* » (p. 222).

Reste le plus grave. À force de regarder par le trou de la serrure et « *de chercher à pénétrer par effraction* » (p. 47) dans la vie de Blanche et de Giono, Annick Stevenson passe à côté de l'essentiel (l'essentiel pour de bon). Ne prenons que l'exemple de *Pour saluer Melville*. C'est bien une « *histoire d'amour* »[6] née, dans la fiction comme dans la réalité, de la rencontre d'une femme. Mais n'est-ce pas aussi, à partir du *Moby Dick* que Giono vient de traduire en compagnie de Joan Smith et de Lucien Jacques, une méditation sur le défi que le monde et les dieux adressent aux hommes en général, au poète en particulier ? N'est-ce pas, dans le langage de la poésie, une réflexion à la fois générale et personnelle sur la création poétique, son tragique et ses enjeux ? L'ange étant un double de l'écrivain, l'*anima* du rêveur interpellant son *animus*, ou l'imaginaire se colletant avec lui-même et avec le réel, la lutte de Melville avec cet ange n'engage-t-elle pas tout romancier digne de ce nom au dépassement de soi en vue d'écrire un livre différent de ceux que l'on a déjà écrits et que l'on sait pouvoir produire « *comme des petits pains* » (*Melv.*, 28) ? Aveuglée par son reportage, Annick Stevenson ne fait guère qu'ajouter aux cancans et à l'« *encan général* » (Préface de Giono à *Tristan et Yseut* ; *CG4*, 129). Elle « *vend la mèche* » (« Monsieur Machiavel ou le cœur humain dévoilé » ; *CG4*, 138), mais sans rien dévoiler que nous ne sachions du cœur humain. N'est pas Machiavel qui veut. On se retrouve le bec dans l'eau, Gros-Jean comme devant : il n'y avait vraiment pas le feu au lac. Le livre d'Annick Stevenson, quoi qu'elle en ait, ne pèse pas lourd en comparaison des travaux « savants » dont elle pouvait disposer et qu'elle ignore ou méjuge. Mentionnons les articles d'Alan J. Clayton, de Marcel Neveux et de Jacques Chabot ; la remarquable notice de la "Pléiade" : « *La démarche est somme toute inverse de celle des critiques qui veulent expliquer l'œuvre par la vie de son auteur.* » (III, 1107), note Henri Godard à propos de la façon dont Giono a lu le roman de Melville ; le beau livre d'Agnès Castiglione intitulé *Une Démonologie magnifique. La figure de l'ange dans l'œuvre de Jean Giono*[7] : c'est en dehors de toute circonstance biographique que ce « *très minutieux travail académique* » (la formule est d'Annick Stevenson (p. 88)) déploie la grande rêverie cosmique et « *œuvrante* »[8] qui fait « *la matière* » (*Melv.*, 5) de *Pour saluer Melville*.

Faut-il parler du style de ce livre de 250 pages ? Selon son tempérament, le lecteur s'attristera ou s'amusera d'une Arlequinade peu digne de la collection « Un endroit où aller », aux éditions Actes Sud. Contentons-nous, encore une fois à titre d'exemples, de quelques nouveaux échantillons aussi affligeants que glamoureux. Page 30 : « *Et les allusions dans* Noé *où je guette — car je ne peux poursuivre la lecture du manuscrit inédit qui se dégrafe sous mes yeux sans mettre déjà à sac les collections du tout Giono pour tenter d'y dénicher, avec la méticulosité du prospecteur, les petits cailloux blancs qu'il y a semés et qui vont me guider vers elle — se mêlent dans mon esprit confus aux Mémoires de Blanche.* ». Page 65 : « *Mais comment a-t-on pu blanchir à la chaux toute trace de ce qui fut si important dans la vie de l'écrivain, auquel on prétend aujourd'hui rendre hommage ?* ». Page 72 : « *L'amour s'écrit, le désir s'affiche à grand spectacle sur l'écran d'un ciel démultiplié par l'impatience, mais la chair l'ignore encore.* ». Page 106 : l'enquêtrice s'émerveille de « *donner du grain à moudre aux coïncidences* ». Page 203, elle rend compte à sa façon imagée d'une lettre que Blanche aurait écrite durant la nuit du 31 décembre 1953 au 1ᵉʳ janvier 1954 : « *Quand les effluves des jours heureux remontent du fond des oubliettes.* ». *Last but not least,* la conclusion du pénultième chapitre : « *Comment n'y pas voir une dernière œillade de l'amant à son bel oiseau blanc avant de se laisser emporter par l'ange noir ?* » (p. 238)...

Oui, Blanche Meyer a joué un rôle important dans la vie de Giono. Oui, des « *morceaux d'elle* » (p. 153) sont épars dans l'œuvre, depuis *Pour saluer Melville* jusqu'à *L'Iris de Suse*. Mais était-ce une raison pour en faire tout un plat, et surtout un tel plat ? Le livre d'Annick Stevenson est bien l'avatar symptomatique d'une époque post-littéraire où se bousculent échotiers et coulissiers, paparazzi « *à l'affût* » (p. 89) de causes prétendument justes (des chevaliers blancs qui nous roulent dans leur farine) et de parties de jambes en l'air (ce « *divertissement de bestioles* » (*CG4,* 129) dont parle Giono dans sa Préface de *Tristan et Yseut*) : un livre de fouille-au-pot. Rien ou presque n'y subsiste de ce que nous aimons chez Giono. Quoi ? Entre autres choses, la matière d'une œuvre bâtie comme un "*contre monde*" (Laurent FOURCAUT), la chasse au bonheur et la mélancolie du naufragé, la solitude des combats que requiert la création poétique, l'amère beauté d'un style et « *l'aventure de la phrase* » (*Noé,* 684), ce que Jacques Chabot appelle une "*humeur belle*"[9] : la « [t]*ransmutation des humeurs noires en humour blanc* » (p. 14[9]) que l'alchimiste du verbe aura pourtant expérimentée jusqu'au bout, peut-être parce que le bonheur d'écrire dans le malheur du monde donne quelque consistance à l'art de vivre en littérature. « [...] *il y a tellement de notaires !* » (*IS,* 450), note ainsi l'auteur de *L'Iris de Suse*, sans avoir l'air d'y toucher. Il y a aussi tellement de journalistes.

Jacques LE GALL

1. Effectivement destinés à Blanche Meyer, les carnets écrits dans la prison de Saint-Vincent-les-Forts lui furent remis par Jean Giono. Après la mort de l'écrivain, Blanche Meyer négocia leur rachat avec la famille Giono. Elle monnaya de la même façon d'autres manuscrits qu'elle avait en sa possession. Merci à Jacques Mény à qui nous devons ces précisions comme plusieurs autres, dont celles que rapportent les notes 2 et 3.
2. Giono avait confié ces lettres à Gaston Pelous. Quand cet ami mourut, son fils Guy trouva ces lettres (avec d'autres, antérieures mais du même type) et demanda ce qu'il fallait en faire : les brûler, répondit Giono. Ne furent donc pas brûlées que les lettres de Blanche Meyer.

3. Jacques VIARD, « Le Bad Godesberg français », *Les Amis de Pierre Leroux*, n° 18, juin 2005.

4. Il existe six rédactions différentes de l'ultime chapitre du *Moulin de Pologne*. Ces versions ont été écartées mais conservées par Giono dans un dossier intitulé « Variantes / Iris ». Jacques Mény a certainement raison de penser que la troisième de ces versions (en particulier) « est conçue comme un règlement de compte avec Blanche Meyer ». Le confirmerait le prénom d'Adeline donné à « *cette récureuse de haut vol* [...] faisant dans la pureté et posant à la victime. [...] *Ses aventures, toutes profitables, étaient très nombreuses. Elle avait son nom inscrit aux budgets secrets de pas mal de pères de famille.* » (V, 1378).

5. Pour corriger ce portrait poussé au noir, on relira en particulier le témoignage direct des deux filles de l'écrivain : de Aline GIONO, *Mon père. Contes des Jours ordinaires* (Paris, Philippe Auzou, 1986. 159 p.) ; de Sylvie DURBET-GIONO, on dispose du texte intitulé « Quelques souvenirs d'enfance » (*Bull.* 44, automne-hiver 1995, pp. 109–13) et, plus récemment, de *Jean Giono. J'ai ce que j'ai donné* (Paris, Gallimard, « Haute enfance », 2008. 224 p.). Ce livre réunit des lettres écrites par l'écrivain à sa famille et s'ouvre sur une Préface intitulée « Un roi avec divertissement » (pp. 7–32) qui est ici particulièrement intéressante. Voir ici une recension de ce livre, *supra*, pp. 173–5

6. Formule de Giono dans sa correspondance : elle est citée par Henri Godard dans sa Notice de *Pour saluer Melville* (III, 1093).

7. Agnès CASTIGLIONE, *Une Démonologie magnifique. La figure de l'ange dans l'œuvre de Jean Giono* (Aix-en-Provence, Publications de l'Université de Provence, 2000. 240 p.).

8. Gaston BACHELARD, *La Poétique de la rêverie* (Paris, P.U.F., « Quadrige », 1983), p. 156.

9. Jacques CHABOT, *Giono : l'humeur belle* (Aix-en-Provence, Publications de l'Université de Provence, 1992. 432 p.).

TABLE

IMPRIM'VERT®

Achevé d'imprimer par Corlet,
Condé-en-Normandie (Calvados), en octobre 2021
N° d'impression : 173373 - dépôt légal : octobre 2021
Imprimé en France